新时代新理念职业教育教材·机车车辆类
"课程思政"建设探索特色教材
新型融媒体教材

机车电机电器

主　编　杨　艳　李艳霞
副主编　张佳慧　田纪云　孟凡顺
主　审　王秀珍　崔宇健

北京交通大学出版社
·北京·

内 容 简 介

本书为高等职业教育铁道机车运用与维护专业教材。教学团队成员根据铁道机车操作标准、乘务员作业标准、段修规程，并与企业和行业技术人员进行沟通交流，分析整合了课程的内容和目标，确定了直流电机认知与应用、变压器认知与应用、三相交流异步电机认知与应用、接触器认知与应用、继电器认知与应用、韶山系列电力机车主型电器认知与应用、和谐系列电力机车主型电器认知与应用 7 个学习情境，直接将铁道机车乘务员作业标准及机务段电机电器检修工艺引用为课程的教学内容和教学方法。

本书配有数字媒体教学资源和育人案例素材，除可作为高等职业院校专业教材外，还可作为成人教育、职工培训教材，以及司机提职考试培训用书及有关工程技术人员的参考用书。

图书在版编目（CIP）数据

机车电机电器 / 杨艳，李艳霞主编. -- 北京 ： 北京交通大学出版社，2025. 7. -- ISBN 978-7-5121-5522-0

Ⅰ. U264

中国国家版本馆 CIP 数据核字第 2025PX8433 号

机车电机电器
JICHE DIANJI DIANQI

策划编辑：张 亮 责任编辑：陈跃琴
出版发行：北京交通大学出版社 电话：010-51686414 http://www.bjtup.com.cn
地 址：北京市海淀区高梁桥斜街 44 号 邮编：100044
印 刷 者：北京时代华都印刷有限公司
经 销：全国新华书店
开 本：185 mm×260 mm 印张：15.5 字数：384 千字
版 印 次：2025 年 7 月第 1 版 2025 年 7 月第 1 次印刷
定 价：58.00 元

本书如有质量问题，请向北京交通大学出版社质监组反映。对您的意见和批评，我们表示欢迎和感谢。
投诉电话：010-51686043，51686008；传真：010-62225406；E-mail：press@bjtu.edu.cn。

前　言

"电力机车电机电器"课程是铁道机车运用与维护专业的一门核心专业课程。在电力机车中，牵引电机是驱动机车车辆动轮轴的主型电机，是电力机车的关键部件。牵引电机的性能直接关系到机车的运行性能。电力机车电器是实现机车牵引、制动和辅助电气设备供电的关键部分，其稳定性、可靠性和效率直接影响机车行驶的质量和安全性。课程教学团队按照国务院印发的《国家职业教育改革实施方案》，并结合我国目前铁路牵引系统的实际情况编写了本教材。

本教材最大的特点在于突出电力机车电机电器的"应用"，如电力机车仿真驾驶系统可以实现电力机车电机电器的操纵，无须专门的电力机车电机电器实践基地，因此我们重新定位该课程，明确学习方向，在完善课程学习体系的同时，积极推进一体化教学改革，让学生学以致用，不断提高职业技能，激发学生的学习兴趣和对乘务员与检修岗位的热爱，从而达到更好的学习效果。

1. 本书内容及使用方式

本书从我国电力机车应用实际出发，内容包括机车乘务员、机车检修工等职业岗位需要掌握的电力机车电机电器的相关专业知识和专业技能，为高等职业院校铁道机车相关专业学生和铁道机车运用与维护岗位工作人员提供参考用书及技术支持。

本书共包括 7 个项目，主要介绍电力机车上使用的电机电器应用方法和简单的维护保养方法。项目 1 是直流电机认知与应用，思路：直流电机→直流电动机→典型直流牵引电机的应用与维护。项目 2 是变压器认知与应用，思路：普通变压器→典型主变压器→典型主变压器的维护与检修。项目 3 是三相交流异步电机认知与应用，思路：三相交流电机→三相交流异步电机→典型三相交流牵引电机的应用与维护。项目 4 是接触器认知与应用，思路：普通接触器认知→典型电力机车用接触器认知与应用。项目 5 是继电器认知与应用，思路：普通继电器认知→典型电力机车用继电器认知与应用。项目 6 是韶山系列电力机车主型电器认知与应用，思路：主型（高压）电器的结构→工作原理→技术参数→应用→简单维护。项目 7 是和谐系列电力机车主型电器认知与应用，思路：主型（高压）电器的结构→工作原理→技术参数→应用→简单维护。

在学习本书前，学习者应具有电工基础、电子技术基础、电力机车总体等知识储备。

通过本书的学习，使学习者掌握电力机车电机电器的基础知识，具有电力机车电机电器应用能力、独立解决问题等职业能力，以及沟通表达、团队协作等社会能力。为后续"电力机车控制""电力机车检修"等专业课程的学习打好基础。

2. 本书特色

1）目标性强

主要针对高职院校铁路行业技能型人才培养目标——乘务员岗位、检修岗位中电机电器的运用与维护。内容既包括直流传动电力机车电机电器的应用与维护，也包括交流传动电力机车电机电器的应用与维护，与"电力机车控制""机车乘务员一次标准作业""电力机车检修"等核心专业课程结合紧密。

2）实用性强

在编写内容上，遵循高职院校教学的"必需、够用、实用"原则，按照项目、任务和学习活动的体系编写，配套有学习手册、教案、题库等资源，力求体现以学生为中心，以教师为主导，以学生职业能力培养为主线的原则，在编写体系设置上突出可操作性，使知识与技能较好地融合。

3）融入课程思政素材

在编写教材时，每个项目都有育人目标，并附有育人案例，基本都是来自铁路一线人员的先进事迹，让学生在学习专业知识的同时，逐步将价值塑造、能力培养融为一体，实现全面育人。

3. 作者介绍

本教材由包头铁道职业技术学院杨艳、李艳霞担任主编，包头铁道职业技术学院张佳慧、田纪云、孟凡顺担任副主编，包头铁道职业技术学院景雪蕾、中国铁路呼和浩特局集团有限公司包头车辆段职教科杨作鑫、中国铁路呼和浩特局集团有限公司包头西机务段职教科牛明参编，全书由杨艳负责统稿。本教材编写分工如下：杨艳编写项目1、项目2，李艳霞编写项目4、项目6，张佳慧编写项目7，田纪云、景雪蕾编写项目3，孟凡顺编写项目5。景雪蕾、牛明、杨作鑫参与编写前言、巩固练习及学习手册。本书在编写过程中得到了中国铁路呼和浩特局集团有限公司包头西机务段王嘉攀和薛宇航的大力支持，在此表示衷心感谢。

本书由包头铁道职业技术学王秀珍副教授和中国铁路呼和浩特局集团有限公司包头西机务段崔宇健工程师担任主审。主审在审阅过程中提出了许多宝贵意见和建议，在此表示衷心感谢。

由于我们水平所限，加之时间有些仓促，书中难免有疏漏和不足之处，殷切希望使用教材的师生及其他读者，给予批评指正。本书责任编辑联系方式：825470827@qq.com。

编　者

2025 年 3 月

目　录

电　机　篇

电　器　篇

电机篇

电机是指依据电磁感应定律实现电能与机械能转换或电能传递的一种电磁装置。电力机车上使用的电机既有为机车提供动力的牵引电机，又有用于驱动辅助机械的辅助电机，还有为机车上各种电机、电器提供合适电压的变压器。由于电力机车电机安装在电力机车上，而电力机车内部空间又极为有限，因此，电力机车电机的工作条件与一般工业企业用电机有很大不同，对电力机车电机总体要求是：单位功率重量轻、运行维修方便、制造成本低、结构最为简单、工作最为可靠。根据其特殊情况，电力机车电机还有以下几种铁路部门特有的分类方法。

1. 按电力机车传动方式分类

① 直流（脉流）牵引电机。用在直—直型、交—直型传动的电力机车上，主要采用直流串励方式的牵引电机提供动力，如 SS$_4$ 改型电力机车上用到的 ZD105A 型脉流牵引电机。

② 三相交流牵引电机。用在直—交型、交—直—交型传动的电力机车上，主要采用三相交流异步牵引电机提供动力，如 HXD$_3$ 型电力机车上用到的 YJ85A 型交流牵引电机。

2. 按电机在电力机车中的用途分类

① 牵引电机。将电力机车从接触网上取得的电能转换成驱动机车向前行驶的机械能，如 ZD105 型和 YJ85 型牵引电机。

② 主变压器。用来将接触网上取得的单相工频交流 25 kV 高压电降压为机车各电路所需的电压，如 TBQ 系列和 JQFP 系列主变压器。

③ 辅助电机。为了保证电力机车正常运行，在电力机车中装有许多辅助机械，这些辅助机械多采用结构简单、价格低廉的三相异步电机驱动，这些电机统称为辅助电机，如牵引通风机电机、空气压缩机电机等。

项目 1　直流电机认知与应用

项目描述

　　直流电机是电能和机械能相互转换的旋转电机之一。在本项目中，按照直流电机的结构、原理、特性及应用的顺序，让学生全面认识直流电机，明确直流电机的特点，能够在韶山系列电力机车仿真驾驶系统中实现牵引电机的起动、反转、调速和制动。同时，学会通过直流电机的铭牌认识直流电机的性能，并会简单计算直流电机的主要参数。最后，以典型韶山系列电力机车牵引电机为例，简单介绍维护与检修工艺。

项目目标

1. 育人目标

　　① 围绕铁道机车运用与维护岗位工作技能需求，通过对直流电机在韶山系列电力机车中的应用研究，激发学生学习兴趣和对铁道机车运用与维护岗位的热爱。

　　② 通过一体化教学方式，让学生自己去感知研究对象、工作任务和学习方法，使学生具有融会贯通、理论联系实际的能力，培养学生自主学习的习惯与能力，增强学生勇于探索的精神和善于解决问题的实践能力。

　　③ 学习中融入"最美铁路人"的先进事迹，培养学生规范操作、安全意识强、服从统一指挥的职业素质和爱岗敬业、无私奉献、勇于担当的职业精神。

2. 知识目标

　　① 掌握直流电机的定义、分类、基本结构及额定值。

　　② 理解直流电机的工作原理及运行方式。

　　③ 掌握直流电机的关键参数及基本方程。

　　④ 学会直流电机的起动、反转、调速和制动。

　　⑤ 掌握典型脉流牵引电机的技术参数和结构特点。

3. 能力目标

　　① 能够识别直流电机的运行方式。

　　② 能够对直流电机进行简单拆装。

　　③ 能够利用直流电机的关键参数和方程进行简单计算。

　　④ 掌握 SS_4 改型电力机车牵引电机的应用方法。

　　⑤ 在 SS_4 改型电力机车仿真驾驶系统中实现牵引电机的起动、反转、调速和制动。

　　⑥ 学会典型脉流牵引电机的不拆卸检修流程。

课时建议

　　14 课时。

扫码获取学习资源

任务 1.1　直流电机的拆装

▶ 任务描述

　　直流电机是一种非常重要的旋转电机，广泛应用于韶山系列电力机车。学习直流电机的基本结构，可以为学习电机的原理、特性和应用奠定良好基础。本任务通过理论学习和实践操作相结合的方式，让学生更好地熟悉电机结构，并具备一定的电机拆装能力。

▶ 任务目标

1. 知识目标
① 掌握直流电机的定义、分类、基本结构。
② 掌握直流电机的额定值。

2. 能力目标
① 提高理论联系实际的能力。
② 能够识别电机的铭牌并对直流电机参数进行简单计算。
③ 能够对直流电机进行拆装并且认识各零部件。

▶ 知识链接

知识点 1.1.1　直流电机认知

1. 直流电机的定义及分类

　　直流电机是指能将直流电能转换为机械能或将机械能转换为直流电能的旋转电机。将机械能转换为直流电能的直流电机称为直流发电机；将直流电能转换为机械能的直流电机称为直流电动机。

2. 直流电机的基本结构

　　普通直流电机由定子（静止部分）和转子（转动部分）两大部分组成，定子和转子之间有一定的间隙（称为气隙），如图 1-1 和图 1-2 所示。

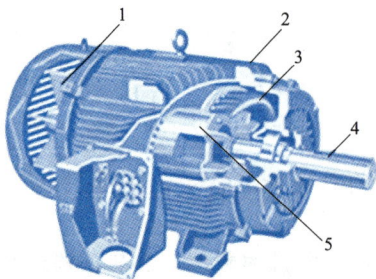

1—风扇；2—机壳；3—定子线圈；
4—转轴；5—转子铁心。

图 1-1　直流电机的立体结构

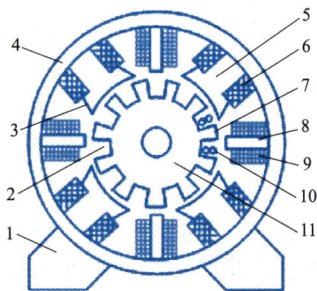

1—底座；2—电枢槽；3—极靴；4—机座（磁轭）；
5—主磁极；6—励磁绕组；7—电枢齿；8—换向极；
9—换向极绕组；10—电枢绕组；11—电枢铁心。

图 1-2　直流电机的平面结构

1）定子

定子的作用是产生磁场并为电机提供机械支撑。定子主要由主磁极、换向极、机座和电刷装置等组成。

（1）主磁极。

主磁极如图 1-3 所示。主磁极包括主磁极铁心和套在铁心上的励磁绕组两部分。主磁极铁心用 1～1.5 mm 厚的低碳钢板冲片叠压后再用铆钉铆紧成一个整体。小型电机的主磁极励磁绕组用绝缘铜线（或铝线）绕制而成，大中型电机的主磁极励磁绕组用扁铜线绕制而成，并进行绝缘处理，然后套装在主磁极铁心外面。最后整个主磁极用螺钉固定在机座内壁上。

（2）换向极。

换向极又称附加极或间极，如图 1-4 所示，其作用是改善换向。

换向极装在相邻的两主磁极之间，它也主要由铁心和绕组构成。换向极铁心一般用整块钢或钢板加工而成，但在功率较大的电机中，为了更好地改善电机换向性能，换向极铁心也采用叠片结构。换向极绕组和主磁极励磁绕组一样，也是用导线绕制而成的，经绝缘处理后套装在换向极铁心上，最后用螺钉将换向极固定在机座内壁上。

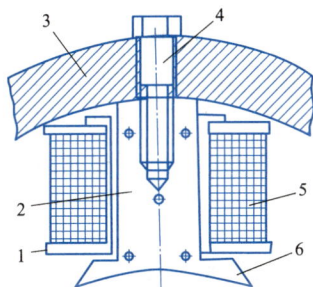

1—绝缘板；2—主磁极铁心；3—机座；4—螺钉；5—励磁绕组；6—极靴。

图 1-3　主磁极

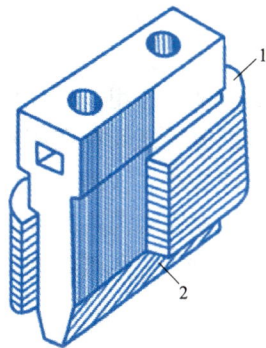

1—换向极绕组；2—换向极铁心。

图 1-4　换向极

换向极绕组与电枢绕组串联，由于需要通过较大电流，所以换向极绕组一般用截面大、匝数少的矩形截面导线绕制。

（3）机座。

机座有两个作用：一是作为电机磁路系统的一部分，这部分称为磁轭；二是用来固定主磁极、换向极及端盖等，起机械支撑作用。因此，机座应有好的导磁性能及足够的机械强度与刚度。机座通常用铸钢或厚钢板焊接而成。对于换向要求较高的电机，还可采用叠片结构的机座。

（4）电刷装置。

电刷装置的作用是：通过电刷与换向器表面的滑动接触，把转动的电枢绕组与外电路接通。电刷装置一般由电刷、刷握、刷杆、刷杆座、弹簧及绝缘件等组成，如图 1-5 所示，电刷一般由石墨粉压制而成。电刷在刷握内，被弹簧压紧在换向器上，刷握固定在刷杆上，刷杆装在刷杆座上，构成一个整体部件。

2）转子

直流电机的转子称为电枢，主要由转轴、电枢铁心、电枢绕组、换向器等组成，如图 1-6 所示。

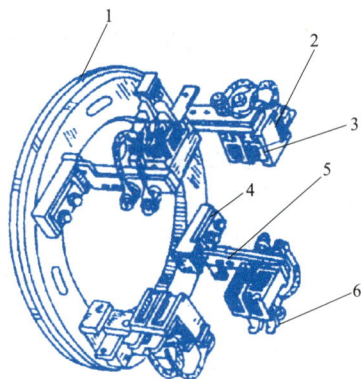

1—刷杆座；2—刷握；3—电刷；
4—绝缘件；5—刷杆；6—弹簧。

图1-5 电刷装置

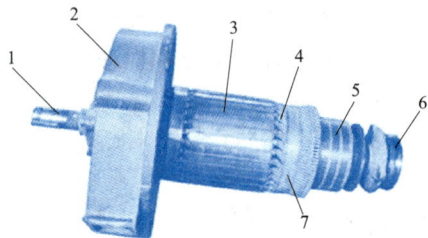

1—转轴；2—端盖；3—电枢铁心；4—电枢绕组；
5—换向器；6—轴承；7—绑带。

图1-6 转子

（1）转轴。

转轴的作用是传递转矩，一般用合金钢锻压而成。

（2）电枢铁心。

电枢铁心有两个作用：一是作为电机磁路的主要部分；二是用来嵌放电枢绕组。电枢铁心与主磁极的磁场之间存在相对运动，为了减少电枢旋转时电枢铁心中因磁通变化而引起的磁滞及涡流损耗（铁损），电枢铁心通常用0.5 mm厚的两面涂有绝缘漆的电工钢片冲制叠压而成，电枢铁心及其冲片如图1-7所示。电枢铁心固定在转子支架或转轴上，沿铁心外圈均匀布设槽位，在槽内嵌放电枢绕组。

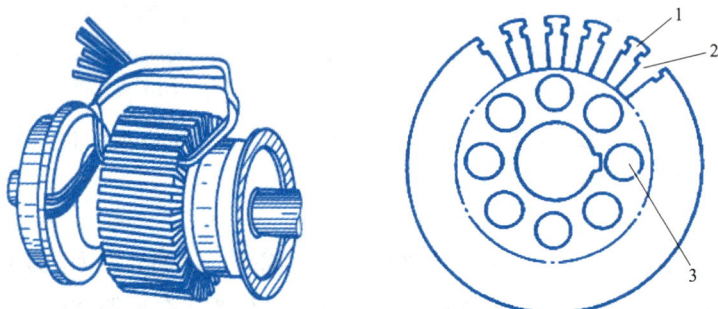

(a) 电枢铁心

(b) 冲片结构示意图

1—齿；2—槽；3—轴向通风孔。

图1-7 电枢铁心及其冲片

（3）电枢绕组。

电枢绕组的作用是产生感应电动势和通过电流产生电磁转矩，实现机电能量转换。电枢绕组是直流电机的主要电路部分，通常用圆形或矩形截面的导线绕制而成，再按一定规律嵌放在电枢槽内，上下层电枢绕组之间以及电枢绕组与铁心之间都要妥善地绝缘。为了防止离心力将电枢绕组甩出槽外，槽口处须用槽楔将绕组压紧，伸出槽外的绕组端接部分用无纬玻璃丝带绑紧。绕组端头按一定规则嵌放在换向器的升高片槽内，并用锡焊或弧焊焊牢。

（4）换向器。

换向器的作用是机械变流。在直流电动机中，它将外加的直流电流转变为绕组内的交流电流；在直流发电机中，它将绕组内的交流电动势转变为电刷端的直流电动势。换向器的结构如图 1-8 所示。换向器由许多换向片组成，换向片间用云母片绝缘。换向片凸起的一端称作升高片，用以嵌放电枢绕组端头；换向片下部做成燕尾形，利用换向器套筒、V 形压圈及螺旋压圈将换向片、云母片紧固成一个整体，在换向片与套筒、压圈之间用 V 形云母环绝缘，最后将换向器压装在转轴上。

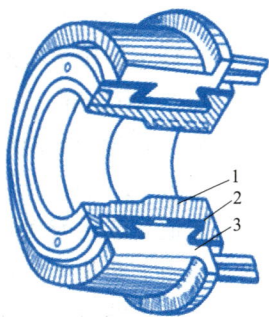

1—套筒；2—云母环；3—换向片。

图 1-8 换向器的结构

知识点 1.1.2 直流电机额定值认知

每一台电机都有一块铭牌，上面标注着电机的各种额定数据，从中可以看出电机的型号、规格、性能，为用户合理选择和正确使用电机提供依据。电机上的铭牌如图 1-9 所示。

图 1-9 电机上的铭牌

根据国家标准要求设计和试验所得的一组反映电机性能的主要数据称为电机额定值。电机运行时，若各数据符合额定值，则称这样的运行工况为额定工况。

1. 电机常见额定值

1）额定电压 U_N

额定电压指电机安全工作时，电枢绕组允许输出的最高电压或外加电压，单位为 V。

2）额定电流 I_N

额定电流指电机以额定电压、额定功率运行时电枢的电流（即电枢绕组最大允许安全电流），单位为 A。

3）额定功率 P_N

额定功率指电机在铭牌规定的额定状态下运行时，电机的输出功率，单位为 kW。

对于电动机，额定功率是指轴上输出的机械功率，计算公式如下：

$$P_N = U_N I_N \eta_N \qquad (1-1)$$

式中：η_N——额定运行时直流电机的效率。

对于发电机，额定功率是指电枢两出线端输出的电功率，计算公式如下：

$$P_N = U_N I_N \qquad (1-2)$$

4）额定转速 n_N

额定转速指额定状态下，电机以额定电压、额定电流和额定输出功率运行时，转子的转速，单位为 r/min。

此外，电机的额定值还有工作方式、励磁方式、额定励磁电压、额定温升、额定效率等。

2. 电机的 3 种运行工况

额定值是选用或使用电机的主要依据，一般希望电机按额定值运行。但实际上，电机运行时，由于负载不同，各种数据可能与额定值有所不同。根据电机的电流与额定电流的关系，将电机的运行分为以下 3 种工况：

① 若电机的电流正好等于额定电流，则称为满载运行。

② 若电机的电流超过额定电流，则称为过载运行。

③ 若电机的电流比额定电流小得多，则称为轻载运行。

长期过载运行，将使电机过热，影响电机的使用寿命，甚至损坏电机。长期轻载运行，将使电机的容量不能被充分利用。这两种情况都会降低电机的工作效率，都是不经济的。故在选择电机时，应根据负载情况，尽可能使电机运行在额定值附近。

知识点 1.1.3 直流电机的拆装流程

1. 解体

直流电机解体步骤如下：

① 拆除电机的接线。

② 拆除换向器的端盖螺钉、轴承盖螺钉，并取下轴承外盖。

③ 打开端盖的通风窗，从刷握中取出电刷，再拆下接到刷杆上的连接线。

④ 拆卸换向器的端盖时，在端盖边缘处垫上木楔，用铁锤沿端盖的边缘均匀敲击，逐步使端盖止口脱离机座及轴承外圈，取出刷架。

⑤ 将换向器包好，避免弄脏、碰伤。

⑥ 拆除转轴伸出端的端盖螺钉，将电枢连同端盖一起从定子内小心地抽出，避免擦伤绕组。

⑦ 将电枢连同端盖放在木架上并包好，拆除轴承端的轴承盖螺钉，取下轴承外盖及端盖。

注意：如果轴承未损坏，可不拆卸。

2. 组装

直流电机的组装顺序与解体相反。

3. 安全注意事项

① 解体直流电机前，先用仪表进行整机检查，确定绕组是否对地绝缘良好，以及绕组间有无短路、断线或其他故障，并在线头、端盖、刷架等处做好复位标记，做到边拆、边检查、边记录。

② 在解体直流电机的过程中，应轻拿轻放，不得碰坏各部件。

③ 在解体直流电机的过程中，应遵守有关安全操作规程。

巩固练习

一、填空题

1. 直流电机由静止的_____和旋转的_____两大部分组成。

2. 直流电机定子的作用是_____和_____。

3. 直流电机主磁极主要由_____和_____两部分组成，整个主磁极用_____
____固定在机座内壁上。换向极装在_____之间，用来改善_____。

4. 电刷装置的作用是通过电刷与_____的滑动接触，把转动的电枢绕组与_____
接通。

5. 直流电机转子的作用是_____。

6. 为了减小涡流和磁滞损耗的影响，电枢铁心通常用_____冲制叠压而成。

7. 对于发电机，额定功率是指轴上输出的_____；对于电动机，额定功率是指电
枢两出线端输出的_____。

二、问答题

1. 直流电机有哪些主要部件？各有什么作用？

2. 为什么电枢铁心采用 0.5 mm 厚的两面涂有绝缘漆的电工钢片冲制叠压而成？

任务 1.2　直流电机的起动

扫码获取学习资源

任务描述

　　铁道机车运用与维护专业学生毕业后大多就业于机车乘务员岗位，牵引电机作为机车
的牵引动力来源，是非常重要的部件。作为机车乘务员，不仅要熟悉各部件的功能，更要
学会操作、维护。所以，在本任务中先学习直流电机工作原理及其电动势平衡方程，在此
基础上学习直流电机的起动，让学生了解直流电机的运行方式——电动机运行方式和发电
机运行方式，同时为后续直流电机的应用奠定基础。

任务目标

1. 知识目标
① 掌握直流电机的工作原理。
② 掌握直流电机的电动势平衡方程。
③ 掌握直流电机的起动方法。

2. 能力目标
① 能够辨别直流电机的运行方式。
② 学会 SS_4 改型电力机车牵引电机的起动。

> 知识链接

知识点 1.2.1　直流电机工作原理

1. 直流发电机的工作原理
直流发电机的工作原理如图 1-10 所示。

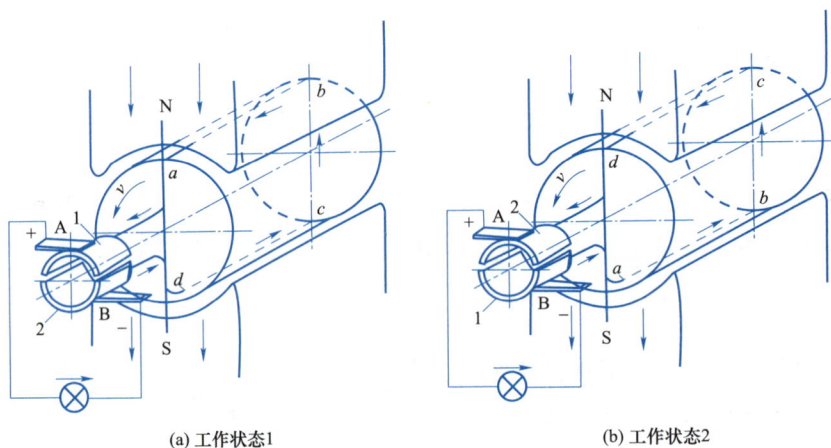

(a) 工作状态1　　　　　　　　　　(b) 工作状态2

A，B—电刷；1，2—换向片。

图 1-10　直流发电机的工作原理

1）感应电动势的产生
当直流发电机的电枢被原动机拖动，并以恒速 v 沿逆时针方向旋转时，如图 1-10（a）所示，线圈两个有效边 ab 和 cd 将切割磁力线，产生感应电动势 e。其方向用右手定则判定：当 ab 位于 N 极下、cd 位于 S 极下时，感应电动势的方向分别为 $b \rightarrow a$、$d \rightarrow c$。若接通外电路，电流方向为换向片 1→A→负载→B→换向片 2，即电流从电刷 A 流出，具有正极性，用"+"表示；从电刷 B 流入，具有负极性，用"−"表示。

当电枢转到 90° 时，线圈有效边 ab 和 cd 转到 N、S 极之间的几何中心线上，此处磁感应强度为零，故这一瞬时感应电动势为零。

当电枢转到 180° 时，线圈有效边 ab 和 cd 及换向片 1、2 位置与电枢在 0° 时的位置互换，如图 1-10（b）所示。ab 位于 S 极下，cd 位于 N 极下，线圈两个有效边产生的感应电动势方向分别为 $a \rightarrow b$、$c \rightarrow d$，电动势方向与电枢在 0° 时相反。外电路中流过的电流方向则为换向片 2→A→负载→B→换向片 1。由此可见，电刷 A（B）始终与转到 N（S）极下的有效边所连接的换向片接触，故电刷极性始终不变，A 为"+"，B 为"−"。

由以上分析可知，线圈内部电动势为交变电动势，但电刷引出的电动势方向始终不变，为单方向的直流电动势。

根据电磁感应定律，每根导体产生的感应电动势 e 为：

$$e = B_x Ly \tag{1-3}$$

式中：B_x——导体所在位置的磁通密度，T；

L——导体切割磁力线的有效长度，m；

v——导体切割磁力线的线速度，m/s。

2）电磁转矩的产生与克服

当直流发电机电刷两端获得直流电动势后，若接上负载，便有电流流过线圈，电流 i 与电动势 e 的方向相同。同时，载流导体在磁场中必然产生电磁力 f，其方向用左手定则判定。电磁力对转轴形成电磁转矩 T，T 与电枢旋转的方向相反，起到了阻碍作用，故称为阻转矩。直流电机要想维持发电机状态，就必须输入机械能来克服阻转矩 T，正是这种不断地克服实现了机械能向电能的转换。

2. 直流电动机的工作原理

图 1-11 为两极直流电动机的工作原理。直流电动机的结构与直流发电机相同，不同的是电刷 A、B 外接直流电源。图示瞬时电流的方向为正极（+）→A→换向片 1→a→b→c→d→换向片 2→B→负极（-）。根据电磁感应定律，载流导体 ab、cd 都将受到电磁力 f 的作用，其大小为：

$$f = B_x Li \qquad\qquad (1-4)$$

式中：i——导体中流过的电流，A。

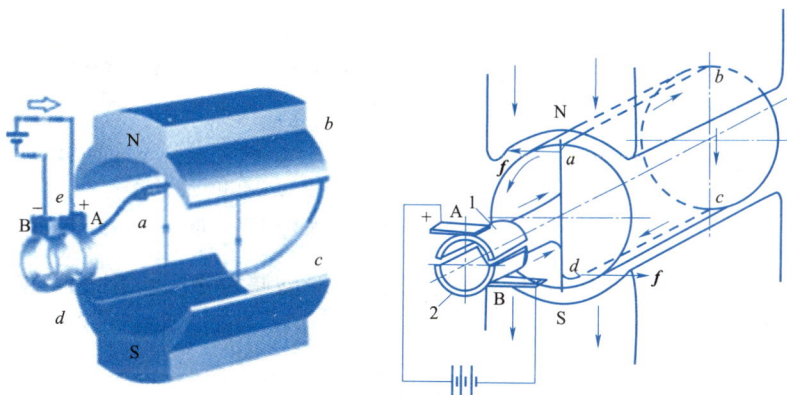

图 1-11　两极直流电动机的工作原理

1）电磁转矩的产生

导体所受电磁力的方向用左手定则判定，在如图 1-11 所示的瞬时，ab 位于 N 极下，所受电磁力 f 方向从右向左，cd 位于 S 极下，所受电磁力 f 方向从左向右，电磁力对转轴便形成一电磁转矩 T。在 T 的作用下，电枢逆时针旋转起来。

当电枢转到 90°时，电刷不与换向片接触，而与换向片间的绝缘片接触，此时线圈中没有电流流过，$i=0$，故电磁转矩 $T=0$。但由于机械惯性的作用，电枢仍能转过一定角度，电刷 A、B 又将分别与换向片 2、1 接触。线圈中又有电流 i 流过，此时，导体 ab、cd 中电流改变了方向，即为 $b→a$、$d→c$，且导体 ab 转到 S 极下，ab 所受的电磁力 f 方向从左向右，cd 转到 N 极下，cd 所受的电磁力 f 方向从右向左。因此，线圈仍然受到逆时针方向电磁转矩的作用，电枢始终保持同一旋转方向。

2）感应电动势的产生与克服

在直流电动机中，电刷两端虽然加的是直流电，但在电刷和换向器的作用下，在线圈内部却变成了交流电，从而产生了单方向的电磁转矩，驱动电机持续旋转。同时，旋转的线圈中也将感应出电动势 e，其方向与线圈中电流方向相反，故称为反电动势。直流电动机若要维持继续旋转，外加电压就必须高于反电动势，只有这样才能不断地克服反电动势，正是这种不断地克服实现了电能向机械能的转换。

知识点 1.2.2　直流电机的电动势平衡方程及运行方式

1. 直流电机的感应电动势

电枢感应电动势是指直流电机正负电刷之间的感应电动势，即电枢绕组每一条支路的感应电动势。

计算电枢感应电动势时，首先计算每个导体的感应电动势，再将一条支路中各串联导体的电动势求代数和，即得电枢感应电动势。

电机空载运行时，气隙磁密的分布如图 1-12 所示。由图 1-12 可见，电枢表面各点的磁密并不相等，因而各导体中感应电动势的数值也不相等，使计算变得复杂。为此，引入磁密和导体感应电动势的平均值 B_{av} 和 e_{av} 的概念。图中，B_{max} 为磁密的最大值。

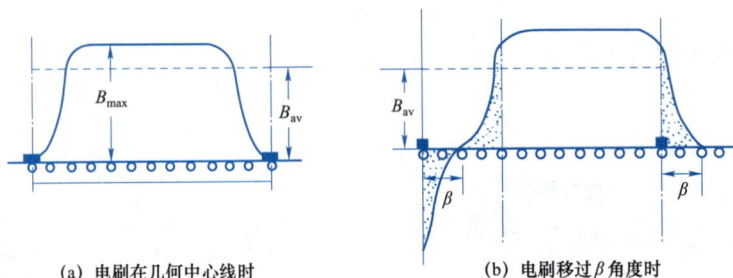

(a) 电刷在几何中心线时　　　　(b) 电刷移过 β 角度时

图 1-12　电机空载运行时的气隙磁密分布

设主磁极的极距为 τ，电枢导体的有效长度为 L，磁通为 Φ，导体切割气隙磁场的线速度为 v，则平均气隙磁密为：

$$B_{av} = \frac{\Phi}{L\tau} \tag{1-5}$$

式中：

$$\tau = \frac{\pi D_a}{2p} \tag{1-6}$$

式（1-6）中：p 为主磁极对数，D_a 为电枢外径。

导体的平均感应电动势为：

$$e_{av} = B_{av}Lv \tag{1-7}$$

设电枢导体总数为 N，支路对数为 a，则每条支路感应电动势为：

$$E_a = C_e\Phi n \tag{1-8}$$

式中：Φ——每极磁通，Wb；

　　　n——电机转速，r/min；

　　C_e——电动势常量。对于给定电机，$C_e=pN/(60a)$，是一个常量。

由以上分析可知：

① 直流电机的感应电动势，是指电枢表面圆周上固定位置（电刷间）的电枢线圈中的感应电动势之和，仅与电刷间磁通的大小、电枢转速及电机结构有关。对于给定电机，C_e 为常量，则感应电动势 E_a 的大小随着磁通 Φ 和电机转速 n 的变化而变化。

② 感应电动势的大小，仅与磁通的大小有关，而与磁密的分布无关。磁通分布形状改变，使每一导体的感应电动势的大小均发生变化，只要保持总磁通不变，电刷间的电动势就不变。

③ 式（1-7）是在整距绕组时导出的，若为短距绕组，在线圈的两边都处于同一磁极下的瞬间，两线圈边的感应电动势方向相反，互相抵消，使感应电动势减小。

④ 当电刷偏离几何中心线时，电刷间所包含的总磁通量有所减少，使感应电动势减小。

2. 直流电机的电动势平衡方程

无论是直流发电机还是直流电动机，当电枢旋转时，电枢绕组切割磁力线都产生感应电动势，其大小 $E_a = C_e \Phi n$，方向可用右手定则判定。二者的差别在于：在直流发电机中，电枢绕组接负载后，感应电动势驱动电流流动，所以电枢电流与感应电动势方向相同，如图 1-13 所示；在直流电动机中，电枢绕组经电刷接外电源，外电源是驱动电流流动的原因，所以电枢电流与电源电压方向相同，此时感应电动势与电枢电流方向相反，称为反电动势，如图 1-14 所示。

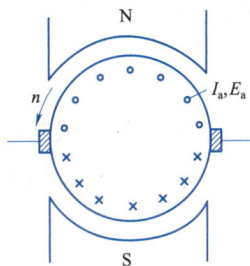

图 1-13　直流发电机的电动势平衡关系　　　　图 1-14　直流电动机的电动势平衡关系

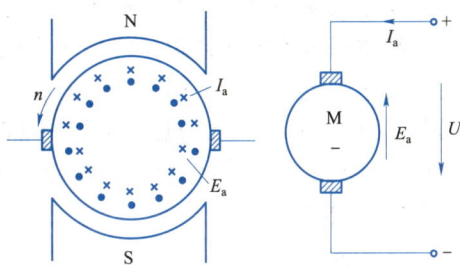

设 U 为直流电机的端电压，取 U、E_a、I_a 的实际方向作为正方向，可得电枢回路的电动势平衡方程式如下。

直流发电机：
$$U = E_a - I_a R_a \tag{1-9}$$

直流电动机：
$$U = E_a + I_a R_a \tag{1-10}$$

式中：R_a 为电枢回路总电阻，包括电枢回路中各串联的电阻和电刷与换向器之间的接触电阻。

> 提示：（1）式（1-9）、式（1-10）适用于各种励磁方式的直流电机，在计算时要注意，各种励磁方式中 R_a 所包含的内容不完全相同。
>
> （2）直流发电机和直流电动机在运行中都存在电枢电动势 E_a 和端电压 U，在直流发电机中，$E_a > U$，电枢电流 I_a 的方向与电枢电动势 E_a 的方向一致；在直流电动机中，$E_a < U$，电枢电流 I_a 的方向与 U 的方向一致，电枢电动势 E_a 表现为反电动势。

3. 直流电机的运行方式

从直流电机的工作原理及电动势平衡方程可知，直流电机具有可逆性，即直流电机既可作为发电机运行，也可作为电动机运行。当输入机械转矩将机械能转换成电能时，直流电机作为发电机运行；当输入直流电流产生电磁转矩，将电能转换成机械能时，直流电机作为电动机运行。例如，电力机车工作在牵引工况时，牵引电机作为电动机运行，产生牵引力；在制动工况时，牵引电机作为发电机运行，将机车和列车的动能转换成电能，产生制动力，对机车进行电气制动。

知识点 1.2.3　直流电机的起动

电动机由静止状态达到正常运转状态的过程称为起动过程。直流电机在起动过程中不仅转速发生变化，而且转矩、电流等也发生变化。

当忽略电枢绕组电感时，电枢电流 I_a 为：

$$I_a = \frac{U - E_a}{R_a} \qquad (1\text{-}11)$$

在起动开始的瞬间，由于转速 n=0，故电枢感应电动势 E_a=0，此时的电流称为起动电流，用 I_{st} 表示，其计算公式如下：

$$I_{st} = \frac{U}{R_a} \qquad (1\text{-}12)$$

由于电枢回路的电阻 R_a 很小，如果直接加额定电压起动，起动电流 I_{st} 很大，高达额定电流的十几倍，这样大的起动电流将带来以下不良影响：

① 使电机换向恶化，产生严重的火花，导致电刷和换向器表面烧损。

② 产生很大的电磁转矩，使传动机构和生产机械受到强烈冲击而损坏。

③ 使电网电压波动，影响供电的稳定性。

因此，在直流电机起动时，必须设法限制起动电流 I_{st}。由式（1-12）可知，限制起动电流有 2 个途径，一是降低外加电源电压 U，二是增大电枢回路的电阻 R_a，这也是通常采用的 2 种电动机起动方法。

1. 降压起动

在起动瞬间，给直流电机加较低的直流电压，随着直流电机转速的升高，电枢感应电动势 E_a 逐渐增大，同时端电压 U 也人为地不断增大，U 与 E_a 的差值使起动过程中电枢电流保持在允许范围内，直到直流电机端电压上升到额定值，直流电机起动完毕。采用降压起动方式时必须注意：起动直流电机时必须加上额定励磁电压，使磁通一开始就有额定值，否则直流电机起动电流虽然比较大，但起动转矩却较小，直流电机仍无法起动。

降压起动的优点是在起动过程中无电阻损耗，并可达到平稳升速，但需要专用电源设备，因此该方法多用于要求经常起动的大中型直流电机。

> 提示：在采用直流电机提供牵引动力的机车上，电源由专门的发电机或变压器供给，通过调节发电机的励磁和变压器的抽头很容易改变其输出电压。因此，降压起动广泛应用于电力机车和内燃机车中。

2. 变阻起动

在电枢回路中串入适当的起动电阻 R_{st}，按照把起动电流 I_{st} 限制在 1.5～2.5 倍 I_N 的范围内来选择起动电阻的大小。在起动过程中，随着转速 n 的增大，电枢感应电动势 E_a 也随之增大，电枢电流相应地减小。为了保持一定的转矩，应逐渐将起动电阻切除，直到起动电阻全部切除。此时，直流电机起动完毕，以额定转速稳定运行。

变阻起动能有效地限制起动电流，所需起动设备简单，故广泛应用于各种中小型直流牵引电机，如工矿机车、城市电车上的牵引电机多采用变阻起动。但变阻起动过程中能量消耗大，不适用于经常起动的大中型直流牵引电机。

知识点 1.2.4 SS₄改型电力机车牵引电机的起动

1. 在 SS₄改型电力机车牵引传动示教系统上起动牵引电机

SS₄改型电力机车牵引传动示教系统如图 1-15 所示。起动牵引电机的步骤如下：

① 接通 SS₄改型电力机车的牵引传动示教系统的电源。

② 按下起动按钮，可观察到 SS₄改型电力机车的牵引电机的起动电路。

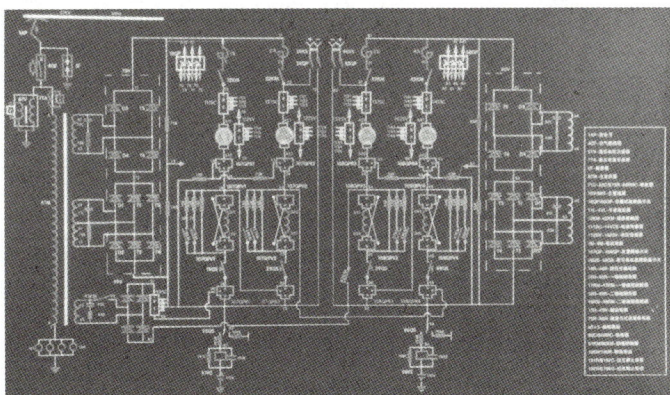

图 1-15　SS₄改型电力机车牵引传动示教系统

2. SS₄改型电力机车牵引电机的起动方法分析

为实现转向架独立控制，每节车采用两套独立的整流调压电路，分别向相应的转向架供电：牵引绕组 a1b1x1 和 a2x2 供电给主整流器 70V，组成前转向架供电单元，如图 1-16 所示。牵引绕组 a3b3x3 和 a4x4 供电给主整流器 80V，组成后转向架供电单元。

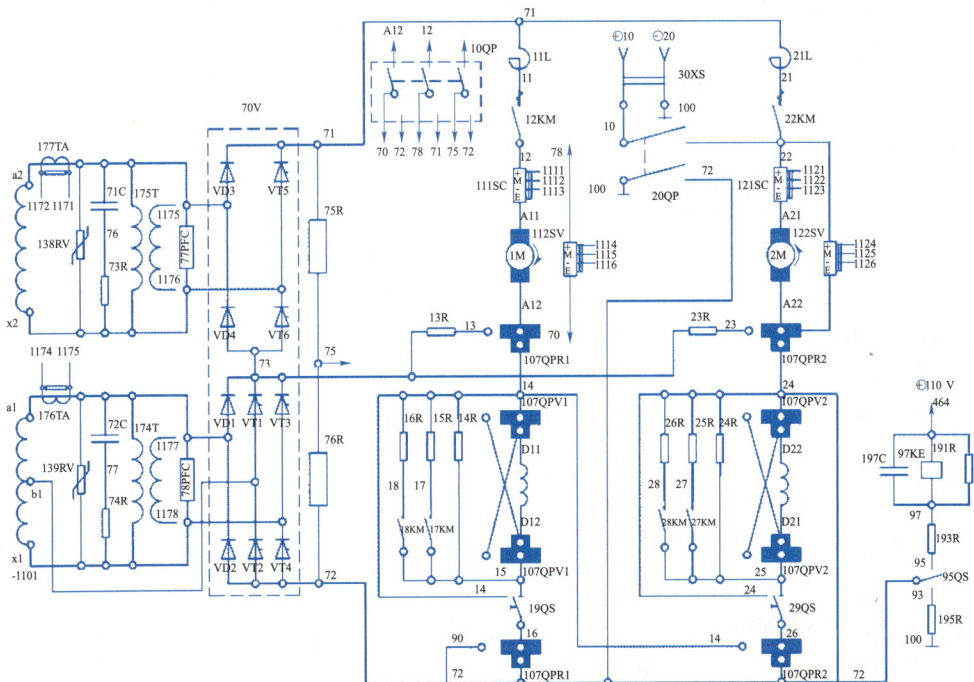

图 1-16　SS₄改型电力机车的牵引电机电路

主整流器采用三段不等分半控调压整流电路，$U_{a2x2}:U_{a1b1}:U_{b1x1}$=2:1:1，由电子柜 AE 实现对调压整流电路中晶闸管的控制。在下面的介绍中，U_d 为整流输出电压的平均值，简称整流电压平均值。

① VT5、VT6 触发，a2x2 投入供电，触发角 $\pi \to 0$，输出电压 $0 \to U_d/2$；

② VT5、VT6 满开，VT1、VT2 触发，a1b1 也投入供电，触发角 $\pi \to 0$，电压 $U_d/2 \to 3U_d/4$；

③ VT5、VT6、VT1、VT2 满开，VT3、VT4 触发，b1x1 也投入供电，触发角 $\pi \to 0$，电压 $3U_d/4 \to U_d$。

巩固练习

一、填空题

1. 感应电动势的大小，仅与_____的大小有关，而与_____的分布无关。

2. 对于给定的电机，_____、_____、_____均为定值，所以，C_e 是一个_____。

3. 直流电机的感应电动势计算公式为_____。

4. 电动机由静止状态达到正常运转状态的过程称为_____。

5. 为限制起动电流，通常采用的两种起动方法为_____和_____。

6. 电力机车工作在牵引工况时，牵引电机作为_____运行，产生牵引力。

二、问答题

1. SS$_4$ 改型电力机车牵引电机采用的是哪种起动方法？

2. 直流电机作为发电机或电动机运行时，电动势平衡方程有何不同？在两种不同的运行方式下，感应电动势起着怎样不同的作用？

任务 1.3 直流电机正反转控制

扫码获取学习资源

任务描述

作为机车乘务员，不仅要学会实现机车的牵引，还要学会控制机车的前进和后退。本任务的学习目的是分析改变直流电机转向的方法，并能在试验台上控制直流电机正反转。

任务目标

1. 知识目标

① 掌握直流电机的电磁转矩平衡方程。

② 学会控制直流电机正反转的方法。

2. 能力目标

① 能够控制直流电机正反转。

② 学会控制 SS$_4$ 改型电力机车牵引电机正反转。

③ 学会利用能量守恒定律分析问题。

知识点 1.3.1 直流电机的电磁转矩平衡方程

直流电机的转矩特性可由转矩平衡方程推导出来。当忽略空载转矩后，直流电机输出的转矩等于电磁转矩，故转矩特性可直接由电磁转矩公式求出，即：

$$T = C_T \Phi I_a \tag{1-13}$$

式中：I_a——电枢电流，A； $\tag{1-14}$

C_T——电机转矩常量，$C_T = \dfrac{pN}{2\pi a}$。 $\tag{1-15}$

对于已制成的电机，p、N、a 均为定值，所以，C_T 也是一个常量。

感应电动势 $E_a = C_e \Phi n$ 和电磁转矩 $T = C_T \Phi I_a$ 是直流电机的两个重要公式。对同一台直流电机，其电动势常量 C_e 和转矩常量 C_T 有一定的关系。

因为 $$C_e = \dfrac{pN}{60a}, \quad C_T = \dfrac{pN}{2\pi a} \tag{1-16}$$

所以 $$C_T = \dfrac{60}{2\pi} \cdot \dfrac{pN}{60a} = 9.55 C_e \tag{1-17}$$

无论是工作在发电机状态还是电动机状态，当电枢绕组有电流流过时，电枢电流和磁场相互作用，产生电磁转矩 T，其大小为 $C_T \Phi I_a$，方向可用左手定则判定。

在发电机工作状态时，电磁转矩 T_1 为驱动转矩，其作用是使电枢旋转。当电磁转矩 T 与电枢转向相反时，T 为阻转矩。同时，还存在电机的空载阻转矩 T_0，如图 1-17 所示。

在电动机工作状态时，电磁转矩 T 的作用是使电枢转动，为驱动转矩。T 与电动机转向相同，此时转轴上的负载转矩 T_2 和空载转矩 T_0 均为阻转矩。如图 1-18 所示。

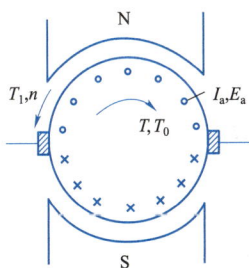

图 1-17 直流电机发电机状态的转矩平衡关系

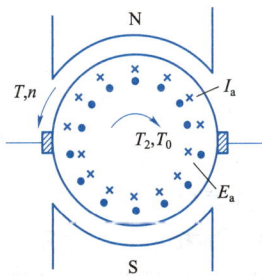

图 1-18 直流电机电动机状态的转矩平衡关系

当直流电机的转速恒定时，加在电机转轴上的驱动转矩应与阻转矩相等，因而电磁转矩平衡方程如下。

发电机： $$T_1 = T + T_0 \tag{1-18}$$

电动机： $$T = T_2 + T_0 \tag{1-19}$$

以上两式表明，在直流电机稳定运行时，电磁转矩和外转矩都同时存在并达到平衡。

知识点 1.3.2　直流电机正反转控制方法

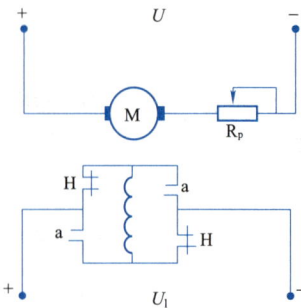

图 1-19　励磁绕组反接电路

直流电机的旋转方向取决于电磁转矩方向，而电磁转矩 T 的大小为 $C_T\varPhi I_a$，方向取决于磁通（$\varPhi$）与电枢电流（I_a）相互作用的方向，故改变直流电机转向的方法有两种：一是改变磁通（即励磁电流）的方向，二是改变电枢电流的方向。若同时改变磁通方向及电枢电流方向，则直流电机转向保持不变。电力机车上的牵引电机常采用励磁绕组反接法，其电路如图 1-19 所示。

由图 1-19 可见，牵引电机利用电器触头 H、a 的闭合与断开将励磁绕组反接，改变励磁绕组中电流的方向，即改变了磁通的方向，从而达到改变直流电机转向的目的。

知识点 1.3.3　直流电机正反转测试

1. 设备

机车电力电子综合试验台、直流电机（带励磁绕组）。

2. 方法

① 由机车电力电子综合试验台输出直流电源给直流电机，按照图 1-20 接线。

② 起动直流电机，观察直流电机的转向。

③ 改变励磁绕组 D_1D_2 的电流方向，观察直流电机的转向，并记录转速。

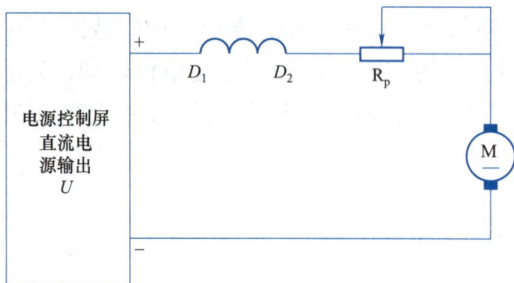

图 1-20　直流电机正反转试验接线图

3. 安全注意事项

① 人体不能接触带电线路。

② 接线和拆线都必须在切断电源的情况下进行。

③ 学生独立完成接线或改接线路后，必须经指导教师检查，确认无误并向全组同学打招呼后，方可接通电源。

④ 首次接通电源时，人不可立即离开控制开关，待一切正常后，方可离开。

⑤ 试验中如果发生事故，应立即切断电源，保护现场，并报告指导教师，待查清问题或妥善处理后方能继续进行试验。

⑥ 操作电源开关应迅速、果断，快合、快断。

知识点 1.3.4　SS₄改型电力机车牵引电机的反转

SS_4 改型电力机车牵引电机的反转是通过位置转换开关进行的，通过该开关可改变励磁电流（D11–D12 的电流方向），进而改变牵引电机的转向。其电路如图 1–21 所示。

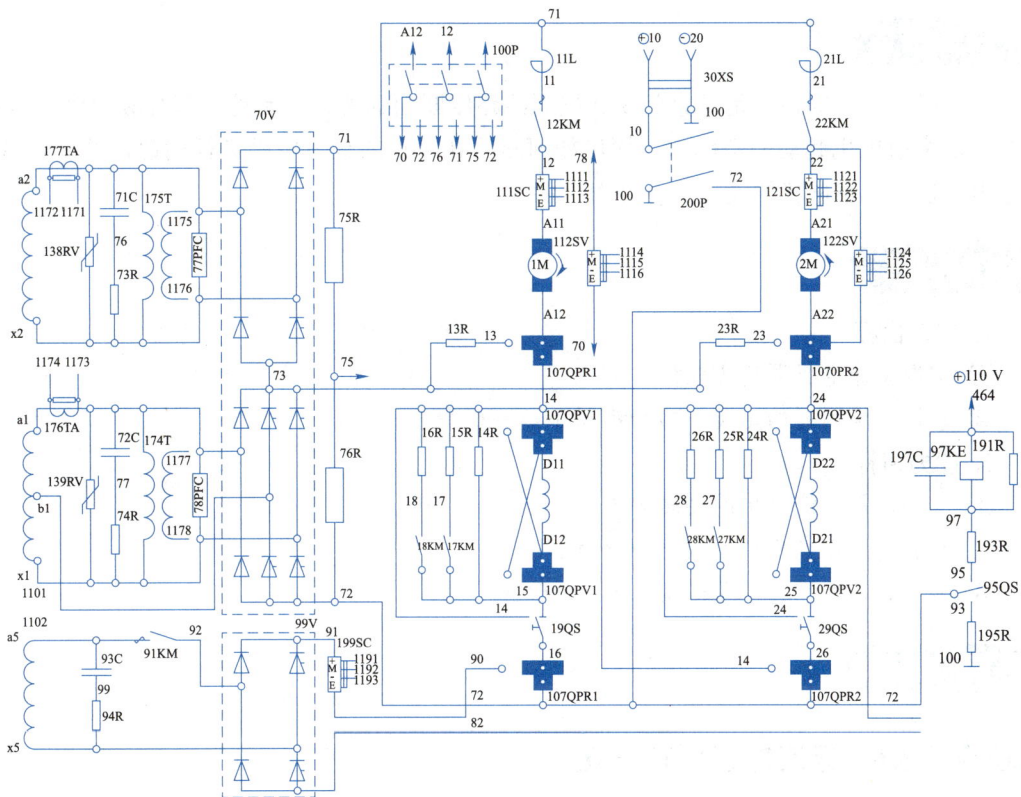

图 1–21　SS₄改型电力机车的牵引电路

> **巩固练习**

一、填空题

1. ＿＿＿＿＿＿在电枢轴上产生的转矩称为电磁转矩，电磁转矩 $T=$＿＿＿＿＿＿＿。

2. 直流电机在进行能量转换时，遵守＿＿＿＿＿＿定律。

3. 对于给定的电机，＿＿＿＿＿＿、＿＿＿＿＿＿、＿＿＿＿＿＿均为定值，所以，C_T 是一个＿＿＿＿＿＿。

4. 对同一台直流电机，转矩常数为电动势常数的＿＿＿＿＿倍。

5. 直流电机的旋转方向取决于＿＿＿＿＿＿的方向。

二、问答题

1. 直流发电机和直流电动机的转矩平衡方程有何区别？

2. 如何实现直流电机的反转？通常使用哪一种方法？

3. SS_4 改型电力机车牵引电机如何实现反转？

任务 1.4　直流电机的调速

▶ 任务描述

　　电力机车运行的特点是频繁起动和根据线路纵断面的变化不断地调节行驶速度。本任务在实现牵引电机起动的基础上，探讨如何对正在运行的直流电机进行调速，并结合 SS_4 改型电力机车牵引电机的调速进行针对性的学习。

▶ 任务目标

1. 知识目标

① 掌握直流电机调速方法。

② 掌握磁场削弱的定义、磁场削弱系数的概念。

2. 能力目标

① 能够识别直流电机的励磁方式。

② 能够对直流电机进行调速并分析。

③ 学会 SS_4 改型电力机车牵引电机的调速方法。

▶ 知识链接

知识点 1.4.1　直流电机调速方法

　　在直流电机机械负载不变的条件下，用人为方法调节电机转速叫作调速。

　　由直流电机电动势平衡方程［见式（1-10）］及感应电动势计算公式［见式（1-8）］，可列出直流电机转速计算公式如下：

$$n = \frac{U - I_a\left(R_a + R_p\right)}{C_e \Phi} \tag{1-20}$$

式中：R_p——电枢回路串接的电阻。

　　由式（1-20）可知，影响直流电机转速的 3 个因素是电源电压 U、电枢回路串接的电阻 R_p、磁通 Φ。只要改变以上 3 个因素中任何一个，就能达到调节直流电机转速的目的。

1. 电枢回路串接电阻调速

　　图 1-22 为直流电机电枢回路串接电阻时的机械特性，其中 $R_{p2} > R_{p1}$。可以看出，在同一负载下，电阻越大，转速越低。

　　这种调速方法的优点是只需增设电阻和切换开关，设备简单，控制方便；缺点是能耗较大，经济性差，而且速度调节是有级的，调速平滑性差。

2. 改变电源电压调速

图 1-23 为直流电机电压降低时的机械特性，其中 $U_N > U_1 > U_2$。可以看出，在同一负载下，电压越低，转速也越低。为保证电机运行安全，电压只能以额定电压 U_N 为上限进行下调，所以改变电源电压调速，也称降压调速。

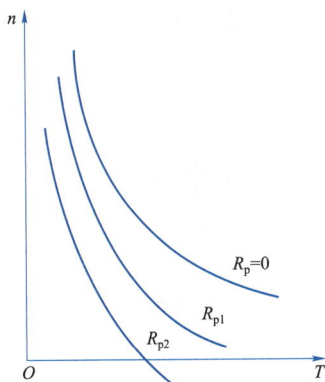

图 1-22 直流电机电枢回路串接电阻时的机械特性

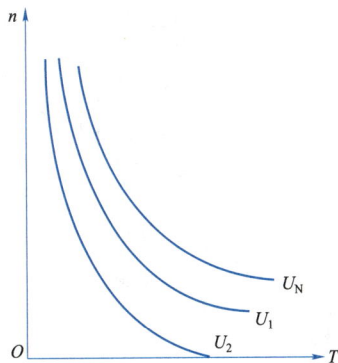

图 1-23 直流电机电压降低时的机械特性

这种调速方法的优点是：电源电压如果能平滑调节，就可以实现无级调速；调速中无附加能量损耗。缺点是：需要专用的调压电源，成本较高；转速只能调低，不能调高。

3. 改变磁通调速

图 1-24 为直流电机磁通减弱时的机械特性，其中 $\Phi_N > \Phi_1 > \Phi_2$。可以看出，在同一负载下，磁通越弱，转速越高。一般电机的额定磁通 Φ_N 已设计得使铁心接近饱和，因此，改变磁通只能在额定磁通下减弱磁通，所以改变磁通调速又称磁场削弱调速。削弱磁场需要在励磁绕组的两端并联电阻，一般直流电机励磁功率只有电机容量的 1%～5%，因此用于削弱磁场的并联电阻容量也很小。

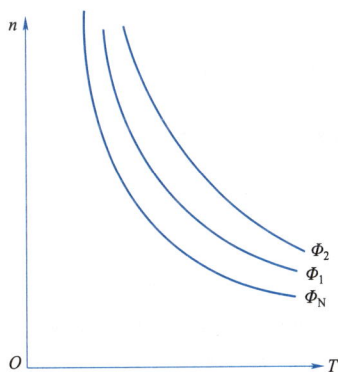

图 1-24 直流电机磁通减弱时的机械特性

这种调速方法的优点是：设备简单、控制方便、功率损耗小，可以提高电机的转速，是直流牵引电机常用的调速方法之一。

提示： 在电力机车上使用的直流牵引电机，为扩大调速范围，常把几种调速方法配合使用。例如，地铁电动车组常采用电枢回路串接电阻调速和磁场削弱调速，电力机车和内燃机车常采用降压调速和磁场削弱调速。

知识点 1.4.2 直流电机的励磁方式

直流电机的励磁方式是指直流电机励磁绕组和电枢绕组之间的连接方式。不同励磁方式的直流电机，其特性有很大差异，因此励磁方式是选择直流电机的重要依据。直流电机的励磁方式可分为他励、并励、串励、复励 4 类，如图 1-25 所示。

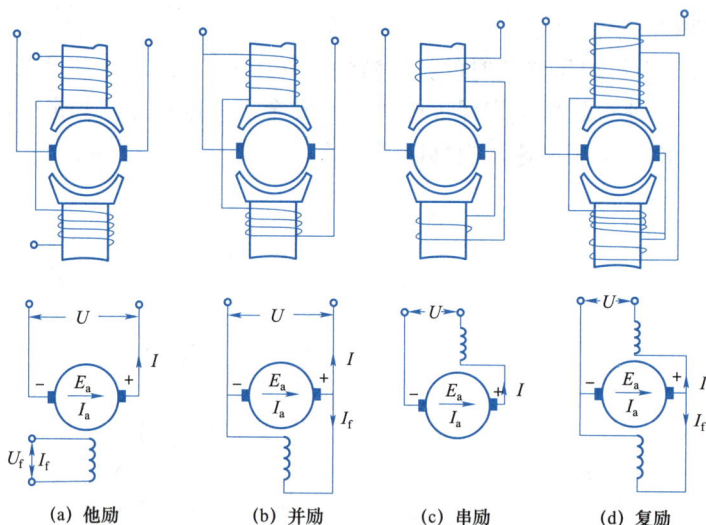

(a) 他励　　　(b) 并励　　　(c) 串励　　　(d) 复励

图 1-25　直流电机的励磁方式

知识点 1.4.3　磁场削弱调速

电力机车运行的特点是频繁起动和根据线路纵断面的变化不断地调节行驶速度，所以其牵引电机通常都具有良好的调速性能，并广泛地采用改变电源电压和主磁通的调速方法。

削弱磁场时，通常在牵引电机主磁极励磁绕组两端并联一级或数级分路电阻，从而减小励磁电流和磁通，其电路图如图 1-26 所示。

当分路电阻上的控制开关断开时，励磁绕组中的电流等于电枢电流，这种状态称为满磁场。如果分路电阻上的开关闭合，电枢电流中的一部分流过分路电阻，励磁绕组中的电流小于电枢电流，牵引电机处于磁场削弱状态。磁场削弱的程度取决于分路电阻的大小，只要改变分路电阻的阻值，就能获得不同程度的磁场削弱。

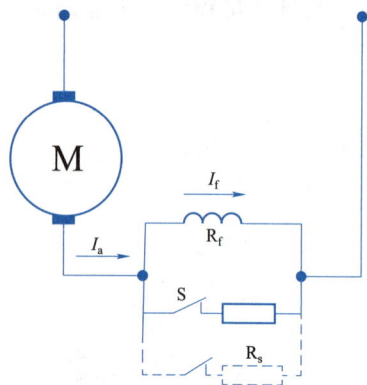

I_f—磁场削弱时通过励磁绕组 R_f 的电流；
I_a—电枢电流；S—控制开关；R_s—分路电阻。

图 1-26　削弱磁场电路图

1. 磁场削弱系数

牵引电机磁场削弱的程度可用磁场削弱系数 β 来表示：

$$\beta = \frac{F_\beta}{F_f} \tag{1-21}$$

式中：F_β——磁场削弱时的磁势；

　　　F_f——满磁场时的磁势。

由于在磁场削弱前后励磁绕组的匝数是不会变化的，因此式（1-21）又可表示为：

$$\beta = \frac{F_\beta}{F_f} = \frac{I_f N_f}{I_a N_f} = \frac{I_f}{I_a} \tag{1-22}$$

式中：I_f——磁场削弱时通过励磁绕组的电流；

$\quad\quad I_a$——磁场削弱时的电枢电流；

$\quad\quad N_f$——励磁绕组匝数。

设励磁绕组的电阻为 R_f，分路电阻为 R_s，则：

$$(I_a - I_f) R_s = I_f R_f \tag{1-23}$$

即

$$I_f = \frac{R_s}{R_f + R_s} \cdot I_a \tag{1-24}$$

代入式（1–22）可得：

$$\beta = \frac{R_s}{R_f + R_s} \tag{1-25}$$

对于已制成的电机，R_f 是常量，因而从式（1–25）可以看出，磁场削弱系数 β 是由分路电阻 R_s 决定的，与励磁绕组的匝数无关，当需要改变 β 时，只需要改变分路电阻的阻值即可。

注意：由于 R_s 值较小，所以当同一台机车各电机的 R_s 值有差异时，将造成磁场削弱时的特性差异，引起负载分配不均匀。

2. 磁场削弱时直流电机的工作特性

当直流电机在某一磁场削弱级运行时，相应地有一条磁场削弱特性曲线，这条特性曲线可以根据满磁场时的特性曲线求得。

1）恒电压磁场削弱时的转速特性

满磁场时，$R_a = 0$，则直流电机的转速 n 为：

$$n = \frac{U - I_a R_a}{C_e \Phi} \approx \frac{U}{C_e \Phi} \tag{1-26}$$

当磁场削弱系数为 β 时，直流电机的转速为 n'，电枢电流为 I_a'，磁通为 Φ'，则：

$$n' = \frac{U - I_a' R_a}{C_e \Phi'} \approx \frac{U}{C_e \Phi'} \tag{1-27}$$

式（1–27）与式（1–26）相除，得：

$$\frac{n'}{n} = \frac{\Phi}{\Phi'} \tag{1-28}$$

若令磁场削弱时的转速 n' 等于满磁场时的转速 n，即 $n'=n$，从式（1–28）可知，$\Phi'=\Phi$。所以，磁场削弱时的励磁电流与满磁场时的励磁电流必须相等。为了保证满足这一条件，磁场削弱时的电枢电流 I_a' 必须是满磁场时的电枢电流 I_a 的 $1/\beta$ 倍，即 $I_a'=(1/\beta)I_a$。

因此，只要把恒定电压满磁场时的转速特性曲线各点的横坐标 I_a' 加大 $1/\beta$ 倍，即可得到磁场削弱系数为 β 时的转速特性曲线，如图 1–27 所示。

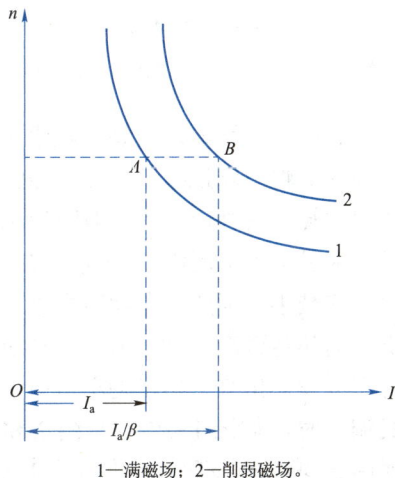

1—满磁场；2—削弱磁场。

图 1–27　恒电压磁场削弱时的转速特性

图 1-27 中，曲线 1 为满磁场时的转速特性曲线，取曲线上任一点 A，沿水平方向向右移到离纵轴 I_a/β 处，便可得到点 B。用相同的方法逐点平移，即可画出磁场削弱系数为 β 时的转速特性曲线 2。

从图 1-27 可见，在同样的负载电流下，磁场削弱后直流电机转速比满载时增加了。因此，在电力机车上通过多级磁场削弱，扩大牵引电机的调速范围。

2）恒电压磁场削弱时的转矩特性

设满磁场时直流电机的电磁转矩为 T；当磁场削弱系数为 β 时，直流电机的电磁转矩为 T'，则：

$$T = C_T \Phi I_a \tag{1-29}$$

$$T' = C_T \Phi' I_a' \tag{1-30}$$

两式相除，得：

$$\frac{T'}{T} = \frac{\Phi' I_a'}{\Phi I_a} \tag{1-31}$$

按前述假设，磁场削弱后的主磁通与满磁场时的主磁通相等，则两者的励磁电流亦相等，因此，两种情况下电枢电流的关系为：

$$I_a' = \frac{1}{\beta} I_a \tag{1-32}$$

将式（1-32）代入式（1-31），得：

$$T' = \frac{1}{\beta} T \tag{1-33}$$

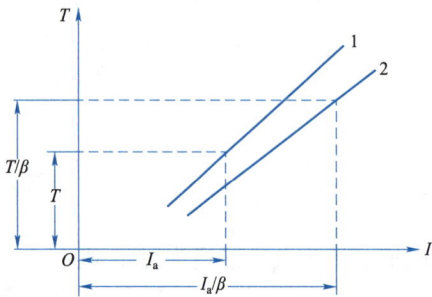

1—满磁场；2—削弱磁场。

图 1-28　恒电压磁场削弱时的转矩特性

从式（1-32）和式（1-33）可知，只要将满磁场转矩特性曲线上任一点的纵、横坐标值各乘以 $1/\beta$，就能得到磁场削弱系数为 β 的转矩特性曲线上的相应点，绘出磁场削弱时的转矩特性曲线，如图 1-28 所示。

3. 串励牵引电机在恒电压下磁场削弱时的功率利用

串励牵引电机由于其转矩特性为软特性而具有良好的牵引性能。但是，在端电压一定时，随着牵引电机转速的提高，串励牵引电机输出的功率将不断地减小。图 1-29 中曲线 1 是满磁场时的转速特性，当牵引电机的转速由 n_N 增加到 n' 时，牵引电机电流由 I_N 下降为 I'，牵引电机的功率也相应减小。因此，在满磁场下工作的串励牵引电机，当其转速高于额定值时，牵引电机的功率并没有充分发挥出来。当串励牵引电机采用磁场削弱方式调速时，如图 1-29 中曲线 2 和曲线 3 所示，转速由 n_N 增加到 n' 时，牵引电机电流下降较少，可以在接近额定电流或额定电流下运行。因此，磁场削

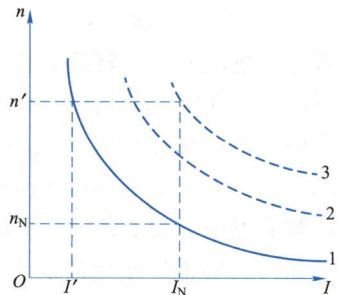

1—满磁场；2，3—削弱磁场。

图 1-29　牵引电机的功率利用

弱能够充分发挥牵引电机的功率。

为什么串励牵引电机在采用磁场削弱调速方式时能够充分发挥其功率呢？下面根据机车的运行特点，分析串励牵引电机在两种不同运行条件下的功率发挥情况。

1）当机车牵引力不变时

设牵引电机在满磁场时的功率为 P，转矩为 T，转速为 n，则：

$$P = Tn \qquad (1-34)$$

进行磁场削弱后，牵引电机的功率为 P'，转矩为 T'，转速为 n'，则：

$$P' = T'n' \qquad (1-35)$$

由于磁场削弱前后机车的牵引力不变，即牵引电机的转矩不变，$T=T'$；但进行磁场削弱后，牵引电机的转速提高，$n'>n$；所以牵引电机的功率相应增大，$P'>P$。所以，磁场削弱越深，牵引电机的转速增加越多，功率增加也越多。

2）当机车上坡牵引并维持磁场削弱前的速度时

机车上坡牵引时，磁场削弱前后机车的速度不变，即牵引电机的转速不变：

$$n' = n \qquad (1-36)$$

机车上坡时，要维持速度不变，牵引力必须增加，即牵引电机转矩增加，此时若采用磁场削弱方式，则 $T'>T$，牵引电机的功率相应增大。因此，采用磁场削弱方式调速，不仅能发挥牵引电机的全功率，甚至能够提高牵引电机的利用效率。

磁场削弱所得到的功率增量，对于恒压供电的串励牵引电机来说，是由于磁场削弱后的电枢电流增大而得到的，这时牵引电机可能过载运行，发热加剧。因此，最合理的办法是：根据不同的运行条件，尽可能使磁场削弱后电枢电流变化不大，使串励牵引电机的功率得到充分利用。

知识点 1.4.4　直流电机调速测试

1. 设备

机车电力电子综合试验台、直流电机（带励磁绕组）。

2. 方法

按照图 1-30～图 1-32 接好线路，对直流电机进行调速，并记录转速。

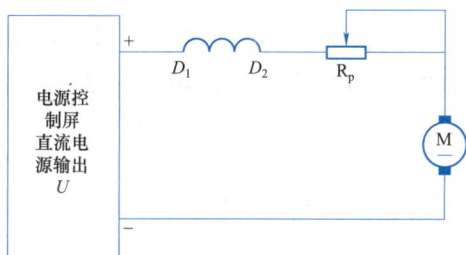

图 1-30　直流电机串接电阻调速电路图　　图 1-31　直流电机改变电源电压调速电路图

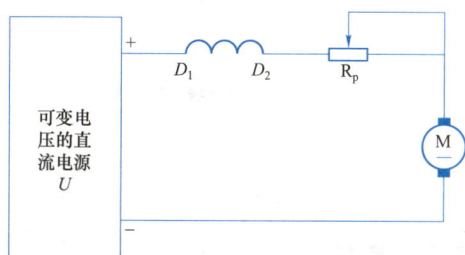

① 按照图 1-30 接好电路，通过旋钮调节电阻 R_p 的阻值，观察电机转速变化规律，并记录 2～3 组数据。

② 按照图 1-31 接好电路，改变直流电源电压 U 的大小，观察电机转速变化规律，并

记录 2～3 组数据。

③ 按照图 1-32 接好电路，改变励磁绕组 D_1D_2 的分路电阻 R_p 的阻值，观察电机转速变化规律，并记录 2～3 组数据。

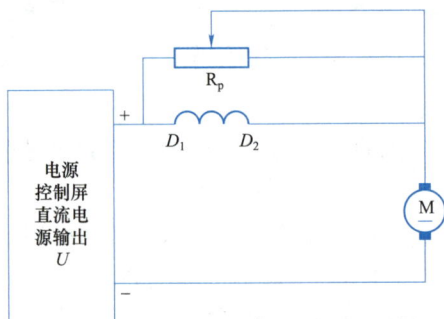

图 1-32　直流电机磁场削弱调速电路图

知识点 1.4.5　SS₄改型电力机车牵引电机的磁场削弱调速

磁场削弱调速是电力机车调速的一种辅助手段，SS₄改型电力机车采用的是 ZD105A 型脉流牵引电机，它的磁场削弱是通过改变励磁绕组的电流实现的，也就是使牵引电机电枢电流的一部分流过牵引电机主磁极励磁绕组，另一部分进行分路（电阻分路法），从而完成磁场削弱调速，其电路如图 1-33 所示。

从图 1-33 可以看出，SS₄改型电力机车磁场削弱电路中分别有以下 4 种分路电阻：

① 固定分路电阻（14R）。固定分路电阻的作用：一是降低牵引电机主磁极励磁绕组的交流分量（70%～85% 的交流分量从固定分路电阻中流过），改善整流换向性能；二是起固定磁削作用，对主磁极形成 β=0.96 的磁场削弱系数。

② Ⅰ级磁削电阻（15R）。Ⅰ级磁削电阻的阻值 R=0.023 7 Ω，由磁削电空接触器（17KM）控制，β=0.70。

③ Ⅱ级磁削电阻（16R）。Ⅱ级磁削电阻的阻值 R=0.010 2 Ω，由磁削电空接触器（18KM）控制，β=0.54。

④ Ⅲ级磁削电阻（15R、16R）。由磁削电空接触器（17KM、18KM）控制，β=0.45。

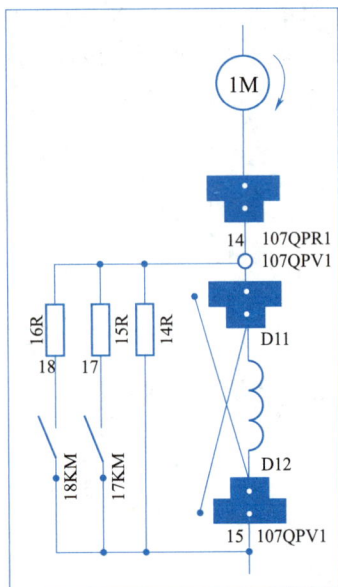

图 1-33　SS₄改型电力机车磁场削弱调速电路

> 巩固练习

一、填空题

1. 直流电机的励磁方式是指直流电机_____和_____的连接方式。

2. 直流电机的励磁方式可分为_____、_____、_____、_____共 4 类。

3. 在直流电机机械负载不变的条件下,用人为方法调节直流电机转速叫作_____。

4. 调节直流电机转速的方法有三种,即_____、_____、_____。

5. 改变主磁极磁通的调速方法很多,目前比较常用的一种是在直流电机主磁极励磁绕组两端并联一级或数级_____,从而减小励磁电流和磁通。因此,又称为_____。

6. 直流牵引电机广泛采用_____和_____作为调速方法。

7. ZD105 型脉流牵引电机有三个磁场削弱级,分别为_____、_____和_____。

二、画图分析题

1. 绘制直流电机励磁方式图,并分析 SS₄ 改型电力机车牵引电机的励磁方式。

任务 1.5 直流电机制动

扫码获取学习资源

任务描述

在机车运行过程中,有时需要尽快使牵引电机停转或从高速运转转换到低速运转。当机车下坡时,需要限制牵引电机的转速,以免发生危险。这两种情况都需要用牵引电机制动技术来实现。所以在本任务中重点学习直流电机的制动方法,并将其应用于 SS₄ 改型电力机车牵引电机的制动控制中,进而对加馈电阻制动进行分析。

任务目标

1. 知识目标

① 掌握直流电机制动的定义及分类。

② 掌握直流电机制动方法。

2. 能力目标

学会控制 SS₄ 改型电力机车牵引电机制动。

知识链接

知识点 1.5.1 直流电机的制动方法

自流电机的制动,是指在直流电机转轴上加一个与转向相反的转矩(称制动转矩)来实现迅速制停。直流电机的制动分机械制动和电气制动两种。

① 机械制动。制动转矩是由机械制动闸瓦产生的摩擦转矩。

② 电气制动。制动转矩是牵引电机本身产生的电磁转矩。电气制动又可分为能耗制动和回馈制动两种,下面对这两种电气制动进行介绍。

1. 能耗制动

图 1-34 为能耗制动时的电路原理接线图。电气制动时,励磁绕组由单独的励磁电源供电,并保持励磁电流方向不变(磁通方向不变),将电枢绕组从电源上断开并立即接到一个制动电阻(R_L)上。这时电枢绕组外加电压 $U=0$,而电机转子靠惯性继续旋转,切割方

向未变的磁通所感应出的电动势仍存在且方向不变，因此，产生的电枢电流（制动电流）为：

$$I_a = \frac{U - E_a}{R_a + R_L} = \frac{-E_a}{R_a + R_L} = \frac{-C_e \Phi n}{R_a + R_L} \tag{1-37}$$

由式（1-37）可见，电枢电流 I_a 改变了方向，而磁通 Φ 的方向保持不变，使得电磁转矩 T 改变了方向。因此，T 的方向与 n 相反，T 称为制动转矩，使直流电机转速很快下降。

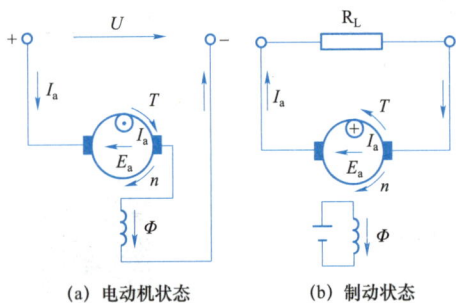

(a) 电动机状态　　(b) 制动状态

图 1-34　能耗制动时的原理电路

在制动过程中，直流电机靠惯性继续旋转，在磁场不变的情况下，产生的感应电动势方向不变，并输出电流，变成一台他励发电机，把机车的动能转换成电能，消耗在制动电阻上，故称为能耗制动。调节制动电阻 R_L 的阻值或调节励磁电流改变磁通的大小，都可以改变制动电流的大小，以调节制动转矩的大小。另外，直流电机的转速越高，制动转矩越大，制动效果就越好，而低速时，制动转矩相应变小，需要配合机械制动，使直流电机迅速停转。

2. 回馈制动

当直流电机以电动机方式运转时，电源电压（U）大于反电动势（E_a），电枢电流（I_a）方向与电源电压方向相同，电磁转矩方向与转向相同。若保持磁通方向不变，当转速升高到一定数值后，反电动势（E_a）将大于电源电压（U），电枢电流方向与反电动势方向相同，所以当直流电机以发电机方式运转时，电磁转矩方向与转向相反，起制动作用，直流电机产生的电能送回到电网，这种制动方法称为回馈制动。

当电力机车下坡时，重力加速度的作用使车速升高，牵引电机感应电动势（E_a）随之增大，若 $E_a=U$，则 $I_a=0$，牵引电机就不需要从电网输入电能，电力机车在其本身的位能作用下自动滑行并继续加速。此时，电力机车下坡的位能，通过牵引电机转换成电能回馈给电网。由于此时电枢电流（I_a）反向，电磁转矩（T）也随之反向，起到制动作用，车速越高，制动转矩越大。当车速升高到一定程度时，位能产生的动力转矩与牵引电机的制动转矩和摩擦转矩相平衡，此时电力机车将恒速稳定运行（b 点）。电力机车下坡时的回馈制动如图 1-35 所示，图中，T_L 为牵引电机以电动机方式运行时的阻转矩，T'_L 为电力机车下坡时位能产生的动力转矩。

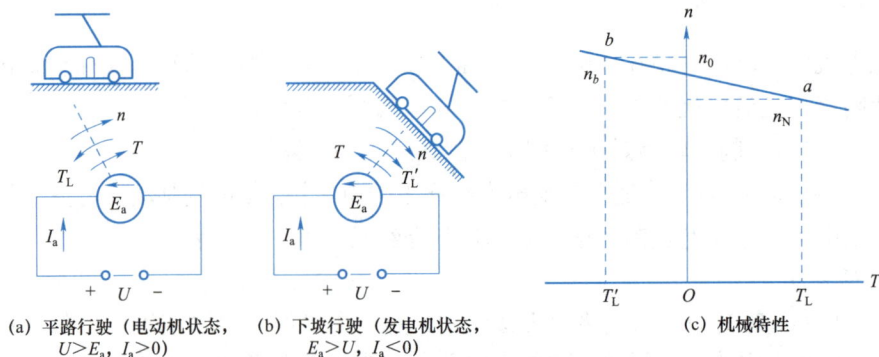

(a) 平路行驶（电动机状态，　　(b) 下坡行驶（发电机状态，　　(c) 机械特性
　　 $U>E_a$，$I_a>0$）　　　　　 $E_a>U$，$I_a<0$）

图 1-35　机车下坡时的回馈制动

他励和复励牵引电机回馈制动时，需要保持励磁电流方向不变，电枢回路的接线不变。串励牵引电机进行回馈制动时，由于串励发电机在许可范围内工作不稳定，需要将串励绕组改接为他励方式，由较低的电压供电以得到所需要的励磁电流。

知识点 1.5.2   SS₄改型电力机车牵引电机的制动

1. 电阻制动的基本原理

电阻制动利用的是直流电机的可逆性。在牵引工况时，牵引电机作为电动机运行，将电能转换为机械能，其电枢轴上输出牵引转矩，驱动列车运行。在电制动工况时，列车惯性力带动牵引电机旋转，牵引电机作为发电机运行，将列车动能转变为电能，输出制动电流，产生反向转矩并作用于轮对，形成制动力，使列车减速运行或在下坡道以一定速度运行。

在常规电阻制动中，直流电机电枢电流随着机车速度的减小而减小，机车轮周制动力也随着机车速度的减小而减小。为保证机车低速运行时有足够的轮周制动力，引入了加馈电阻制动。加馈电阻制动又称"补足"电阻制动。它从电网中吸收电能，补足到电机电枢电流中去，以获得理想的制动力。加馈电阻制动的优点之一是加宽了调速范围，最大制动力可以使车速降至零，但为安全起见，SS₄改型电力机车车速控制在 10 km/h 以内；优点之二是能较方便地实现恒制动力控制。

2. SS₄改型电力机车电阻制动的电路原理

SS₄改型电力机车采用 TKH4-840/1020 型位置开关，其作用是：改变机车运行方向，实现机车牵引工况与制动工况的转换。将司机控制器的换向手柄移放到"制"位，位置转换开关把牵引电机从牵引工况的串励电动机转换成制动工况的他励发电机。当调速手轮推向制动区之后，牵引电路中才会有电流。SS₄改型电力机车的速度在 33 km/h 以上（高速区）时为常规电阻制动状态，当速度在 33 km/h 以下（低速区）时进入加馈电阻制动状态，在常规电阻制动与加馈电阻制动之间的转换由电子柜进行控制。

1）励磁电路

SS₄改型电力机车的电制动采用加馈电阻制动。每节车 4 台牵引电机的主磁极励磁绕组串联，构成他励电路，由励磁绕组经励磁半控桥式整流器 99V 供电，励磁电路如图 1-36 所示。

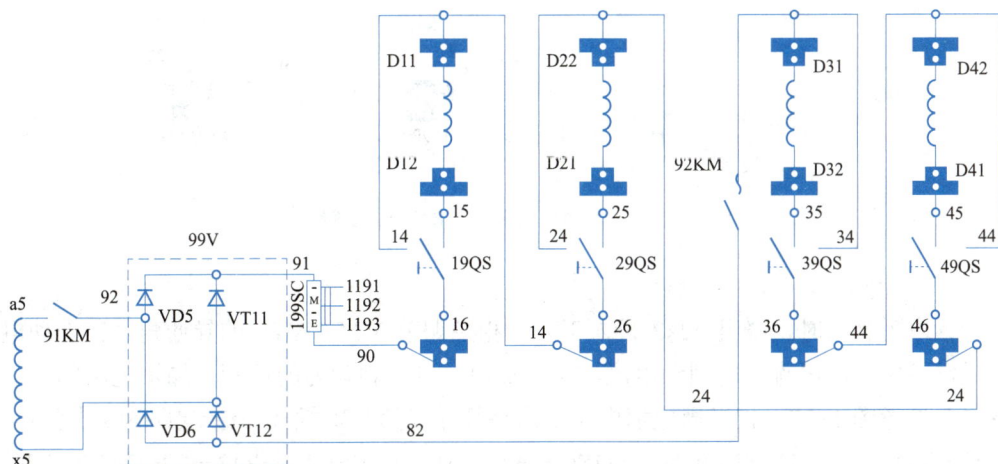

图 1-36   励磁电路

励磁电路的电流路径为（正半周）：

a5—91KM—VD5—199SC—90—（16—19QS—D12—D11）—14—（26—29QS—D21—D22）—24—（46—49QS—D41—D42）—44—（36—39QS—D32—D31）—34—92KM—82—VT12—x5—a5。

> **注意：** 如果某台牵引电机故障，将该牵引电机的故障隔离开关（19QS、29QS、39QS或49QS）置"故障"位，对应电路由励磁绕组旁路，其余励磁绕组串联，构成励磁电路。

2）电枢电路（常规电阻制动）

SS$_4$改型电力机车在制动工况下，电枢电路分别与制动电阻组成 4 个独立的能耗电路，以实现电气制动。图 1-37 为第一转向架两台牵引电机常规电阻制动时的电枢电路。此时，70 V 不提供电能，即晶闸管均关断，二极管续流，电流路径为［以第一电机（1M）支路为例］：

71—11L—12KM—111SC—A11—1M—A12—107QPR1—13—13R—72—VD2—VD1—VD4—VD3—71。

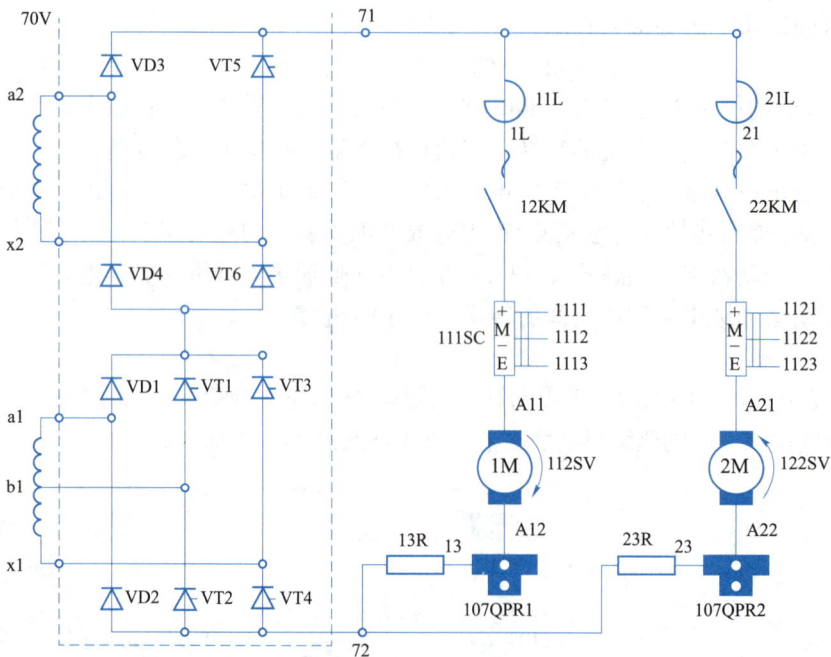

图 1-37　常规电阻制动时的电枢电路图

3）电枢电路（加馈电阻制动）

加馈电阻制动时，绕组 a2x2 投入工作，相控调节 VT5、VT6 的导通角，在制动电路中补足电枢回路的电流，即制动电流，从而实现对机车制动力的控制。加馈电阻制动时的电枢电路参考图 1-37。正半周电枢电路电流路径［以第一电机（1M）支路为例］为：

a2—VD3—71—11L—12KM—111SC—A11—1M—A12—13—R13—72—VD2—VD1—VT6—x2—a2。

注意：为了能在静止状态下检查加馈电阻制动系统是否正常，机车在静止时，系统仍能给出 50 A 的加馈制动电流（此时励磁电流达到最大值 930 A）。

▶ 巩固练习

一、填空题

1. 电阻制动利用的是直流电机的＿＿＿＿＿＿＿＿原理。

2. SS$_4$ 改型电力机车当速度在 33 km/h 以上时（高速区）为＿＿＿＿＿＿＿＿制动状态，当速度在 33 km/h 以下时（低速区）为＿＿＿＿＿＿＿＿制动状态。

3. 在常规电阻制动与加馈电阻制动之间的转换由＿＿＿＿＿＿＿＿控制。

二、问答题

1. 电制动的基本原理是什么？

2. 什么是加馈电阻制动？SS$_4$ 改型电力机车如何实现加馈电阻制动？

任务 1.6　SS$_4$ 改型电力机车牵引电机仿真控制

扫码获取学习资源

▶ 任务描述

本任务中，利用电力机车仿真驾驶系统，仿真机车乘务员岗位，对 SS$_4$ 改型电力机车牵引电机进行仿真控制，实现牵引电机的起动、反转、调速和制动，使学生明确学习目标，达到学以致用的目的。

▶ 任务目标

1. 知识目标

① 熟悉 SS$_4$ 改型电力机车的主电路结构。

② 掌握 SS$_4$ 改型电力机车的牵引电路结构。

2. 能力目标

① 熟悉 SS$_4$ 改型电力机车牵引电机的供电路径。

② 能够在 SS$_4$ 改型电力机车仿真系统中实现对牵引电机的起动、反转、调速和制动。

③ 按照机车乘务员岗位要求，完成对牵引电机的控制，并分析牵引电路的变化。

▶ 任务所需设备

SS$_4$ 改型电力机车仿真驾驶系统。

▶ 知识链接

知识点 1.6.1　SS$_4$ 改型电力机车的主电路结构

SS$_4$ 改型电力机车是由两节机车重联而成的，两节机车的主电路完全相同且完全独立，依靠重联电缆和重联插座连通整台车的主线路。该车轴列式为 2（B$_0$—B$_0$），共有 8 台牵引电机。

SS_4 改型电力机车主要具有以下特点：

① 采用传统的交—直电力传动形式。

② 转向架独立供电，采用三段不等分半控调压整流电路。

③ 采用加馈电阻制动，具有三级磁场削弱。

④ 利用平波电抗器滤波。

单相工频 25 kV 交流电源从接触网导线经受电弓送入机车。高压电路电流经受电弓（1AP）、车顶母线分两路：一路进本节车，经主断路器（4QF）、主变压器 AX 绕组、车体、车体与转向架间软连线、轴箱电刷、车轮至钢轨；另一路经高压连接器到另一节车的车顶母线。网侧高压电路中的低压电路主要用于检测机车网压、提供电度表用的电压和电流信号。SS_4 改型电力机车主电路如图 1-38 所示。

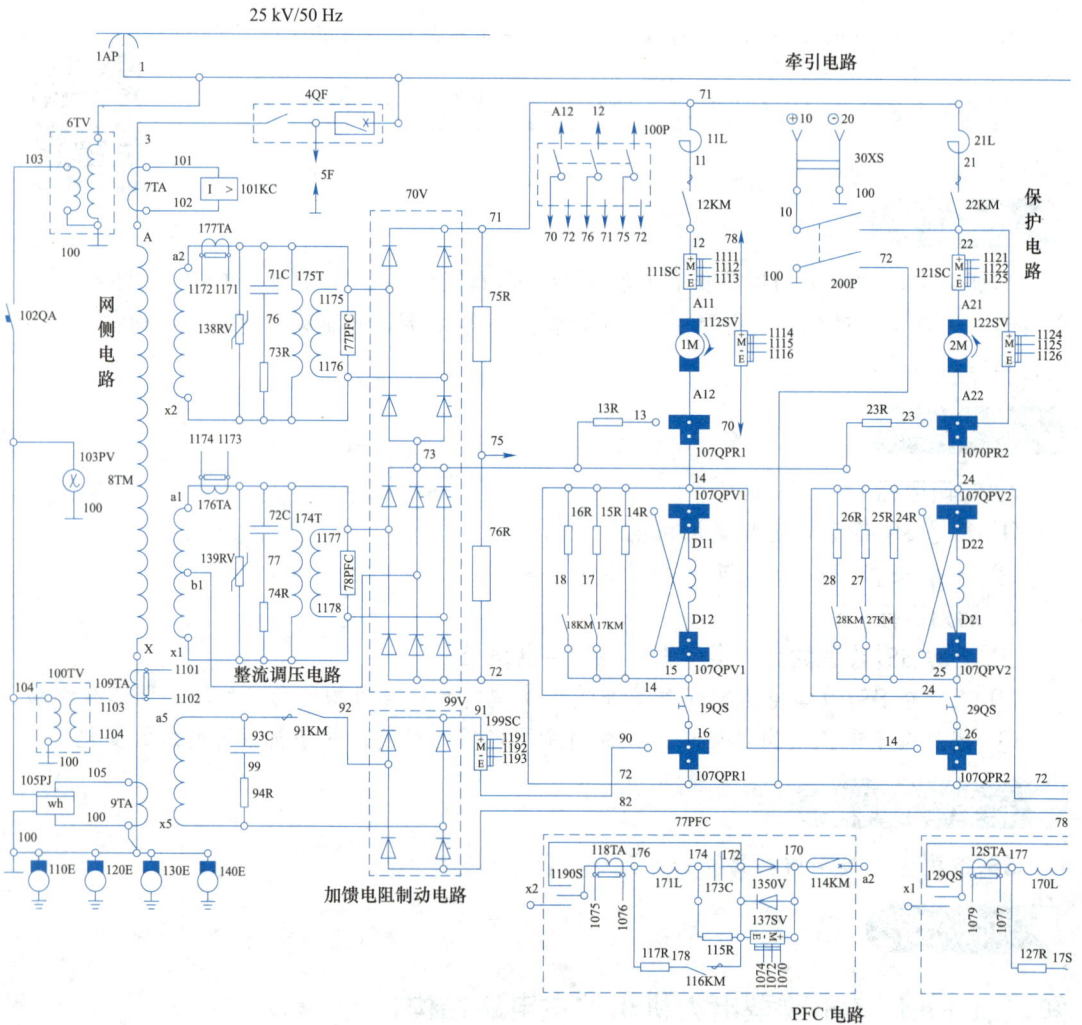

图 1-38 SS_4 改型电力机车主电路

SS_4 改型电力机车主电路主要由以下几部分组成：

① **网侧电路**。主变压器原边绕组至接触网间的电路。

② **整流调压电路**。将交流电转换成直流电，并通过相控调节输出电压。

③ **牵引电路**。实现电机牵引与制动、向前与向后的转换；实现电机的三级磁场削弱。

④ **加馈电阻制动电路**。制动工况下，在电枢电路中进行加馈，实现制动力可调、可控。

⑤ **PFC 电路**。提高机车的功率因数，降低对铁路沿线的通信干扰。

⑥ **保护电路**。对主电路进行过流、过载、短路、过压和接地等保护。

知识点 1.6.2　SS₄改型电力机车牵引电机的电路分析及应用

1. 认知牵引电路

SS₄改型电力机车采用转向架独立供电方式，即全车有 4 个两轴转向架，相应地具有 4 台独立的相控式整流器。其优点如下：

① 能充分提高黏着作用，可对一节机车前后两台转向架进行电气式轴重补偿。

② 当一台主整流器故障时，可切除与之对应的单台转向架，保留 3/4 的牵引能力。

牵引电路具有以下特点：

① **牵引动力配置**。其轴列式为 2（B₀—B₀），每节车 2 台转向架、4 台牵引电机；每一台转向架的两台牵引电机背向布置，旋转方向相反，目的是减少轴重转移。

② **牵引电路**。前转向架上的 1M、2M 牵引电机并联，由整流装置 70V 供电，如图 1-39 所示。后转向架上的 3M、4M 牵引电机并联，由整流装置 80V 供电。二者的电路完全相同，且相互独立。

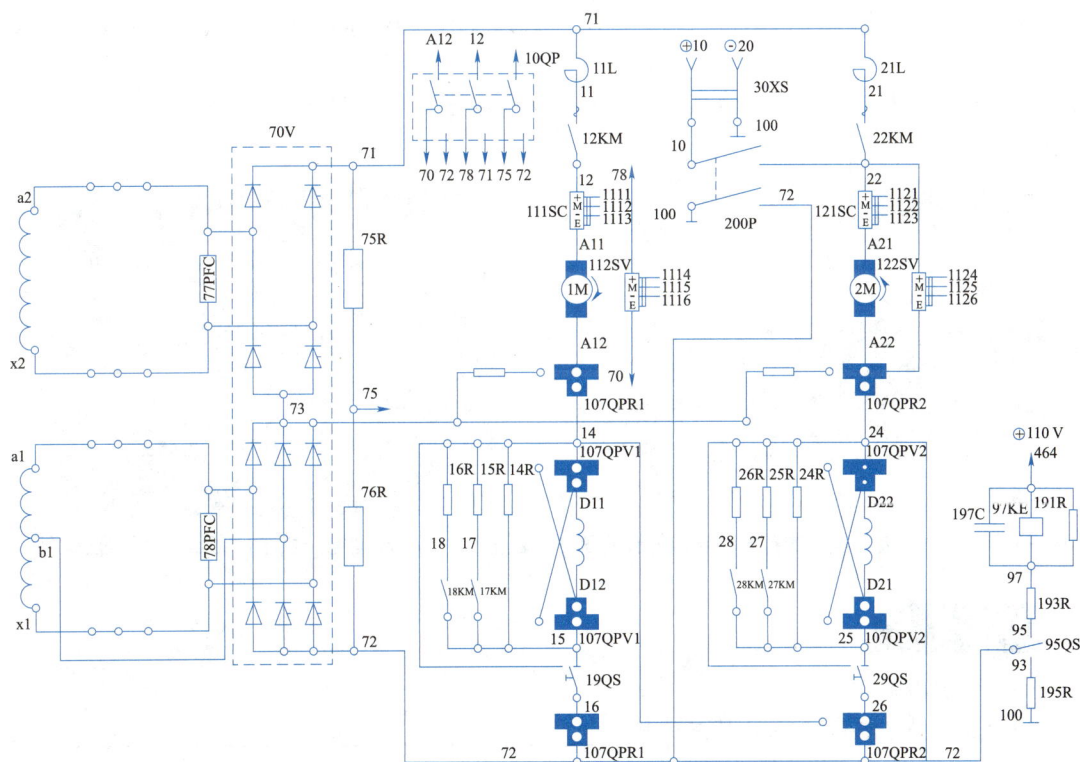

图 1-39　SS₄改型电力机车的牵引电路

2. 牵引工况电路说明

1）换向手柄置"前"位，调速手轮推向牵引区

此工况下，电流的流向如下：

71—平波电抗器（11L）—线路接触器（12KM）—电流传感器（111SC）—牵引电机电枢 1M（A11—A12）—牵/制鼓的牵引位（107QPR1）—反向鼓的前位（107QPV1）—主磁极励磁绕组（十字交叉线 D11—D12）—反向鼓的前位（107QPV1）—15—一位电机故障开关运行位（19QS）—16—牵/制鼓的牵引位（107QPR1）—72。

2）换向手柄置"后"位，调速手轮推向牵引区

此工况下，电流的流向如下：

71—平波电抗器（11L）—线路接触器（12KM）—电流传感器（111SC）—牵引电机电枢（1M）—牵/制鼓的牵引位（107QPR1）—反向鼓的后位（107QPV1）—主磁极励磁绕组（十字交叉线 D12—D11）—反向鼓的后位（107QPV1）—15—一位电机故障开关运行位（19QS）—16—牵/制鼓的牵引位（107QPR1）—72。

3. SS_4 改型电力机车牵引电机的应用

结合《铁路机车操作规则》，按照电力机车仿真驾驶操作流程，在 SS_4 改型电力机车仿真驾驶系统（如图 1-40、图 1-41 所示）中完成牵引电机的起动、反转、调速和制动。

① 在 SS_4 改型电力机车仿真驾驶系统中实现对牵引电机的起动并观察牵引电路的变化。

② 在 SS_4 改型电力机车仿真驾驶系统中实现对牵引电机的反转并观察牵引电路的变化。

③ 在 SS_4 改型电力机车仿真驾驶系统中实现对牵引电机的调速，并观察机车电路及速度的变化。

④ 在 SS_4 改型电力机车仿真驾驶系统中实现对牵引电机的制动，并观察机车电路及速度的变化。

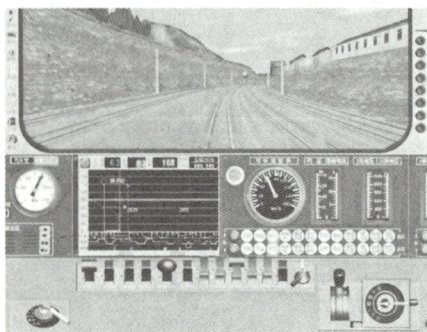

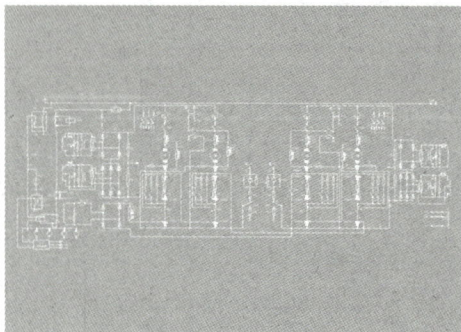

图 1-40　SS_4 改型电力机车仿真驾驶系统操作界面 1　　图 1-41　SS_4 改型电力机车仿真驾驶系统操作界面 2

▶ 巩固练习

一、填空题

1. SS_4 改型电力机车的主电路主要由_____、_____、_____、_____、_____、_____等部分组成。

2. SS_4 改型电力机车的轴列式为_____，共有_____台牵引电机。

3. 进行磁场削弱调速时，速度大于 70 km/h 时换向手柄置_____位。

4. SS₄ 改型电力机车采用_____传动方式。

二、分析实践题

1. 分析 SS₄ 改型电力机车牵引电机的供电路径。

2. 按照乘务员操作要求完成对 SS₄ 改型电力机车牵引电机的控制并观察牵引电路的变化。

任务 1.7　ZD105A 型脉流牵引电机的不拆卸检修

▶ 任务描述

电力机车牵引电机经过一段时间运用后，不可避免地会出现一些损伤，即各零部件会发生不同程度的自然磨损，若不能及时、准确地对牵引电机进行保养和检修，会加速局部故障的扩大或部件损坏，甚至引发事故，造成牵引电机烧损。所以，本任务以 SS₄ 改型电力机车采用的 ZD105A 型脉流牵引电机为例，学习牵引电机的基本结构，并对牵引电机进行不拆卸检修。

▶ 任务目标

1. 知识目标

① 掌握 ZD105A 型脉流牵引电机的基本技术参数。

② 掌握 ZD105A 型脉流牵引电机的结构特点。

2. 能力目标

学会 ZD105A 型脉流牵引电机的不拆卸检修流程。

▶ 知识链接

知识点 1.7.1　ZD105A 型脉流牵引电机的技术参数与结构

1. 技术参数

ZD105 型脉流牵引电机是 SS₄ 型电力机车和 SS₄ 改型大功率干线电力机车的主电动机，是带补偿绕组（跨嵌在相邻两个主磁极靴槽内，用来改善脉流牵引电机换向）的 6 极、串励、脉流牵引电机，其主要技术参数如下：

扫码获取学习资源

额定计算工况	连续制
额定功率	800 kW
额定电压	1 020 V
额定电流	840 A
额定转速	960 r/min
最高电压	1 180 V
最大电流	1 200 A
最大转速	1 850 r/min
极对数	3

励磁方式	串励，固定
固定磁场削弱系数	96%
最深磁场削弱系数	45%
冷却方式	强迫通风
通风量	135 m³/min
传动方式	双侧斜齿轮传动
齿轮传动比	4.19
齿轮中心距	604 mm
电枢外径	660 mm
电枢长度	360 mm
电枢槽数	93
每槽元件数	4
槽形尺寸	9.4 mm×42.8 mm
电枢导体布置	交叉竖放
电枢绕组形式	单叠绕组
换向器直径	540 mm
换向器工作面长度	128 mm
换向片数	372
刷握数	6
每刷握电刷数	3
电刷尺寸	22 mm×36 mm×50 mm
主磁极气隙	5 mm
主磁极绕组绕制形式	扁绕压弧
主磁极线圈匝数	11
换向气隙（第一气隙/第二气隙）	10/7.5 mm
换向极线圈匝数	6
补偿线圈匝数	8
电机效率	94.05%
电机质量	3 970 kg

2. 结构特点

ZD105A 型脉流牵引电机（见图 1-42）配属 SS₄ 改型电力机车，每台机车安装 8 台电机。ZD105A 型脉流牵引电机具有以下结构特点：

① 每台牵引电机一侧通过滑动抱轴瓦支承在机车的轮对上，另一侧通过吊杆座悬挂在转向架的横梁上。

② 机车牵引力是由牵引电机产生的，它通过双侧斜齿轮减速装置传送给车轴。

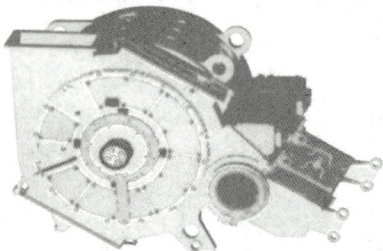

图 1-42　ZD105 型脉流牵引电机

③ 采用强迫通风冷却方式，由专用通风机提供冷却风。

④ 采用六极串极绕组，并带有换向极和补偿绕组。

⑤ 定子和电枢经过无溶剂真空压力浸漆处理。

⑥ 换向器升高片与电枢绕组采用氩弧焊接，电枢绕组前后端采用玻璃纤维无纬带绑扎，以保证牵引电机的运行可靠性。

⑦ 主磁极绕组与铁心采用环氧胶浇注成一体化结构，以提高可靠性。

3. 基本结构

ZD105A 型脉流牵引电机的结构与普通直流电机基本相同，主要由静止的定子和旋转的转子两大部分组成。定子的作用是产生磁场，提供磁路，并作为牵引电机的机械支撑。转子的作用是产生感应电动势和电磁转矩，从而实现能量转换。转子通过电枢轴承与定子保持相对位置，使两者之间有一个间隙，称为气隙。此外，脉流牵引电机还有以下装置：一套电刷装置，电刷与换向器接触，以实现电枢电路与外电路的连接；一个抱轴油箱，用来给抱轴式悬挂的 ZD105A 型牵引电机抱轴轴承提供润滑油脂；一个出线盒，用来固定 ZD105A 型牵引电机的 4 根引出线（换向器端 2 根，非换向器端 2 根）。

脉流牵引电机由于发热严重，换向困难，所以它的某些部件具有特殊的结构。图 1-43 为 SS₄ 改型电力机车采用的 ZD105A 型脉流牵引电机的结构图。

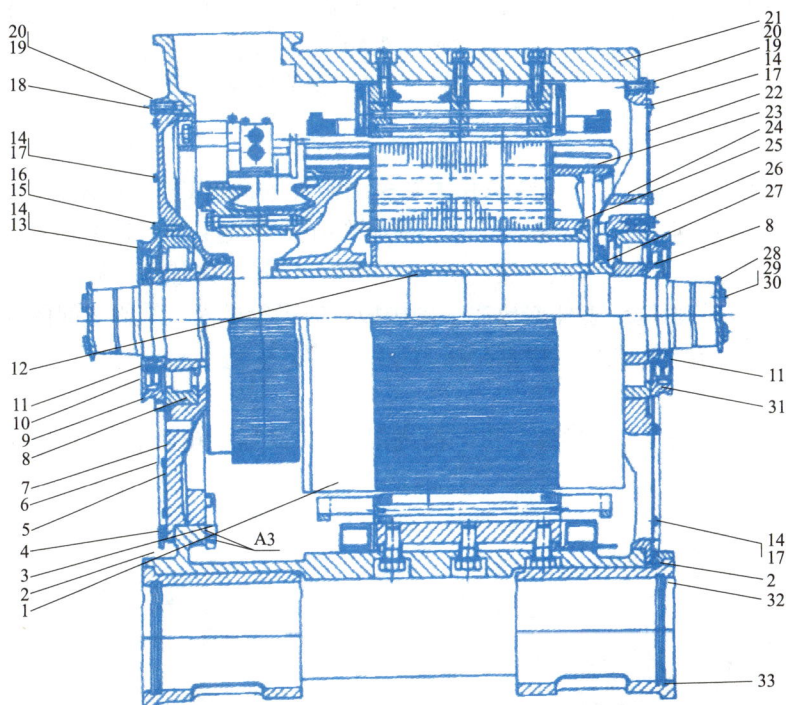

1—转子装配；2—油杯；3—刷架圈定位装置；4—油管夹；5—前端盖板；6—排油管；7—前端盖；8—轴承；9—前端轴承盖；10—前端外盖；11—封环；12—电枢支架；13—螺栓；14—弹簧垫圈；15—螺栓；16—弹性垫圈；17—螺栓；18—刷架装置；19—螺栓；20—弹簧垫圈；21—定子装配；22—后端盖网孔盖板；23—预成型后支架绝缘；24—后端盖；25—电枢支架；26—后端内轴承盖；27—封环；28—挡板；29—螺栓；30—止动垫圈；31—后端轴承盖；32—上抱轴瓦；33—下抱轴瓦。

（a）纵剖面图

图 1-43　ZD105A 型脉流牵引电机的结构图

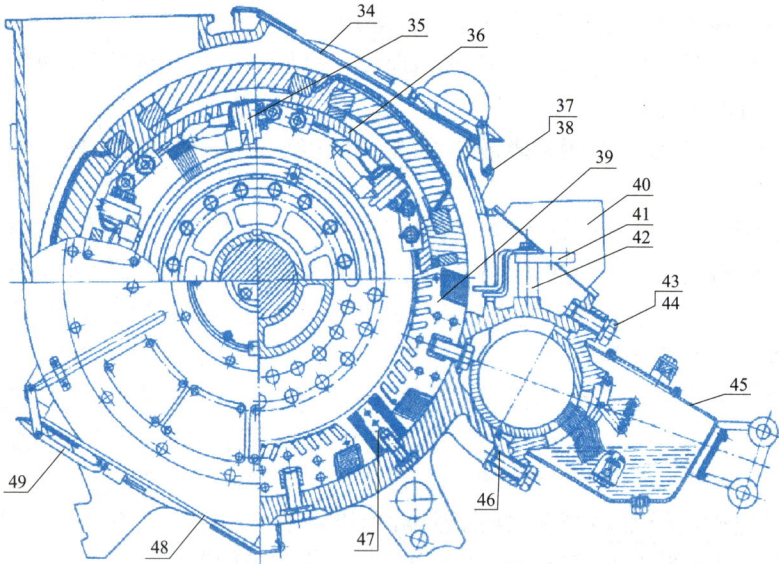

34—上观察孔盖；35—刷握装置；36—补偿绕组；37—轴；38—开口销；39—主磁极一体化装配；40—出线盒；41—接线板；42—绝缘板；43—螺栓；44—弹簧垫圈；45—油箱；46—键；47—换向极一体化装配；48—下观察孔盖；49—吊杆座。

（b）横剖面图

图 1-43 ZD105A 型脉流牵引电机的结构图（续）

1）定子

定子由机座、主磁极（主磁极铁心和主磁极绕组）、换向极（换向极铁心、换向极绕组）、补偿绕组组成，其外形如图 1-44 所示。主磁极绕组分为交叉和开口两种形式。主磁极绕组、换向极绕组与铁心采用环氧胶浇注成一体化结构，通过螺栓将主磁极铁心和换向极铁心固定在机座上。补偿绕组整体嵌放在主磁极极靴的平行槽内，绕组之间的连线通过螺栓固定。定子组装完成后，整体采用真空压力浸漆处理。

2）转子

转子由转轴、电枢（电枢铁心和电枢绕组）、换向器、电枢轴承等组成，其外形如图 1-45 所示。

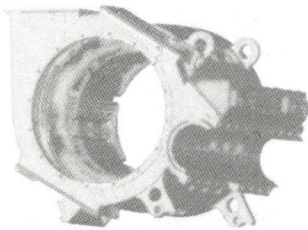

图 1-44 ZD105A 型脉流牵引电机定子外形

图 1-45 ZD105A 型脉流牵引电机转子外形

当电枢在磁场中旋转时，定子上的 N、S 极交替穿过电枢铁心，使电枢铁心中产生涡流和磁滞损耗。为了减少这些损耗的影响，电枢铁心通常用 0.5 mm 厚带绝缘层的冷轧电工钢片叠压而成，图 1-46 为牵引电机电枢冲片的一种结构形式。牵引电机电枢冲片上冲有电枢槽、轴孔、通风孔、键槽和标记孔。

电枢铁心安放在预先热套于转轴的电枢支架上。换向器直接压装在转轴上。

电枢绕组由许多绕组元件组成，绕组元件通常采用单丝或双丝薄膜导线制成。在牵引电机中，通常采用单叠单匝绕组元件，且安装有均压线。

换向器由很多相互绝缘的换向片组合而成，有多种形式，现代牵引电机大多采用如图 1-47 所示的拱式换向器。

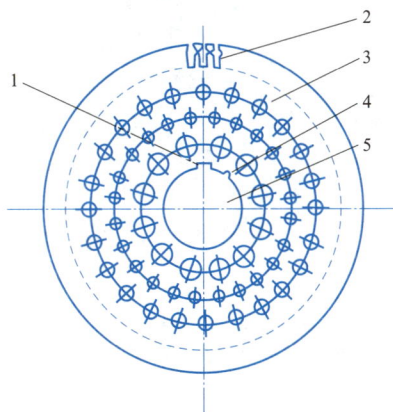

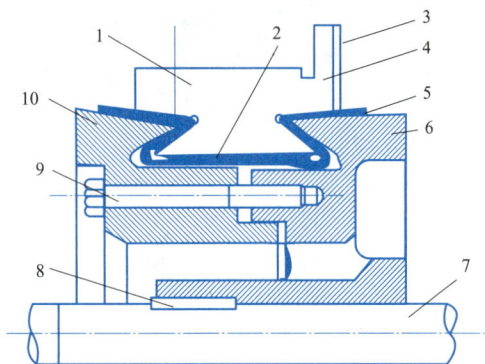

1—键槽；2—电枢槽；3—通风孔；
4—标记孔；5—轴孔。

图 1-46 牵引电机电枢冲片的一种形式

1—换向片；2—绝缘套筒；3—云母片；4—升高片；5—V 形云母环；
6—换向器套筒；7—转轴；8—键；9—换向器螺栓；10—压圈。

图 1-47 拱式换向器

拱式换向器的主要零部件包括换向片、云母片、V 形云母环、绝缘套筒、压圈等，所有零部件全部固定在换向器套筒上，然后将换向器套筒装配在转轴上。

换向片是换向器的导电部分，其工作表面与电刷滑动接触，既要传导电流，又要承受离心力、热应力、摩擦力、电火花和电弧作用，因此，换向片应具有良好的导电性能、导热性能、耐磨性能、耐弧性能和机械性能。在牵引电机中，换向片采用含少量银的梯形铜排制成。换向片与电刷接触的部分称为工作部分，换向片上与电枢绕组元件连接的部分称为升高片，绕组元件引出线嵌入升高片槽中，采用非熔化极惰性气体保护电弧焊。

电枢两侧轴承均采用型号为 4E42330EQTY 的滚动轴承。前后端盖上各装有轴承加油管，油管头部装有油杯，以便对牵引电机轴承添加润滑脂。轴承油封结构为迷宫式，端盖处开有通大气孔通道，以便减小牵引电机内部负压，防止窜油现象。

3）电刷装置

ZD105A 型脉流牵引电机的换向器端装有电刷装置，其作用是使转动的电枢绕组与外电路连接起来。电刷装置由电刷、刷握、刷握架、刷杆和刷架圈等组成，其剖面图如图 1-48 所示。

刷握由刷盒（刷握体）和弹簧压力装置组成，如图 1-49 和图 1-50 所示。刷盒用机械强度较高的硅黄铜制成。电刷在刷盒中应能自由地上下移动，但不应有过大的间隙，因过大的间隙会造成电刷在刷盒中摆动，特别是牵引电机需要在正反

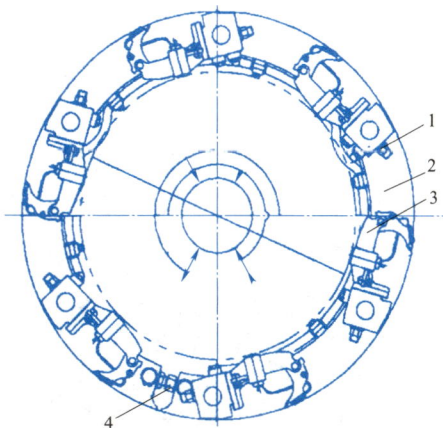

1—连接线；2—刷架圈；3—刷握；4—锁紧装置。

图 1-48 电刷装置剖面图

两个方向旋转，间隙过大会使电刷在刷盒中产生不同方向的倾斜，造成电刷与刷盒壁接触处的局部磨损；同时，使电刷与换向器局部接触表面的电流密度增大，造成电刷边缘过热和换向恶化。所以，牵引电机的电刷和刷盒的尺寸应十分精确。

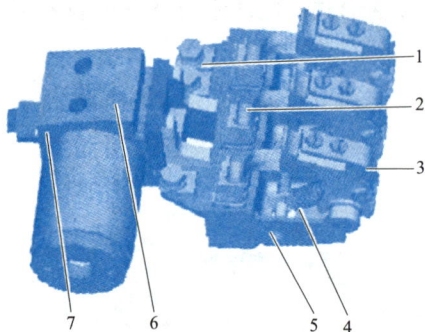

1—电刷；2—压指；3—弹簧；4—刷盒；
5—垫片；6—刷握座；7—刷杆。

图 1-49　刷握的结构

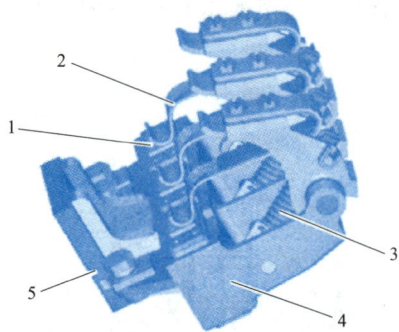

1—电刷；2—压指；3—弹簧；
4—刷盒；5—刷握座。

图 1-50　刷盒装配

ZD105A 型脉流牵引电机为 6 极电机，有 6 个刷握，每个刷盒固定在刷杆座上，刷盒通过 2 个绝缘杆固定在刷架圈上，刷架圈通过胀紧装置固定在机座止口上，如图 1-51 所示。每个刷盒放置三副电刷，一台牵引电机共计 18 副电刷，电刷牌号为 D374B。当检查电刷或更换电刷时，必须正确操作胀紧装置才能转动刷架圈，刷架圈和机座的相对位置（中性位）是通过定位装置来实现的。

4）抱轴油箱

ZD105A 型脉流牵引电机的抱轴油箱如图 1-52 所示。

图 1-51　ZD105A 型脉流牵引电机刷架装置

图 1-52　ZD105A 型脉流牵引电机的抱轴油箱

抱轴油箱含有左右两个主油箱和一个处于中间位置的副油箱。油箱通过左右各一个抱轴瓦支撑在轮对上，提供润滑油的纯毛线安装在集油器上，集油器又固定在油箱底座凸台上，中间的副油箱中存放着润滑油。当主油箱的润滑油的油位由于消耗而低于副油箱的排油口时，一部分空气通过排油口进入副油箱内，使副油箱中的润滑油流入主油箱内，因此在运行中副油箱会不断地向主油箱补充所消耗的润滑油，以维持主油箱的油位恒定。

图 1-53　ZD105A 型脉流牵引电机的出线盒

5）出线盒

出线盒安放在机座油箱上方左右两侧，其外形如图 1-53 所示。引出线固定在绝缘杆上，固定机车引出线的引线夹装在接线盒外侧，在引线夹内侧面以及盒盖的内面粘贴有密封垫，以防止灰尘进入接线盒内。

知识点 1.7.2　ZD105A 型脉流牵引电机的检修准备工作

扫码获取学习资源

为了保证牵引电机长期安全连续运行，牵引电机的日常维护和周期性检查是很重要的。维护周期和步骤取决于牵引电机的材料结构和工作条件，以下是最基本的检修准备工作。

1. 检修用材料及备件的准备

1）通用材料

汽油、棉丝、白布（或绸布）、砂布、轴承润滑脂、中性金属洗涤剂、红丹粉、金刚砂（0#以下）、绝缘漆、酒精、无纬带。

2）备品的准备

根据实际情况确定备用部件和备用材料的数量。

2. 检修专用工具和器具

检修专用工具和器具见表 1-1。

表 1-1　检修专用工具和器具

序号	工具名称	用途	数量
1	油注入器	用于取小齿轮	1
2	封环拉出器	用于拉出封环	1
3	轴承内套、内封环拉出器	用于拉出轴承内套、内封环	1
4	刷架圈转动专用工具	用于转动刷架圈	1
5	刷架胀紧装置扳手	用于刷架装置的固定	1
6	清槽倒角刀	用于换向器云母槽倒角	1
7	感应加热器	用于轴承外套的装配	1
8	高频脉冲试验机	用于定子、电枢匝间检测	1
9	TZ 型接触电阻测试仪	用于测量片间电阻值	1
10	TY 型绝缘介损测试仪	用于线圈的绝缘介损测试	1
11	1 000 V 摇表	用于绝缘电阻的测试	1
12	电刷压力测试仪	用于测试电刷压力	1
13	中性位测试仪	用于刷架装置中性位的测试	1
14	刷盒校正模、校正杆	用于刷架、刷盒等的安装	1
15	电机翻转装置	用于电机 90° 翻转	1
16	电机空转试验台	用于电机空转试验	1
17	电机回馈试验台	用于电机负载试验	1
18	电枢翻转工具	用于电枢的平放	1

知识点 1.7.3　ZD105A 型脉流牵引电机的不拆卸检修程序

ZD105A 型脉流牵引电机不拆卸检查流程如图 1-54 所示。

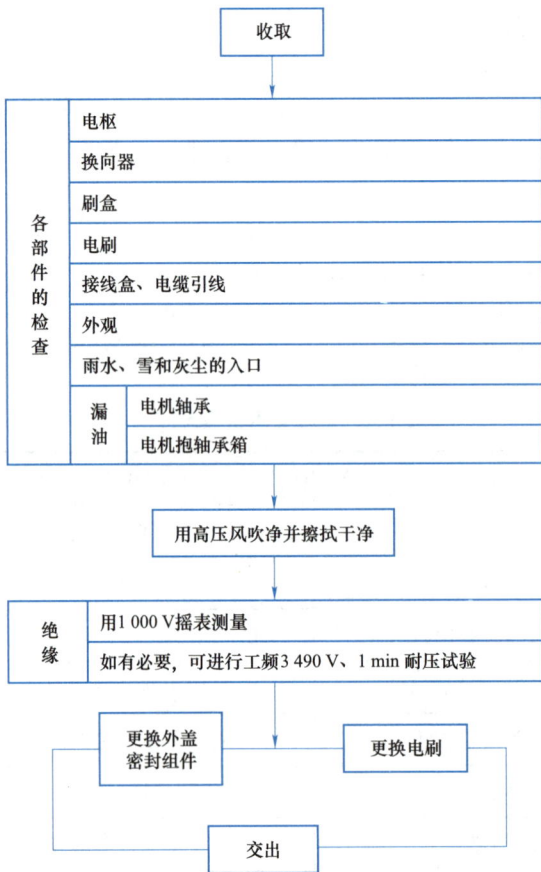

图 1-54　ZD105A 型脉流牵引电机不拆卸检查流程

1. 刷盒和电刷的检查

刷盒和电刷是对牵引电机换向性能影响很大的部件，为了保证牵引电机正常运行，须对它们进行正确的维护。

① 绝缘杆（电刷刷杆表面的一个厚度约 3 mm 的聚四氟乙烯套）表面脏污会引起缓慢的短路。因此，对绝缘杆表面聚四氟乙烯套应经常用浸过纯汽油或无水酒精的白布进行擦拭。如果绝缘杆表面因火花的原因而变得粗糙，应该用 0#以下的金刚砂纸或抛光纸进行磨光；如果表面损坏极其严重以致无法磨光，或者绝缘杆上出现裂纹，脏物无法清除，则要进行更新。

② 直流电机运行中，如果外部灰尘或电刷本身磨损产生的碳粉等进入刷盒孔内，则电刷容易被卡死，上下活动不灵活，因而会造成电刷与换向器表面接触不良，引起换向不良，并经常出现闪络现象（闪络现象指固体绝缘子周围的气体或液体电介质被击穿时，沿固体绝缘子表面放电的现象）和飞弧现象（飞弧现象指在高低电压两电极之间产生的非正常直

接放电现象)。因此检查刷盒时,要用高压风吹去刷盒内的粉尘,并用干净的白布仔细擦拭。

③ 随着电机的运行,电刷与刷盒壁的摩擦会引起刷盒与电刷之间间隙的增大,使得电刷在刷盒中逐渐倾斜。间隙越大,电刷在换向器表面的倾斜程度也越大,偏心状态就越严重,容易造成换向不良故障。因此,要经常检查刷盒的尺寸及电刷尺寸,如果刷盒的磨损超过最大磨损限度,则要更换新品。

④ 电刷的材料、尺寸及制造质量对牵引电机换向性能的影响也很大,如果使用不同材料或牌号的电刷,特别容易引起换向不良、异常磨耗及换向器表面的损坏。因此,必须使用图纸规定的电刷牌号,定点电刷生产厂家,而且同一台牵引电机应安装同一牌号同一厂家生产的电刷,不允许混装。

⑤ 定期检查电刷的尺寸,具体尺寸如图 1-55 所示。

⑥ 经常检查电刷是否有裂纹,电刷引线不允许断丝或断裂,电刷引线接头部位不得有任何松动、脱落,电刷不得卡在刷盒孔内,电刷与换向器接触面积应达到 85% 以上。

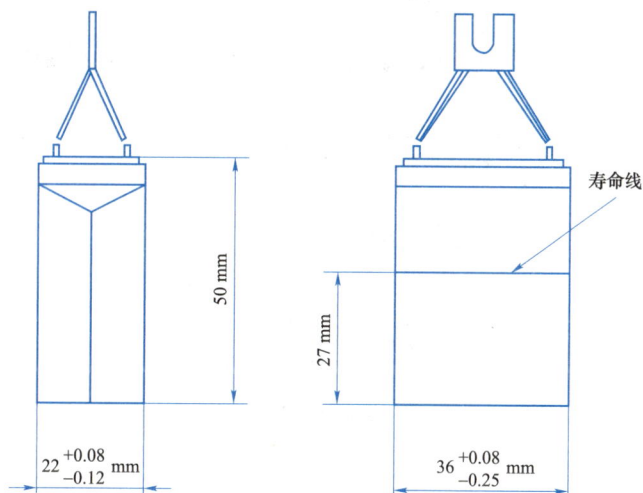

图 1-55 电刷的形状尺寸

⑦ 不能突然放开电刷压指,否则电刷可能会断裂或损坏弹簧压指,因此应轻轻地把电刷压指放到电刷上。

⑧ 检查刷盒和电刷时,应该用专用工具将刷架圈转动至机座下方观察孔窗口。

检查刷盒和电刷的步骤如图 1-56 所示。

2. 换向器的检查

换向器是直流电机的关键部件之一,它的表面状态直接影响直流电机的运行状态。一个质量良好的直流牵引电机,其换向器表面在各种运行工况下都应保持稳定的正圆柱面,圆面必须同心,而且在电刷接触面上必须形成一层均匀光亮的换向器氧化膜,这是直流牵引电机良好运行的重要条件。换向器表面良好的氧化膜颜色应是淡褐色至亮黑色,并能反射出光泽。如果颜色变为深棕色或深褐色,但氧化膜稳定、均匀、光亮,而且电刷运行良好,这种情况属于正常,不必担心换向器表面的氧化膜颜色问题。

取下观察孔盖

↓

拆下定位螺栓（销）

↓

拆下连接刷杆座的两根软编织线

↓

用专用扳手旋转刷架圈胀紧螺栓装置

↓

用专用扳手转动刷架圈

↓

检查电刷 → 更换电刷

↓

检查刷盒 → 测量电刷弹簧压力

对于每一个刷盒和炭盒均进行检查

↓

清扫绝缘杆

↓

将电刷压指安放在电刷上 → 检查电刷刷辫固定螺栓

↓

旋转刷架圈，使刷架圈上的两条刻线对准机座上的记号

↓

将定位螺栓插入刷架圈定位孔

↓

调整刷架圈胀紧螺栓装置，并拧紧锁紧螺母

↓

安放好连接到刷杆的两根软编织线

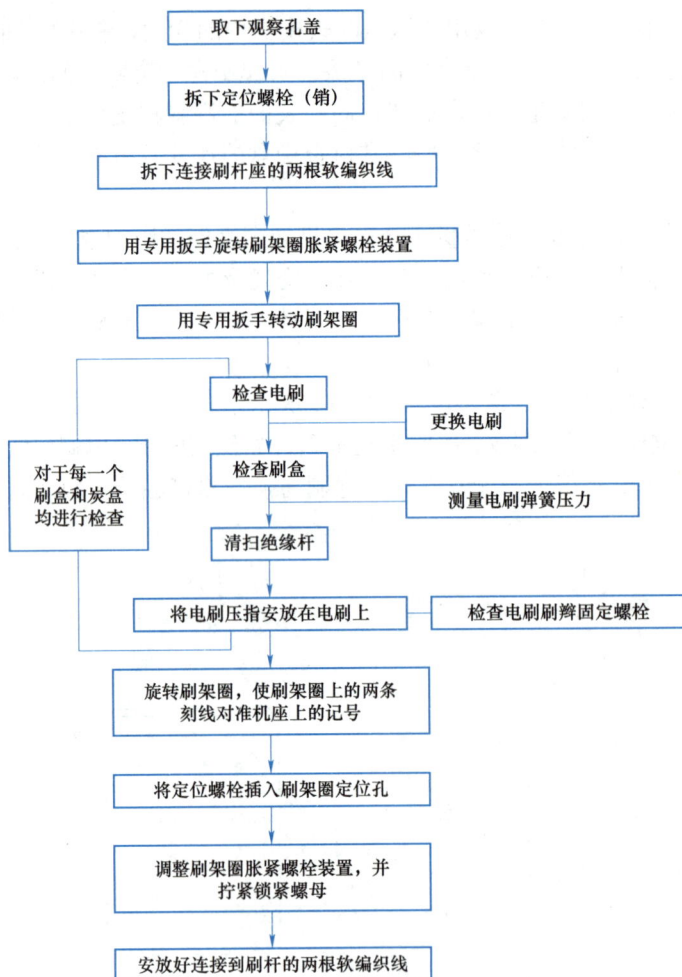

图 1-56　检查刷盒和电刷的步骤

3. 电枢轴承的检查

电枢轴承是一种重要旋转部件，必须保持良好的润滑状态，所以电枢轴承的日常维护十分重要。在一般检查中，可检查轴承异常声音、漏油情况等，在中修时要全部更换润滑脂。

1）检查轴承运转的声音

① 机车运行时，须注意牵引电机的运转声音，如果发现有异常声音或震动，应立即停止运行，并拆下牵引电机仔细检查。

② 当牵引电机从机车上拆下后，应进行空载运转试验，并检查异常声音。检查异常声音时，将检测杆放置于二端最靠近轴承的轴承盖外侧。

2）补充润滑脂

① 在机车正常运行时，至少应保证每 3～6 个月对各个轴承补充润滑脂 120～150 g，用户可以根据具体运行情况（如漏油程度、运行距离等）制定补充润滑脂的计划，规定补充润滑脂的时间和补充量。

② 在中修（机车走行 40 万～50 万 km 时，需进行以更换主要部件为主的完善性全面修理）时，应全部更换新油脂。

③ 对于长期（半年以上）保管后的备用牵引电机，以及发生不可预测的自然灾害，作为应急措施而认为需要补充润滑脂时，应补充润滑脂约 150 g。

④ 补充的润滑脂必须和组装时使用的润滑脂牌号、厂家一致。

巩固练习

一、填空题

1. 在机车正常运行时，至少应保证＿＿＿＿＿＿个月对每个轴承补充润滑脂约＿＿＿＿＿＿。

2. ZD105A 型脉流牵引电机为了提高运行可靠性，主磁级绕组与铁心采用＿＿＿＿＿结构。

3. ZD105A 型脉流牵引电机的电刷高度（含压块）为＿＿＿＿＿＿。

4. 牵引电机的电刷与换向器接触面积应大于＿＿＿＿＿＿。

5. 刷握由＿＿＿＿＿和＿＿＿＿＿组成。

二、选择题

1. SS_4 改型电力机车牵引电机的悬挂方式为（　　）。

A. 抱轴瓦式悬挂　　　　　B. 刚性架承式悬挂　　　　　C. 架承式全悬挂

2. SS_4 改型电力机车牵引电机的传动方式为（　　）。

A. 双侧直齿轮传动　　　　B. 双侧斜齿轮传动　　　　　C. 单边直齿六连杆空心轴传动

3. 正常的换向器表面薄膜应该是（　　）。

A. 红色　　　　　　　　　B. 黑色　　　　　　　　　　C. 棕褐色

育人案例

最美铁路人——邢云堂

邢云堂是中国铁路哈尔滨局集团有限公司三棵树机务段的一名动车组司机，被评为"全国劳动模范""全路首席技师""铁路工匠""2020 年最美铁路人"。下面通过几个小故事来学习体会邢云堂是如何获得这些称号的。

勇于担当　2012 年 1 月，我国第一条高寒高铁——"哈大高铁"进入开通倒计时，同时第一台动车组试验车也迎来了上线试验。面对一系列新的挑战和任务，邢云堂主动站了出来，他说："我是党员，我来跑第一趟！"当时，他不仅需要在白天认真完成值乘任务，而且还要在晚上总结当天的试验情况，并且制订出第二天的运行方案。坚持试验下来，收集了许多在极寒天气下行车的珍贵数据。

规范操作　邢云堂的火车驾龄有 26 年，驾驶过的车型有 10 多种。不管是从一开始时速 80 km 的货车，还是现在时速 300 km 的高铁动车组，他都时刻铭记安全第一、规范操作，至今已安全行驶 400 余万 km。

爱岗敬业　当动车组会车的时候，路基上的积雪会被车头的气流卷起来，进而附着于钢轨，特别容易造成车轮空转及牵引力丢失等问题。为解决此问题，邢云堂创造性地提出了"回手柄"的方法，减少了一半的牵引力，并且通过"比例制动"的方法来控制动车组，从而解决了在高寒禁区驾驶高铁列车的难题。

无私奉献　在哈齐、哈牡高铁开通运营前，邢云堂开始着手培训新的高寒高铁动车组司机，多年来为高铁司机授课超过 1 000 课时，他主编的培训教材也成为高寒高铁动车组司机的必读书目。他共教过 500 多名高铁司机，是高寒高铁动车组司机领域当之无愧的"总教头"。

思考：

1. 最美铁路人都来自铁路一线，有的坚持细致的标准化作业，有的像对待亲人一样对待旅客，有的在平凡的岗位坚持几十年……这些铁路人的哪些精神值得我们学习？

2. "交通强国，铁路先行"不只是一句口号，而是时代赋予我们新一代铁路人的重任，我们除了要脚踏实地地学习理论知识、驾驶技能，还应该具备哪些职业品德？

项目 2　变压器认知与应用

项目描述

主变压器又称牵引变压器，是电力机车中的重要电气设备，其作用是将从接触网上取得的单相工频交流 25 kV 高压电变为机车各电路所需的电压。主变压器的工作原理与普通单相降压电力变压器基本相同，但由于其工作条件特殊，特别是为了满足机车调压、整流电路的特殊要求，主变压器在其设计及结构型式上均有自身的特点。本项目以目前应用较广的 SS_4 改型电力机车和 HXD_3 型电力机车使用的主变压器为例来介绍主变压器在电力机车中的应用，并简单介绍主变压器的检修。

项目目标

1. 育人目标

① 通过对变压器在电力机车中应用的介绍，培养学生热爱乘务员岗位，激发学生的学习热情。

② 通过一体化教学方式，让学生理论联系实际，重视技能训练、按规范操作。培养学生多角度看待问题的能力，培养学生"提高技能，精心操作"的铁路职业道德，使学生养成勤学好问、刻苦钻研，不断攀登技术高峰的习惯。

③ 学习中融入"最美铁路人"先进事迹，培养学生勤学苦练、精益求精、不断进取的职业精神。

2. 知识目标

① 掌握主变压器的基本结构。

② 熟悉变压器的铭牌。

③ 掌握典型主变压器的结构特点。

④ 掌握主变压器日常检修要求。

3. 能力目标

① 能够识别主变压器的主要部件。

② 能够运用变压器铭牌值进行变压器额定值计算。

③ 学会主变压器在电力机车中的应用。

④ 能够进行主变压器的日常检修与维护。

课时建议

6 课时。

任务 2.1　变压器认知

任务描述

首先对普通变压器进行直观认知，然后学习主变压器的基本结构，让同学们在认知变压器内部结构、铭牌的同时，具备一定的变压器拆装能力。

任务目标

1. 知识目标

① 掌握主变压器的基本结构。

② 熟悉变压器的铭牌。

2. 能力目标

① 学会变压器的拆装流程。

② 能够通过变压器的铭牌了解变压器的性能。

③ 能够进行简单的变压器额定值计算。

知识链接

知识点 2.1.1　变压器的基本结构

变压器是根据电磁感应原理制造的一种静止的电气设备，它可以将某一数值的交变电压变换为同一频率的另一数值的交变电压。变压器不仅对电力系统中电能的传输、分配和安全使用有重要意义，而且广泛用于电气控制领域、电子技术领域、测试技术领域、焊接技术领域等。

变压器主要由铁心和绕组两个基本部分组成，对于电力变压器和机车的主变压器，还有油箱、绝缘套管等辅助设备。

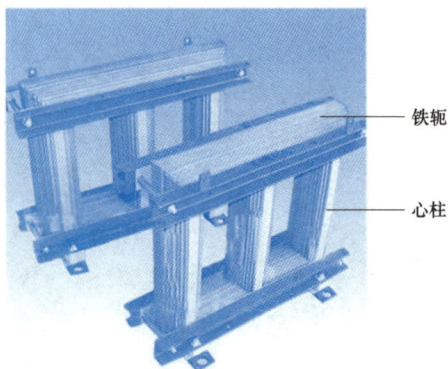

图 2-1　变压器铁心的结构

1. 铁心

铁心构成变压器的磁路系统，并且是变压器的机械骨架，它由心柱（柱上套装绕组）、铁轭（连接铁心以形成闭合磁路）组成，其结构如图 2-1 所示。

小型变压器心柱截面为矩形或方形，大型变压器心柱截面为阶梯形，目的是充分利用空间。铁心通常采用硅钢片叠装而成，片与片之间进行绝缘，目的是减小涡流和磁滞损耗，提高磁路的导磁性。国产低损耗节能变压器均采用冷轧晶粒取向硅钢片，表面采用氧化膜绝缘。

铁心的基本形式有心式和壳式两种。心式结构的特点是绕组包围铁心，结构比较简单，适用于电压较高的情形。我国生产的单相和三相电力变压器多采用心式结构铁心。壳式结构的特点是铁心包围绕组，散热比较容易，机械强度比较高，适用于电流较大的情形，如电焊变压器、电炉变压器等。小容量的电源变压器也采用壳式铁心结构。近年来，发展了一种渐开线式铁心，铁心柱由硅钢片卷成渐开线的形状，然后叠成圆柱形铁心柱，叠装比较方便。

铁轭用带状硅钢片卷成，容易实现生产机械化。渐开线式铁心的三相磁路对称，节省材料，但空载电流较大。

2. 绕组

绕组构成变压器的电路部分，小型变压器的绕组一般用绝缘的漆包圆铜线绕制，容量稍大的变压器的绕组则采用扁铜线或扁铝线绕制。

根据高压绕组和低压绕组的相对位置，变压器可分为同心式和交迭式两种类型，如图2-2所示。

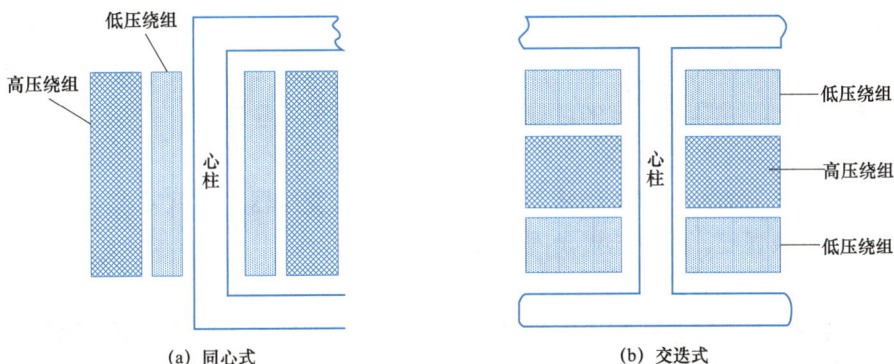

图2-2 变压器的形式

同心式变压器的高低压绕组同心地套装在心柱上，为了便于绝缘，一般将低压绕组套在里层，高压绕组套在外层。在低压绕组与铁心之间、低压绕组与高压绕组之间设置油道（或气道），以加强绝缘和散热。同心式绕组结构简单，制造方便，国产电力变压器均采用这种结构。

交迭式变压器的高压绕组和低压绕组都做成饼状，交替地套在心柱上，一般将低压绕组靠近铁轭，通常用于低电压、大电流的电焊变压器和电炉变压器。

3. 油箱

除了干式变压器以外，电力变压器的器身都放在油箱中，油箱内充满变压器油，其目的是提高绝缘强度（因变压器油绝缘性能比空气好）、加强散热。

4. 绝缘套管

变压器的引线从油箱内穿过油箱盖时，必须经过绝缘套管，以使高压引线和接地的油箱绝缘。绝缘套管一般是瓷质的，为了增加爬电距离，套管外形做成多级伞形，10～35 kV套管采用充油结构。

知识点 2.1.2 主变压器的特点和基本结构

1. 主变压器的特点

与机车其他部件比较，主变压器体积大、质量大，一般都安装在机车中部，一部分在车体内，另一部分在车体底架下部。主变压器的特点大致可归纳为以下几个方面：

1）绕组多

为满足机车调压及辅助设备用电需要，主变压器除采用同侧高压绕组外，其二次侧低压绕组有：牵引绕组、辅助绕组、励磁绕组及采暖绕组等多个绕组，有的绕组还有多个抽头。为保证各绕组之间耦合程度适当，有些绕组还需交叉布置，这就给绕组的绕制和装配带来一定的难度。

2）电压波动范围大

我国干线电气化铁道接触网的额定电压为 25^{+4}_{-6} V，即允许电网电压在 19～29 kV 范围内波动，这就要求主变压器的铁心和绕组绝缘结构设计应留有足够的裕量，磁路的磁通密度不能过高，以满足高网压下正常工作的要求。

3）负载变化大

随着机车运行条件的变化，主变压器的负载变化范围很大，这就要求主变压器应能承受较大的负载变化，并具有一定的过载能力，以保证机车可靠运行。

4）耐振动

机车运行中产生的冲击和振动将不可避免地传给主变压器，这就要求主变压器各部件应具有足够的机械强度，所有连接紧固件应有防松装置。

5）对阻抗电压要求高

因主变压器二次侧绕组有较高的短路故障概率，为满足机车对调压整流电路和短路保护的要求，绕组抽头间的阻抗电压不能太小。

6）重量轻，体积小，用铜多

为满足机车总体布置及减轻自重的需要，主变压器与同容量的电力变压器相比，应具有较轻的重量和较小的体积，这就要求：主变压器在设计上采用铜导线、高导磁率的冷轧电工钢片，强迫油循环冷却；工艺上采用真空干燥、真空注油等措施，来减轻重量和缩小体积。由于变压器绕组多、容量大，故用铜量特别多，通常一般电力变压器的铜重与铁重之比约为 1:4；而主变压器一般为 1:2，有的甚至达到 1:1。用铜量多不但使主变压器造价高，而且还使主变压器冷却困难，冷却器庞大，这不利于变压器的轻量化。

2. 主变压器的基本结构

主变压器由器身、油箱、保护装置、冷却系统和出线装置等部件组成。

1）器身

器身由铁心、绕组（线圈）、器身绝缘和引线装置等组成。

（1）铁心。

铁心的作用是构成变压器的闭合磁路，同时也是支撑绕组及引线装置的机械骨架。因此，要求铁心必须具有良好的导磁性能和足够的机械稳定性。

铁心由心柱、铁轭和夹紧装置组成。其中，套装绕组（线圈）部分称为心柱；连接心柱构成闭合磁路部分称为铁轭；夹紧装置用来夹持心柱和铁轭，以构成坚实的整体，并借以支撑和压紧绕组，固定引线。为了减小铁心中的磁滞和涡流损耗，心柱和铁轭均采用高磁导率的冷轧硅钢片叠装而成。TBQ 系列主变压器的铁心多数采用 0.35 mm 厚的晶粒有取向冷轧硅钢片。

主变压器的铁心有心式和壳式两类。心式铁心通常垂直放置，圆筒形的高、低压绕组同心地套装在心柱上，使绕组包围心柱。为充分利用绕组内圆空间，心柱截面常为外接圆形的多级阶梯形；为使磁通在铁轭中分布均匀，铁轭截面最好与心柱截面相同，但为了使夹紧装置及绝缘零件等结构简化，铁轭截面一般都采用矩形或倒多级梯形。心式铁心结构简单，并具有绕组装配及绝缘处理比较容易、短路时绕组机械稳定性好等优点，因此目前应用最广泛。国产 TBQ 系列主变压器大多采用单相二柱式心式叠铁心，如图 2-3 所示。

壳式铁心通常卧放布置，它由电工钢片叠成"日"字形，铁心截面为矩形。高、低压绕组交错叠装在中间的一个心柱上，心柱通过旁轭构成闭合磁路，使铁心包围绕组。这种结构具有以下优点：机械强度高，能采用适形油箱、阻抗电压，易满足各种需求等。其缺点是制造复杂，铁心用材较多，故实际应用较少。目前在我国运用的干线电力机车中，只有从法国引进的 6G 型电力机车及国产 SS_7 型电力机车的主变压器采用壳式铁心。

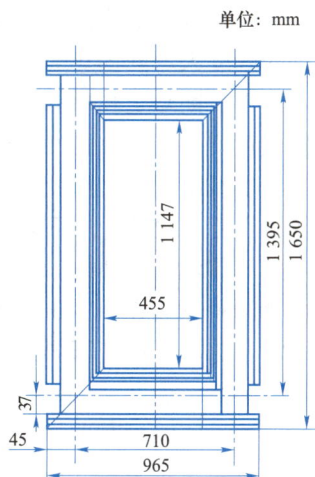

图 2-3　TBQ 系列主变压器的铁心

（2）绕组。

绕组是主变压器最关键的部件，为了保证变压器安全可靠运行，变压器绕组必须具有足够的电气强度、耐热强度、机械强度和良好的散热条件，使变压器既能在额定工作条件下长期使用，又能经受住过渡过程[①]中产生的过电压、过电流及相应的电磁力作用，不致发生绝缘击穿、过热、变形或损坏。

（3）器身绝缘和引线装置。

油浸式变压器的内部绝缘分为主绝缘和纵绝缘两类，主绝缘是指绕组（或引线）对地及其对其他绕组（或引线）之间的绝缘；纵绝缘是指同一绕组不同部位之间的绝缘。绝缘结构尺寸，特别是主绝缘尺寸，将直接影响变压器的重量和外形尺寸，以及阻抗电压、损耗等性能。

绕组引线均用裸铜排制而成，引线与绕组出头的焊接采用电阻焊接。由于铜是加速变压器油氧化的催化剂，故引线表面要覆盖一层绝缘漆作为保护层。所有绕组引线均通过引线支架固定在器身上。

2）油箱

油箱是油浸式主变压器的外壳，变压器的器身就浸放在充满变压器油的油箱内。对油箱的基本要求如下：

① 在保证内部必要的绝缘距离的条件下，尽可能减小体积，以节约用油。

---

① 过渡过程指由一个稳定运转状态变化到另一个稳定运转状态的过程，如短路、雷击等。

② 应具有必要的真空强度，以便在检修时能利用油箱进行真空干燥。

③ 油箱外部各种附件的布置，应便于安装和维护。

由于主变压器与平波电抗器共用油箱，所以油箱呈"凸"字形，大腔用于安装主变压器的器身，小腔用于安装平波电抗器。两腔之间设置一块铝板，用以隔磁。

3）保护装置

变压器油是从石油中提炼出来的优质矿物油。在油浸式变压器中，变压器油既是一种绝缘介质，又是一种冷却介质。因此，对变压器油的要求是：绝缘强度高、黏度低、闪点高、凝固点低、酸值低、灰粉等杂质及水分少。变压器油中只要含少量水分和杂质，就会使绝缘强度大为降低（当含 0.004%水分时，绝缘强度降低约 50%）。此外，变压器油在较高温度下长期与空气中的氧接触，会逐渐老化，在油中生成不传热的悬浮物，堵塞油道，并使酸值增加，绝缘强度降低，这对变压器的安全运行是十分不利的。

为了减缓变压器油受潮或老化的程度，使油能较长久地保持良好状态，在 TBQ 系列主变压器上专门设置了以下几种保护装置。

（1）储油柜（油枕）。

储油柜安装在箱盖的上方，容量应能满足：变压器在高温（+40℃）下持续运行时，油不溢出储油柜；变压器在低温（−25℃）下不工作时，储油柜中应有油。

（2）油位表。

储油柜侧壁设有玻璃管油位表，玻璃管中有一个空心红色玻璃球，用于指示油位。油位表旁标有环境温度，分别表示+40℃、+20℃、−30℃变压器处于工作状态时储油柜内变压器油应具有的油位刻度。

（3）吸湿器。

TBQ 系列主变压器均采用吊式吸湿器，吸湿器主体为一玻璃管，内盛 1.5 kg 用氯化钴浸渍过的变色硅胶作为吸湿剂，其下部罩内有变压器油，用于过滤空气杂质。空气经罩与座之间的间隙进出。变色硅胶在干燥时呈蓝色，吸收潮气后呈粉红色。当玻璃管内有 2/3 的硅胶呈粉红色时，硅胶就应进行干燥处理或更换。

为了保证变压器油的质量，除设置上述油保护装置外，还必须注意：不同产地或不同牌号的变压器油通常不能混用，这是因为变压器油的牌号是以凝固点的温度值命名的，如 10#、25#、45#变压器油的凝固点分别为−10℃、−25℃、−45℃。不同牌号的变压器油混用后，对油的黏度、闪点、凝固点等都有一定影响，会加速油的老化。

> 提示：在实际使用中，经常遇到变压器油的混用问题，混用变压器油的一般原则是：对不同来源的新油混合使用时，首先必须测量油的凝固点，若相近方可混合使用。当运行中的主变压器需要加油时，应根据加入量，按比例抽取混合油进行油样分析试验，以确定可否混用。

（4）信号温度计。

信号温度计用来测量和监视主变压器上层油温。TBQ 系列主变压器上均装有 WTZ-288 型信号温度计，它是由测温筒（温包）、金属毛细管、弹簧管、刻度盘、指针等构成的一个密封系统，在密闭系统中充以氯甲烷或丙酮乙醚液体。测温筒安装在箱盖上的温度计座内。当变压器上层油温升高时，测温筒内液体温度也随之升高并气化，体积膨胀，压力增大，并沿着金属毛细管传到压力计中，使弹簧管受压变形，通过传动机构带动指针偏转，指示出上层油温数值。

该温度计还有电接点，可用专用钥匙将刻度盘上电接点的限值指针固定在所需的温度刻度上，当带有动触点的温度计指针随油温的升高而达到限值指针位置时，电接点接通电路，发出警告信号。

（5）油流继电器。

油流继电器用来监视变压器油循环状态是否正常。当潜油泵正常运行时，油流继电器的常开触点闭合，显示油循环正常信号。另外，还可以通过观察玻璃面板内的指针摆动位置判断油循环是否正常。如果油流减小到一定程度，动板借弹簧作用返回，带动指针回零，同时常闭触点闭合，常开触点断开，表示油流异常。

图2-4为YJ-100-A型油流继电器原理示意图。当油流正常时，变压器油进入探头，靠油的流动压力作用于微动开关，使常闭触头打开，给出一个油流正常的信号，同时指针偏转55°。

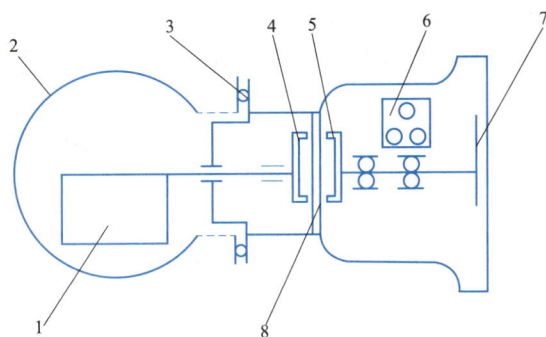

1—动板；2—油联管；3—密封环；4，5—磁钢；6—电气部分；7—指针；8—壁。

图2-4 YJ-100-A型油流继电器原理示意图

（6）压力释放阀。

压力释放阀装在油箱壁上。变压器在运行中，当外电路或变压器内部故障而出现很大的短路电流时，会使温度升高，而过高的温度使变压器油迅速气化，变压器内部压力升高，当压力升高到70 kPa时，压力释放阀的阀口在2 ms内迅速打开，排出的气体和油流沿管路排到车下。当压力恢复正常时，阀口关闭。

4）冷却系统

主变压器在运行中产生的所有损耗最终都将转变为热能，使各部件的温度升高，当主变压器温升超过规定的限值后，将使绝缘损坏，直接影响主变压器的使用寿命（20～30年）。因此，主变压器必须具有相应的散热能力。

TBQ系列主变压器内部散热能力良好，外部冷却采用强迫导向油循环风冷式冷却系统，该系统分油路和风路两部分，变压器油经潜油泵强迫循环，热油经冷却器由风机将热量吹向大气。

5）出线装置

当主变压器各绕组的引线从油箱内引至油箱外时，必须采用出线装置，以便使带电的导线与接地的油箱绝缘。TBQ系列主变压器的出线装置多采用复合瓷绝缘套管。

　　提示：主变压器油箱内充满变压器油。变压器油既是绝缘介质，又是冷却介质。变压器油不能受潮，不能混用，否则其绝缘性能就大为降低。因此，器身在进箱前必须经过真空干燥处理。运行中，变压器油的耐压值不应低于 30 kV。在变压器油泵烧损修复后、烧损时，或运行多年未经过滤油时，或架修主变压器时，一定要进行滤油。

知识点 2.1.3　变压器的铭牌

　　为了使变压器能正常运行，制造厂通常在每台变压器的外壳上都附有一个铭牌，在铭牌上标出变压器的额定值和型号，这是选择和使用变压器的依据。

1. 型号

　　型号表示变压器的特征和性能，一般由两部分组成：前一部分用汉语拼音表示，后一部分用数字表示。前者表示特性和性能，后者表示额定值。例如，型号 S-200/10 中，"S"表示三相，"200"表示额定容量为 200 kV·A，"10"表示高压绕组的额定电压为 10 kV。

2. 额定电压

　　额定电压有一次绕组额定电压和二次绕组额定电压之分。

　　一次绕组额定电压 U_{1N} 是指保证长时间安全可靠工作时应加的电压有效值，在三相变压器中指线电压有效值。

　　二次绕组额定电压 U_{2N} 是指变压器空载、一次绕组加上额定电压时，二次绕组两端的电压有效值。在三相变压器中指线电压有效值。

3. 额定电流

　　额定电流有一次绕组额定电流和二次绕组额定电流之分。

　　一次绕组额定电流 I_{1N} 是指在容许发热条件下，一次绕组中长期通过的最大电流有效值。

　　二次绕组额定电流 I_{2N} 是指满载时长期允许通过的电流有效值。在三相变压器中均指线电流有效值。

4. 额定容量

　　额定容量 S_N 是指变压器在铭牌上所规定的额定工作状态下输出视在功率的保证值，即变压器在额定电压、额定电流工作状态下的视在功率，单位为 kV·A。

　　对于单相变压器，额定容量、额定电压和额定电流之间的关系为：

$$S_N = U_{1N}I_{1N} = U_{2N}I_{2N} \tag{2-1}$$

　　对于三相变压器，额定容量、额定电压和额定电流之间的关系为：

$$S_N = \sqrt{3}U_{1N}I_{1N} = \sqrt{3}U_{2N}I_{2N} \tag{2-2}$$

5. 额定频率

　　额定频率 f_N 是指一次绕组上的电压允许频率。我国规定的标准工业频率为 50 Hz，美国、日本等国家也有采用 60 Hz 的。

6. 效率

　　效率是指变压器输出的有功功率 P_2 与输入的有功功率 P_1 之比，一般用百分数表示，即

$$\eta = (P_2 / P_1) \times 100\% \tag{2-3}$$

巩固练习

一、填空题

1. 机车主变压器又称为_____变压器。
2. 变压器主要由_____和_____两个基本部分组成。
3. 变压器油既是绝缘介质，又是_____介质。
4. 三相变压器额定电压指_____（线/相）电压有效值。

二、问答题

1. 铁心的作用是什么？
2. 机车主变压器的作用是什么？

任务 2.2　电力机车主变压器认知与应用

任务描述

在已有变压器基本知识的基础上,首先对电力机车典型主变压器的结构特点进行认知,包括 SS$_4$ 改型电力机车和 HXD$_3$ 型电力机车主变压器,然后对电力机车中主变压器的应用进行分析,使学生具备一定的变压器应用能力。

任务目标

1. 知识目标

① 掌握 TBQ8-4923/25 型主变压器的结构特点。
② 掌握 JQFP2-9006/25（DL）型主变压器的结构特点。

2. 能力目标

① 学会 SS$_4$ 改型电力机车主变压器的应用。
② 学会 HXD$_3$ 型电力机车主变压器的应用。

扫码获取学习资源　扫码获取学习资源

知识链接

知识点 2.2.1　典型电力机车主变压器的结构特点

1. SS$_4$ 改型电力机车主变压器

TBQ 系列主变压器是国产 SS 系列电力机车配套的主变压器，由于各型机车的功率、调压方式及总体布置不同，其主变压器的结构形式、技术数据也有所不同。特别是为适应不同的机车调压电路的需要，主变压器的绕组结构、布置及连接方式会有较大的差别。

1）结构

SS$_4$ 改型电力机车主变压器的型号是 TBQ8-4923/25 型（简称 TBQ8 型）。这是一种一体化变压器，除含有主变压器外，还含有平波电抗器和 4 个独立磁路的滤波电抗器，它们装在一个油箱里，共用一个冷却系统。

TBQ8 型主变压器由器身、油箱、冷却系统、油保护装置、出线装置等组成，器身由

铁心、绕组、绝缘件组成，如图 2-5 所示。

（1）铁心。

铁心为单相二柱式心式叠铁心，采用 0.35 mm 厚 DQ151-35 晶粒有取向冷轧硅钢片叠装而成，由于该硅钢片表面覆有一层薄的氧化膜，有一定的绝缘作用，所以表面不涂漆。

铁心结构如图 2-3 所示。硅钢片按图 2-6 中 Ⅰ、Ⅱ 方式交替叠装进行，心柱截面为 10 级阶梯形。

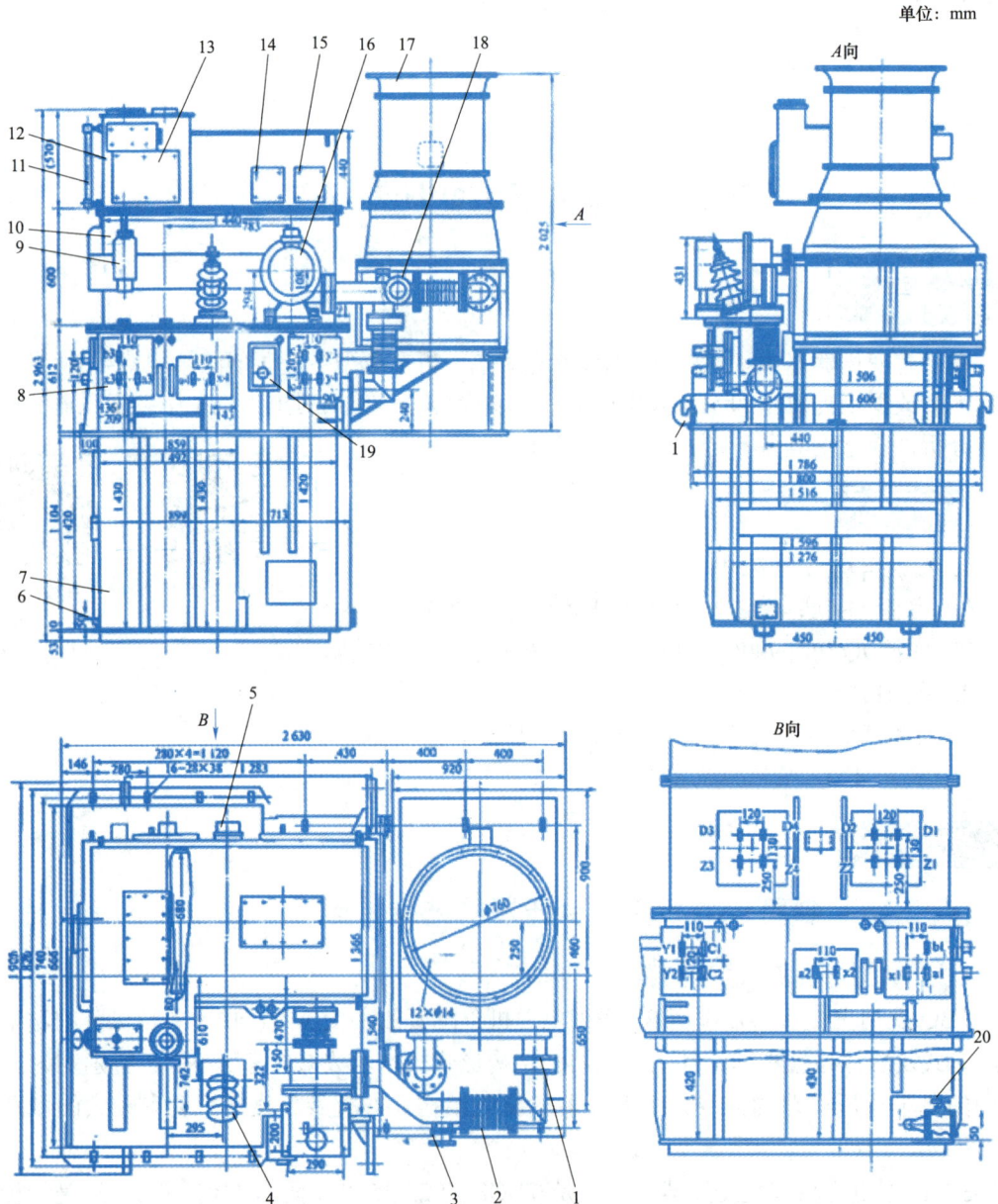

1—100 蝶阀；2—波纹管；3—油流继电器；4—BJL-25/300 套管；5—信号温度计；6—油样活门；7—下油箱；8—出线装置；9—吸湿器；10—上油箱；11—油位表；12—储油柜；13—主变压器铭牌；14—平波电抗器铭牌；15—滤波电抗器铭牌；16—潜油泵；17—通风机；18—冷却器；19—压力释放阀；20—50 活门。

图 2-5　TBQ8 型主变压器总图

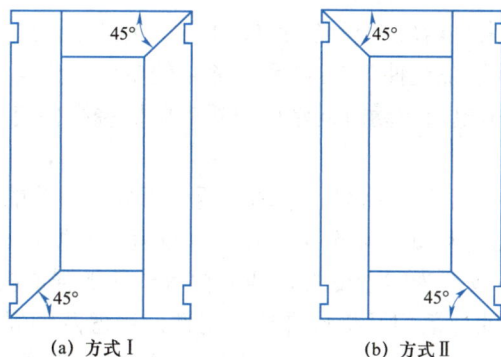

(a) 方式 I　　　　　　　(b) 方式 II

图 2-6　TBQ8 型主变压器的铁心叠装方式

心柱采用环氧玻璃粘带绑扎，每柱 7 道，为使接缝处平整，降低铁心噪声，在心柱最外级有 4 块 6 mm 厚的环氧玻璃布板做成的撑条；上下铁轭采用夹件夹紧。为了降低铁损，硅钢片接缝采用半斜接。即硅钢片的 4 个接缝中，有 2 个是直接缝，有 2 个是斜接缝，这可显著降低空载损耗和空载电流。硅钢片不冲孔，采用环氧玻璃粘带绑扎。铁心用夹件夹紧，夹件与硅钢片之间有夹件油道，以作为绝缘和冷却油流路径。

TBQ8 型主变压器铁心主要技术数据如表 2-1 所示。

表 2-1　TBQ8 型主变压器铁心主要技术数据

心柱直径/mm	两心柱中心距/mm	窗高/mm	心柱净截面积/cm²	心柱磁通密度/T	硅钢片质量/kg	叠片系数	空载损耗/W	空载电流/%
265	710	1 140	491.7	1.591 1	1 596	0.95	4 000	0.4

（2）绕组。

TBQ8 型主变压器有 4 种绕组，分别为高压绕组、牵引绕组、辅助绕组和励磁绕组，其电气原理图如图 2-7 所示。

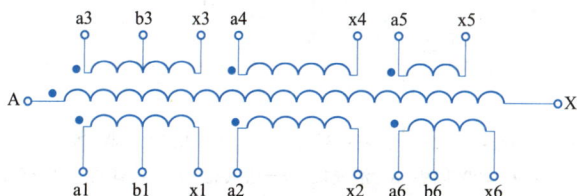

图 2-7　TBQ8 型主变压器绕组电气原理图

高压绕组 AX 由布置在两个心柱（靠近高压绕组 A 端的称为 A 柱，另一个称为 X 柱）上的 2 个连续式绕组并联而成。高压绕组总匝数为 1 438 匝，其中 A 柱绕组为左绕向，X 柱绕组为右绕向，两柱绕组并联，引线端子号为 A、X，额定电压为 25 kV，其作用是从接触网吸取电能，作为原边绕组。

牵引绕组用来满足机车牵引或机车电阻制动的需要，牵引绕组包括基本绕组 a2x2、a4x4 和调压绕组 a1b1x1、a3b3x3，两个绕组的线圈匝数相同，电压相等。额定电压为［（695.4+347.7×2）×2］V。

辅助绕组 a6b6x6 用来供给辅助设备用电，并通过电源柜向控制电路供电，绕组 a6x6 额定电压为 399.86 V，从该绕组抽头 b6 得到 226 V 的电源，供电炉等使用。

励磁绕组 a5x5 在机车电阻制动时向牵引电机的励磁绕组供电，额定电压为 104.3 V。

（3）油箱。

TBQ8 型主变压器的油箱分上油箱、下油箱两个部分。油箱的箱底用 10 mm 厚钢板制成，上面焊有用来限制器身移动的 4 个定位钉，并设有放油塞。箱壁长边用 8 mm 厚、短边用 6 mm 厚钢板焊接而成，为防止变形，四周焊有一些加强筋板。箱壁上焊有吊攀、冷却器安装座、50 活门、油样活门及接地螺栓等附件；箱壁两侧焊有两块 14 mm 厚的安装板，安装板上共有 16 个长孔，用 M24 螺栓把变压器固定在车体上。箱壁上开有多处用于安装出线装置和作为手孔的长方形孔。

上油箱由钢板制成，其内腔用于安装 4 台滤波电抗器。上油箱和下油箱的箱沿间垫有直径为 20 mm 的耐油圆橡胶密封圈，四周用 73 个 M16 螺栓紧固，以防漏油。上油箱上安装有储油柜和 1 个 WTZ-288 型信号温度计。

（4）冷却系统。

TBQ8 型主变压器采用独立的强迫导向油循环风冷式冷却系统，冷却系统工作原理示意图如图 2-8 所示。系统中设置有 STD-1 型铝冷却器，冷却器采用全铝合金板翅式结构，冷却器心经过硬钎焊，刚度高，强度好，能承受 700 kPa 的压力。

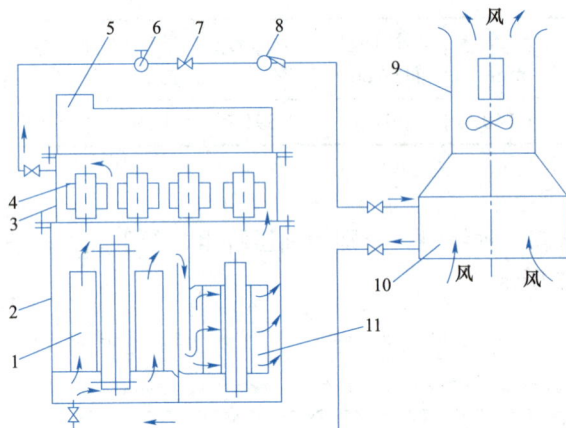

1—主变压器器身；2—下油箱；3—上油箱；4—滤波电抗器；5—储油柜；
6—油流继电器；7—100 蝶阀；8—潜油泵；9—通风机；10—冷却器；11—平波电抗器。

图 2-8　冷却系统工作原理示意图

冷却系统的油路　热油从油箱上部抽出，经油流继电器进入潜油泵进油口，经潜油泵加压后，进入冷却器。热油在冷却器内被吹风冷却，从冷却器出来的冷油沿油道进入油箱下部，冷油先冷却主变压器的铁心、绕组，然后冷却平波电抗器的绕组、铁心。此后冷油进入上油箱，再冷却 4 台滤波电抗器后进入潜油泵的进油口，反复循环。

冷却系统的风路　冷却器上部装有通风机，冷却风从车体侧墙吸入后，经通风机进入冷却器散热管后排向大气。

在平波电抗器腔内，设置多处隔板，使油流按图 2-8 所示路径流动，此方式即为强迫导向油循环方式。在冷却器的进出油口及潜油泵的进油口皆装有由不锈钢制成的波纹管。

（5）油保护装置。

主变压器油箱内充满国产 25#变压器油。为了防止变压器油迅速老化和受潮，专门设置了储油柜、吸湿器、净油器等保护装置。

（6）出线装置（套管）。

TBQ8 型主变压器的出线装置采用两种复合瓷绝缘套管：A–BJL–25/300 型，一个；X–BF–1/300 型，一个。

2）主要技术参数

TBQ8 型主变压器的主要技术参数如表 2–2 所示。

表 2-2　TBQ8 型主变压器的主要技术参数

绕组	高压绕组	牵引绕组	辅助绕组	励磁绕组
出线标志	A，X	a1，b1，x1，a2，x2，a3，b3，x3，a4，x4	a6，x6/b6，x6	a5，x5
额定容量/kV·A	4 923	1 168.25×4	250	87.6
额定电压/V	25 000	（695.4+347.7×2）×2	399.86/226	104.3
额定电流/A	196.92	1 680	625/100	840

调压方式：单相桥式相控

空载电流：0.4%

空载损耗：4 000 W

负载损耗　（75℃）：90 000 W

冷却方式：强迫油循环风冷

通风机型号：TZTF-6.0#F

潜油泵型号：TG180–200/10D–2

器身总质量（含主变压器、平波电抗器、滤波电抗器）：7 940 kg

油重：2 500 kg

总重：13 100 kg

2. HXD₃ 型电力机车主变压器

和谐型电力机车采用 JQFP 系列牵引变压器，将 25 kV 的接触网高电压变换为机车所需的各种低电压，以满足电力机车各种电机电器的工作需要。

HXD₃ 型电力机车装有一台 JQFP2–9006/25（DL）型牵引变压器，该变压器是采用轴向分裂、心式卧放、下悬式安装的一体化多绕组变压器，具有阻抗高、重量轻等特点，主变压器与冷却装置分开布置。

1）主变压器的特点

① 变压器采用心式卧放结构，A 级绝缘，变压器油为普通矿物油。

② 绕组采用高阻抗结构，使变压器内部空间漏磁场很强，并大量采用无磁结构件。

③ 油箱采用钢板加磁屏蔽的方式，避免漏磁干扰外部信号。

④ 线圈导线采用 Nomex 纸绝缘，具有耐热等级高、机械强度大的特点。

⑤ 冷却器为全铝板翅式冷却器，采用两路油循环系统。

⑥ 高压套管采用 NEXANS 公司的高压端子，在低压套管出线装置中采用了新型结构的出线装置，具有安装、拆卸方便、可靠及使用寿命长的特点。

⑦ 考虑到机车的使用环境，该变压器具有抗振的特点。

⑧ 将需要经常检测及保养的部件装配在机车的两侧，以便于进行维护保养、检查。

⑨ 将大电流的低压出线装置与牵引变流器按顺序安装，使其连线最短。

⑩ 变压器油采用氮气密封保护，使油不与外界环境相通，防止其劣化。

⑪ 采用真空注油、强迫油循环风冷技术、氮气密封等特殊工艺措施。

2）主要技术数据

型号	JQFP2-9006/25（DL）
机车网压范围/kV	17.2～31.3
频率/Hz	50
联络组	I，I0
形状尺寸［（长度/mm）×（宽度/mm）×（高度/mm）］	3 060×2 760×1 475
安装方式	车体下悬挂式
冷却方式	强迫油循环风冷
空载电流	0.16%
空载损耗/W	2 600
负载损耗/W	224
总质量/kg	13 000

3）结构

JQFP2-9006/25（DL）型主变压器由器身、油箱、油保护装置、冷却系统、其他附属装置等组成。器身由铁心、绕组、绝缘件组成。通风机、冷却器安装在车体台架的上方。高压端子安装在油箱壁上，低压端子等其余端子都安装在油箱盖上，其外形如图 2-9 所示。下面重点介绍 JQFP2-9006/25（DL）型主变压器独特的构件。

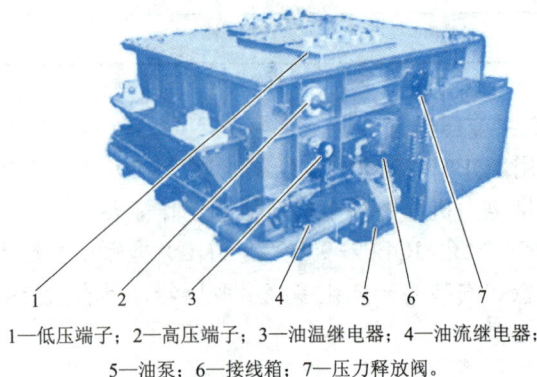

1—低压端子；2—高压端子；3—油温继电器；4—油流继电器；
5—油泵；6—接线箱；7—压力释放阀。

图 2-9　JQFP2-9006/25（DL）型主变压器外形

（1）铁心。

主变压器铁心采用对拉螺杆心式结构，其主要组成部分是对拉螺杆、上夹件、下夹件、硅钢片等。上下夹件由不锈钢板焊接而成，为提高刚度，腹板和肢板之间焊有增强筋。2 个上夹件之间和 2 个下夹件之间除了用穿心螺杆连接之外，在两端还各有构件衔接，这就提高了夹件的刚度，不易变形。铁心采用斜缝铁心结构，由 0.30 mm 厚的 30P105 有取向冷轧硅钢片叠装而成，心柱采用多级近似圆形的截面，直径 285 mm。铁轭也采用多级近似圆形的截面，涂漆。夹件与硅钢片之间有夹件油道，油道作用有两个，一是绝缘，二是用作冷却油流路径。

（2）绕组。

主变压器有 3 种绕组：高压绕组、牵引绕组、辅助绕组。为满足高阻抗的要求，变压器绕组采用八分裂形式、心式结构、层式线圈，导线用 Nomex 纸绕包。高压绕组分别布置在两个柱上，8 个绕组互相并联。牵引绕组采用多根导线并联，牵引绕组之间互不相连，互相弱耦合。

由铁心开始，内侧为牵引绕组和辅助绕组，外侧为高压绕组，线圈绕在 ϕ20 mm 的绝缘筒上，整个线圈的辐向宽度为 215 mm。整个绕组不浸漆。

主变压器的 6 个 1 450 V 牵引绕组分别用于 2 套主变流器（UM1，UM2）的供电，2 个 399 V 辅助绕组分别用于辅助变流器（APU1，APU2）的供电。主变压器（TM1）将 25 kV 的接触网电压变换为电力机车所需的各种电压，满足各种电器工作的需要，绕组接线如图 2-10 所示。

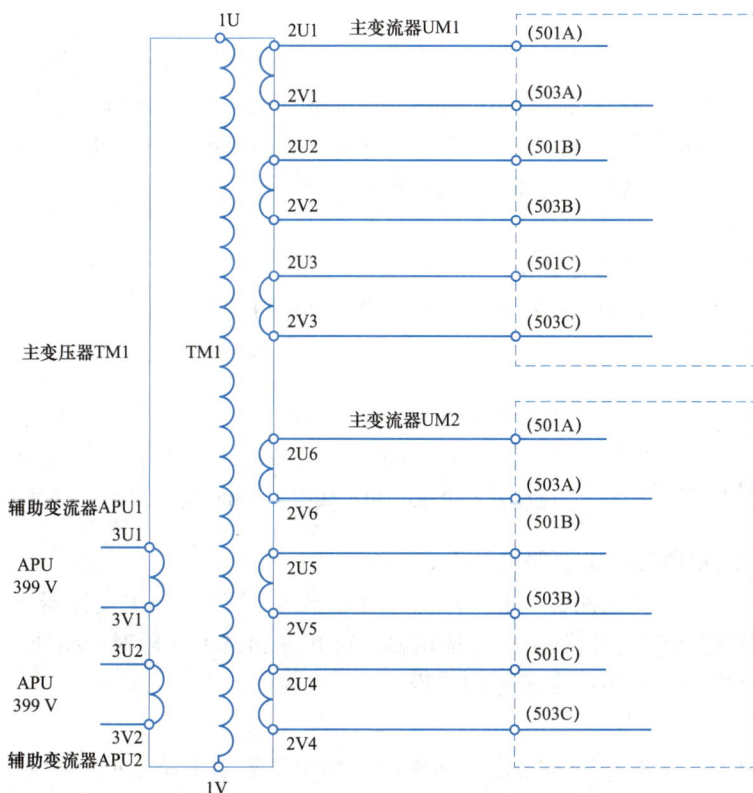

图 2-10　JQFP2-9006/25（DL）型主变压器绕组接线图

主变压器高压绕组的额定容量为 9 006 kV·A，额定电流为 360 A；牵引绕组总容量为 8 400 kV·A，额定电流为 966 A；辅助绕组总容量为 606 kV·A，额定电流为 759 A。

（3）引线。

引线设计结构紧凑，采用顶部电缆出线，占用空间少，电缆交叉处用绝缘纸板包扎，电流大的引线多根并联，可以随意弯曲，引线与端子之间采用冷压连接，操作方便，避免了焊接的麻烦。引线用绝缘螺杆和绝缘螺母固定，拧紧后涂绝缘胶。因此不需要弹簧垫圈、备帽。引线支架采用高强度的层压木，强度好，不易变形。

（4）油箱。

油箱采用钢板焊接，并采用磁屏障的方法把外泄漏限制在一定的范围内。通过 2 个吊挂座把变压器与车体底架连接起来。在油箱下部装有 ϕ15 mm 的活门，用于注油、滤油和放油。油箱壁的侧面安装有压力释放阀。

油箱的两侧分别是储油柜和氮气膨胀箱，两者之间有管路连接。主变压器采用真空注油，并注入一定压力的氮气，通过不同温度下氮气体积的变化来调节储油柜中油位的高低，以维持油箱中的油量，而且使变压器油不与空气接触，从而减缓变压器油的老化过程。

知识点 2.2.2　典型电力机车主变压器的应用

1. SS$_4$ 改型电力机车中主变压器的应用

1）电路图

SS$_4$ 改型电力机车的主变压器位于网侧电路中。网侧电路是指变压器原边与接触网之间的电路（含网侧低压部分）。网侧电路的主要设备有受电弓（1AP）、主断路器（4QF）、避雷器（5F）、高压电压互感器（6TV，25 kV/100 V）、高压电流互感器（7TA，200 A/5 A）、主变压器（8TM）等。网侧电路如图 2-11 所示。

2）电路说明

受电弓升起后，电流路径如下：

接触网—受电弓（1AP）—1 号车车顶母线，然后分 3 路：

① 受电弓（2AP）—另一节车车顶母线；

②
6TV—103 线—自动开
关（102QA）—104 线
┌ 网压表（103PV）—100 线
│ 电压互感器（100TV）—100 线
└ 电度表（105PJ，电压线圈）—100 线
┐ 接 地 电 刷（110E～
│ 140E）—轮对—钢轨—
└ 牵引变电所

③ 合上主断路器后，电流路径如下：

1 号车车顶母线—主断路器（4QF）—电流互感器（7TA）—主变压器（8TM）原边绕组—100 线（车体与转向架软线）—接地电刷（110E～140E）—轮对—钢轨—牵引变电所。

2. HXD$_3$ 型电力机车中主变压器的应用

1）电路图

HXD$_3$ 型电力机车的主变压器位于网侧电路与主变流器电路之间，网侧电路主要由受电弓、主断路器、高压电流互感器、高压电压互感器等组成，如图 2-12 所示。

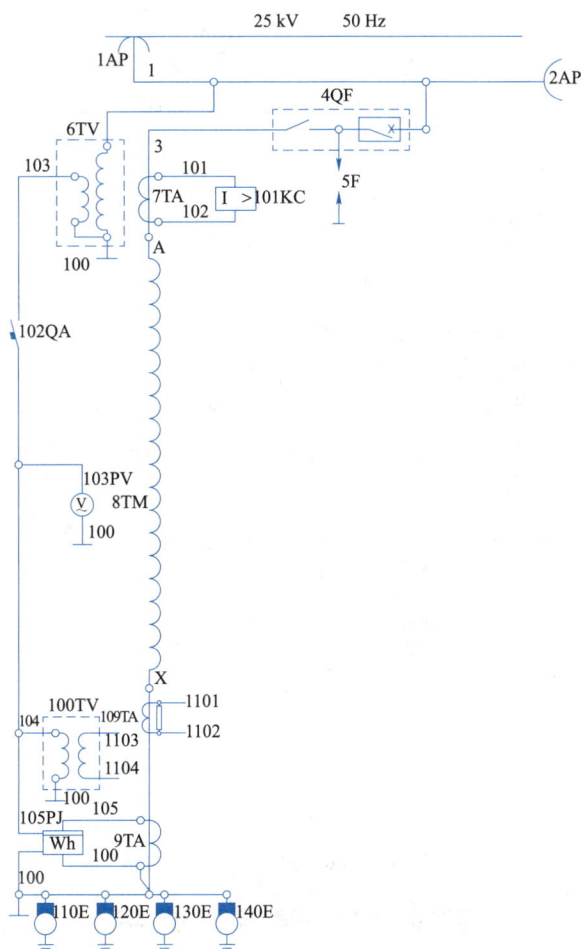

图 2-11　SS₄改型电力机车网侧电路

2）电路说明

受电弓升起后，电流路径如下：

（1）接触网—受电弓（AP1）—高压隔离开关（QS1）—3 号车顶母线—高压隔离开关（QS2）—受电弓（AP2）。

（2）3 号车顶母线—高压电压互感器（TV1）—自动开关（QA1）—92，下分 3 路：

① 网压表（PV1、PV2）—100 线；

② 电度表（PWH，电压线圈）—100 线；

③ 牵引变流器（UM1、UM2）—100 线（网侧电路中未显现）。

（3）合上主断路器后，电流路径如下：

3 号车顶母线—主断路器（QF1，QS10 高压接地开关）—高压电流互感器（TA1，次边接 KC1 原边过流继电器）—主变压器 TM1 原边绕组（1U1V）—高压电流互感器（TA2）—100 线（车体与转向架软线）接地装置 EB1～EB6—轮对—钢轨—牵引变电所。

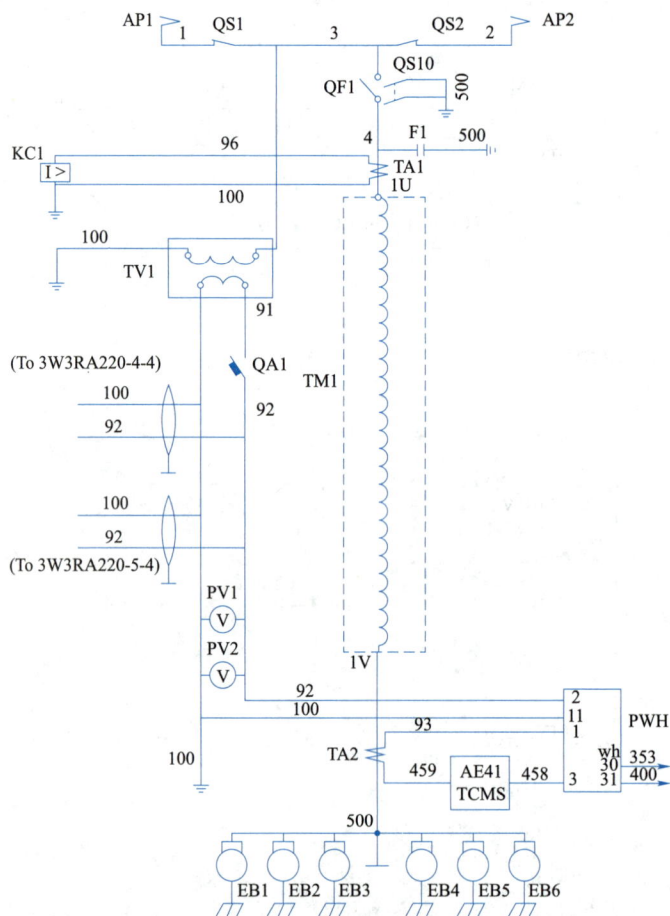

图 2-12 HXD₃型电力机车网侧电路

巩固练习

一、填空题

1. SS₄改型电力机车主变压器的型号是_____。

2. SS₄改型电力机车主变压器是一种一体化变压器，除含有主变压器外，还含有平波电抗器和4个独立磁路的滤波电抗器，它们装在同一个油箱里，共用一个_____系统。

3. TBQ8型主变压器有4个绕组，分别为高压绕组、牵引绕组、_____绕组和_____绕组。

4. TBQ8型主变压器冷却系统采用_____油循环方式。

5. TBQ8型主变压器油箱内充满国产_____变压器油。

6. TBQ8型主变压器高压绕组的电压为_____V。

7. JQFP2-9006/25（DL）型主变压器有_____个牵引绕组。

二、问答题

1. HXD₃型电力机车的主变压器有哪些副边绕组？

2. SS₄改型电力机车有哪些副边绕组？

任务 2.3　电力机车主变压器检修

任务描述

长期运行的主变压器，受到电磁力、热应力、电腐蚀、化学腐蚀、机车振动、潮湿等影响，可能会出现各种故障。为了保证变压器安全运行，有必要对变压器进行定期检修，对不符合规定和要求的零部件进行更换或修复，消除隐患和故障，保证变压器安全运行。

任务目标

1. 知识目标
① 掌握主变压器日常检修要求。
② 熟悉主变压器检修分类。

2. 能力目标
能够进行主变压器的日常检修与维护。

任务实施

机车主变压器的检修，有一套规范、科学的方法，应按照检修工艺定期检修，保证检修质量，确保行车安全。

变压器检修分日常检查、小修和大修。小修与大修按是否吊心进行区分。变压器大修是指吊心的检查和修理，小修是指不吊心的检查和修理。这里以 SS 系列电力机车主变压器为例来介绍主变压器的检修流程。

知识点 2.3.1　主变压器日常检修

1. 检修材料
抹布、清洁剂等。

2. 检修设备与工具
锤子、卷尺、手电筒、激光测温枪等。

3. 检修内容
① 检查和清除变压器外观缺陷，并进行局部清扫工作。
② 检查储油柜的油位和油色。
③ 检查箱沿、蝶阀、出线装置、油流继电器、信号温度计、50 活门、油样活门、波纹管等是否有渗漏油现象。
④ 检查各紧固件是否紧固。
⑤ 检查出线装置、油流继电器、信号温度计、接地装置等的接线是否良好。
⑥ 根据需要补充相同型号的变压器油。
⑦ 检查吸湿器的硅胶是否有超过 2/3 变为红色。
⑧ 检查压力释放阀是否有喷油痕迹，阀杆是否动作。

⑨ 检查油箱壁、电缆及接线处是否过热。

⑩ 检查主变压器出线装置是否有放电痕迹等。

知识点 2.3.2　主变压器小修

1. 检修材料

白布、清洁剂等。

2. 检修设备与工具

2 500 V 绝缘兆欧表、卷尺、电桥、各型扳手、手电筒等。

3. 检修内容

与日常检修内容相同。

4. 检查试验项目

① 测量主变压器各绕组、滤波电抗器绕组、平波电抗器绕组的绝缘电阻。

② 测量主变压器各绕组、滤波电抗器绕组、平波电抗器绕组的直流电阻。

③ 测量 25 kV 高压套管、出线装置的绝缘电阻。

知识点 2.3.3　主变压器大修

根据故障现象和试验数据，确定变压器内部存在大的故障，或根据机车检修周期对变压器进行大修。变压器大修时，对所有附件，包括保护装置、安全装置等都要进行检查、测试和修理，达到技术标准后才能组装；不合格的零部件，经检修仍不能满足技术标准要求的，须用合格品替换。

1. 检修材料

相同牌号的变压器油 300 kg、白布带、清洁剂、玻璃丝带、抹布、变压器用各种密封件和绝缘垫圈，以及需更换的变压器配件。

2. 检修设备与工具

设备　真空滤油设备、变压器干燥设备、试验变压器、电流表、功率表、摇表、压力表、电桥。

工具　专用吊具、焊机、钢丝钳、各型扳手、撬棍、储油桶、油盆、灭火器、存放架、线圈架、卷尺、主变压器器身边垫脚。

3. 大修项目

① 大修前的各项试验和变压器油化验工作。

② 检查变压器、平波电抗器和滤波电抗器的绕组、铁心和引线，并对故障进行处理。

③ 检查变压器、平波电抗器、滤波电抗器是否固定良好。

④ 检查油箱、储油柜是否变形，焊逢和油漆是否良好。

⑤ 检查蝶阀、出线装置、吸湿器、油流继电器、信号温度计、50 活门、油样活门、出线装置、接地装置等是否正常。

⑥ 清洗油箱、储油柜，处理渗漏及喷漆工作。

⑦ 滤油或换油。

⑧ 变压器器身干燥。

⑨ 变压器解体与总装配。

⑩ 试验。

4. 大修步骤

1）主变压器解体前的检查

① 对变压器做绝缘电阻、直流电阻测量。

② 对变压器油进行化验。

③ 对故障做检查记录。

2）主变压器拆卸解体

① 放油。用带有连接法兰的软管将 50 活门连接至储油桶，将储油桶置于低于 50 活门高度的位置，旋开 50 活门并完全泄放变压器油。

② 拆卸变压器出线装置及与其连接的母线上的螺栓。

③ 拆除信号温度计、油流继电器、压力释放阀的连线。

④ 拆除变压器油箱与车体连接的油管路、接地线、快速接头、A 端子连线。

⑤ 拆除变压器与车体之间的防护罩。

⑥ 拆除油箱安装座与车体之间的安装螺栓。

⑦ 将变压器从车下运出，吊到预定位置。

⑧ 拆卸储油柜和储油柜支撑柜之间的箱沿螺栓和接地连线。

⑨ 将储油柜吊到存放架上。

⑩ 拆卸变压器的出线装置、信号温度计、油流继电器、压力释放阀。

⑪ 拆卸变压器油箱与箱盖的螺栓，拆卸箱盖中间的拉杆螺母，卸去箱盖并将其吊到指定位置。

⑫ 用钢丝钳剪断变压器铁心夹件与油箱壁之间安装螺栓上的铁丝，拆卸各安装螺栓、铁心夹件与油箱之间的连板，以及铁心夹件与油箱之间的接地线。

⑬ 拆除滤波电抗器与油箱之间的安装螺栓及接地线。

⑭ 拆除平波电抗器与油箱之间的安装螺栓及接地线。

⑮ 将变压器器身、滤波电抗器、平波电抗器吊到预定的存放位置。

⑯ 将油箱底部出油口处的密封圈拿出。

⑰ 卸下油箱底部的放油塞，将油箱内的余油排除干净。

3）主变压器的检修内容

① 变压器大修时，须更换所有密封件。

② 检查绕组表面绝缘纸有无破损，颜色和韧性有无变化，用手按是否有弹性。

③ 检查引线绝缘包扎是否完好。

④ 检查线圈的压板和压钉是否松动，线圈座是否被压破，导线是否变形。

⑤ 检查接地是否牢靠，接地铜片有无断裂现象。

⑥ 检查线圈、引线等部位是否有放电痕迹和烧损情况。

⑦ 检查高低压侧引线的支持件和铜排的安装是否良好，紧固件是否松动，接线片是否开裂。

⑧ 检查绕组老化程度：绝缘胶带是否有韧性、弹性，是否已脆化，用手按是否出现裂纹；各种绝缘材料颜色是否变深，纸制绝缘材料是否由浅黄色变成深褐色；绝缘纸板和底部垫块是否有油泥和爬电痕迹。

⑨ 检查主变压器 25 kV 套管是否清洁，是否有裂损、缺边及放电痕迹等。

⑩ 其他各部件的检修，按照各部件的检修工艺进行。

⑪ 所有检修工作完成后，对变压器、滤波电抗器、平波电抗器器身进行干燥处理。在空气中停留时间超过下述规定时应进行烘干处理：干燥天气（即空气的相对湿度不超过65%）16 h；潮湿天气（即空气的相对湿度不超过 75%）12 h；当空气的相对湿度达到或超过 75%时，吊盖检查后均应烘干。

4）主变压器组装

① 关闭变压器上的各个蝶阀，安装并检查压力释放阀、油箱底部的放油塞。

② 将变压器器身吊入油箱，对准油箱底板上的定位钉将器身安放好。将滤波电抗器、平波电抗器吊入油箱，对准油箱底板上的定位钉将电抗器安放好。

③ 将变压器、滤波电抗器、平波电抗器与箱体连接紧固，并连接相应的接地线。

④ 新的密封圈安放在油箱的箱沿上，并拧紧螺栓，安装好出线装置及温度计。

⑤ 检查变压器各部件是否安装完好，是否有遗漏之处。

⑥ 从油箱下部 50 活门处缓慢注入变压器油至合适油位，油位可从储油柜处根据当时环境温度确定。

⑦ 变压器静放 24 h 后，需加压 0.05 MPa 进行压力泄漏试验 24 h，然后方可进行各种试验。

⑧ 试验合格后，将变压器运到车体下方并进行安装，然后安装变压器与冷却器的连接管路，变压器与车体之间的接地线，拧紧母线与变压器出线装置接线头之间的螺栓。

⑨ 将储油柜吊到储油柜支撑柜上，并将垫圈和螺母安放好，拧紧螺母，连接好储油柜与油箱之间的快速接头。

⑩ 打开各蝶阀（包括压力释放阀处的蝶阀），让变压器油充满冷却器和管路，拧松各放气塞，将管路内的空气排净；补充变压器油至油位表合适位置，油位可从储油柜处根据当时环境温度确定。

5）主变压器的检查试验项目

① 零部件检查。对照检查记录，看是否存在检修遗漏的地方。

② 铁心和铁轭夹件的绝缘电阻测量。

③ 测量主变压器、滤波电抗器、平波电抗器绝缘电阻，并做吸收比试验。

④ 变压器油化验。

⑤ 工频耐压试验（出厂试验值的 85%）。

⑥ 感应高压试验（出厂试验值的 85%）。

▶ 巩固练习

1. 在进行机车主变压器日常检修时，需要检查吸湿器的硅胶是否有超过_____变为红色。

2. 在进行机车主变压器小修时，要测量主变压器各绕组、滤波电抗器绕组、平波电抗器绕组的_____电阻和_____电阻。

3. 放油是指用带有连接法兰的软管将 50 活门连接至储油桶内，将储油桶置于低于 50 活门高度的位置，旋开 50 活门并完全泄放_____。

4. 在主变压器组装时，变压器静放 24 h 后，需加压_____MPa 进行压力泄漏试验 24 h，然后方可进行各种试验。

育人案例

最美铁路人——冯剑坚

　　冯剑坚是中国铁路上海局集团有限公司上海机务段动车技术指导。2018 年荣获"全国五一劳动奖章"，2019 年被评为"全国模范退役军人"，2020 年被评为"上海市抗击新冠疫情先进个人"，2022 年荣获"2021 年最美铁路人"称号。在最美铁路人身上，我们看到了以下闪光点。

　　勤学苦练　为了炼就过硬的技术本领，他经常待在检修库中，黏着师傅在机车设备上假设故障，他进行故障判断、处理、修理等一系列操作。在其中的一个车间，气温达到 50 ℃，冯剑坚带着设备直接冲进去，经过长时间的检查，他的工作服被完全浸湿。师傅让他歇一歇，可他却要把所有故障都排除才出来。功夫不负有心人，在段内的技术比赛中，冯剑坚取得了副司机组第一名。

　　精益求精　冯剑坚能熟练驾驶多种机车车型，在他担任司机以来，安全行驶 330 万 km。日积月累，冯剑坚已成长为一名指导司机。2019 年，站段把培训首批女动车组司机的重担交给冯剑坚，通过他的悉心指导，这批女动车组司机已全部通过副司机考试，正在安全出乘大江南北。

　　不断进取　为了提高动车组司机操作的安全性，冯剑坚根据多年动车驾驶经验，认真编写了《各线风险提示卡》，并被站段当作培训学员的重要资料。他编撰的《提高动车组司机列控非正常故障处理能力》课题报告获国铁集团优秀质量体系成果奖。

　　思考：

　　1. "奋斗是青春的代名词，百炼方能成钢"。要想成为合格的铁路人，除了日常学习，我们还应该锻炼哪些方面的能力？

　　2. "撸起袖子加油干"。我们年轻人要锚定既定奋斗目标，勤学苦练，练就过硬的技术本领，同时还要具备怎样的铁路精神？

项目3　三相交流异步电机认知与应用

项目描述

随着大功率晶闸管，特别是可关断晶闸管的迅速发展，可调压调频逆变器成功地解决了交流电机的调速问题，因此交流传动电力机车采用三相交流异步电机作为牵引电机，其优点是运行性能优异、节能效果显著、可靠性良好、等效干扰电流小。

本项目主要介绍 HXD₃ 型电力机车中作为牵引电机和辅助电机的三相交流异步电机，内容主要包括三相交流异步电机的结构和应用，并在 HXD₃ 型电力机车仿真驾驶操作系统中实现牵引电机的综合应用。

项目目标

1. 育人目标

① 围绕铁道机车运用与检修岗位的职业技能需求，通过学习三相交流异步电机在电力机车中的应用，让学生更加明确学习目标，激发学生的学习兴趣，培养学生对乘务员岗位的热爱。

② 通过一体化教学方式，让学生注重标准化作业，培养"遵章守纪、保证安全"的铁路职业道德和勇于担当、爱岗敬业、无私奉献的职业精神。

③ 学习中融入"新时代·铁路榜样"先进事迹，培养学生树立正确的职业道德和职业意识。

2. 知识目标

① 掌握异步电机的分类、铭牌、基本结构。

② 理解异步电机的工作原理。

③ 掌握三相定子绕组产生的合成磁势。

④ 掌握异步电机起动、反转、调速和制动的方法。

⑤ 掌握三相交流牵引电机的维修等级。

3. 能力目标

① 能够识别异步电机的主要部件。

② 具备一定的三相异步电机拆装能力。

③ 能看明白异步电机的铭牌。

④ 学会利用转差率区分三相异步电机的运行方式。

⑤ 能够绘制并分析三相异步电机的工作特性。

⑥ 熟记三相异步电机的转速公式并能够进行简单计算。

⑦ 能够在 HXD$_3$ 型电力机车仿真驾驶系统中实现三相异步牵引电机的应用并做分析。

⑧ 学会三相交流牵引电机的维护与检修工艺。

▶ 课时建议

14 课时。

任务 3.1   三相异步电机认知

扫码获取学习资源

▶ 任务描述

本任务中，首先学习异步电机的分类，然后认识异步电机的铭牌，最后学习三相异步电机的结构。

▶ 任务目标

1. 知识目标

① 熟悉异步电机的分类。

② 掌握三相异步电机的基本结构。

2. 能力目标

① 认识异步电机的主要部件。

② 能读懂异步电机的铭牌。

▶ 知识链接

知识点 3.1.1   异步电机的分类

异步电机也称感应电机，是工农业生产中应用最为广泛的一种电机。例如，中小型轧钢设备、矿山机械、机床、起重机、鼓风机、水泵，以及脱粒、磨粉等农副产品加工机械，大多采用异步电机。与其他电机相比，异步电机具有结构简单、坚固耐用、使用方便、运行可靠、效率高、易于制造和维修、价格低廉等许多优点。

1. 按定子相数分类

异步电机按定子相数可分为三相异步电机、单相异步电机和两相异步电机三类。除功率在 200 W 以下的异步电机多做成单相异步电机外，现代动力用电机大多数都为三相异步电机。两相异步电机主要用于微型控制。

2. 按转子形式分类

异步电机按照转子形式可分为笼型异步电机和绕线型异步电机两大类。笼型异步电机的转子结构为鼠笼式转子。鼠笼式转子又分为普通鼠笼式转子、深槽型鼠笼式转子和双鼠笼式转子 3 种。三相绕线型异步电机外形如图 3-1 所示，三相笼型异步电机外

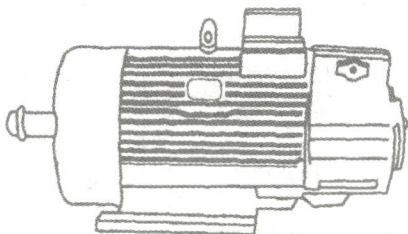

图 3-1   三相绕线型异步电机外形

形如图 3-2 所示。

3. 按机壳保护方式分类

异步电机按机壳保护方式可分为开启式、防护式、封闭式等，如图 4-2 所示。

① 开启式异步电机。机壳未全封闭，机身、前后端盖都留有散热孔，无散热风扇，自冷。该型电机的端盖有开口，从外部能看到内部的线包，转动时风扇的风能通过端盖的开口将线包产生的热量带走，适用于干燥、室外环境条件好的地方。

② 防护式异步电机。具有防止外界杂物落入电机内的防护装置，一般在转轴上装有风扇，冷却空气进入电机内部冷却定子绕组端部及定子铁心后将热量带出来。J2 系列电机就是笼型转子防护式异步电机；JR 系列电机是绕线型转子防护式异步电机。

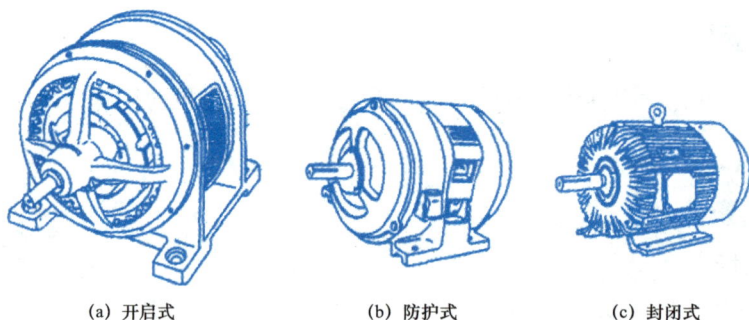

(a) 开启式　　　　　　　(b) 防护式　　　　　　　(c) 封闭式

图 3-2　三相笼型异步电机外形

③ 封闭式异步电机。其内部和外部的空气是隔开的，依靠装在机壳外面转轴上的风扇吹风进行冷却，借助机座上的散热片将电机内部发散出来的热量带走。这种电机主要用于尘埃较多的场所，例如机床上使用的电机。JOR 系列及 Y 系列电机就属于这种类型。

此外，还有一种防爆式异步电机。这类电机是全封闭式电机，其内部与外界的易燃、易爆性气体完全隔开，因而多用于汽油、酒精、天然气、煤气等气体较多的地方，如矿井或某些化工厂等处。

知识点 3.1.2　异步电机的铭牌

每台异步电机机壳上都装有铭牌，铭牌上刻印的是该电机的主要技术参数，包括额定功率、额定电流、额定电压、转速等。三相异步电机铭牌信息示例如表 3-1 所示。

表 3-1　三相异步电机铭牌信息示例

三相异步电机			
型号：Y-112M-4		编号：	
功率：4.0 kW		电流：8.8 A	
电压：380 kV	转速：1 440 r/min	LW82 dB	
接法：△	防护等级：IP44	频率：50 Hz	质量：45 kg
标准编号	工作制：S1	B 级绝缘	年　　　月
电机厂			

电机按铭牌上所规定的条件运行时，就称作在额定状态下运行。下面对三相异步电机铭牌上的主要信息进行介绍。

1. 额定值信息

① 定子额定电压 U_N。指电机在额定状态下运行时，定子绕组应加的线电压，单位为 V 或 kV。

② 定子额定电流 I_N。指电机在额定电压下运行，输出额定功率时，流入定子绕组的电流，单位为 A。

③ 额定功率 P_N。指电机在额定状态下运行时轴端输出的机械功率，单位为 W 或 kW。对于三相异步电动机，额定功率为：

$$P_N = \sqrt{3}U_N I_N \eta_N \cos\varphi_N \tag{3-1}$$

式中：η_N——额定运行状态下异步电机的效率；

$\cos\varphi_N$——额定运行状态下异步电机的功率因数。

④ 额定转速 n_N。指电机在额定状态下运行时转子的转速，单位为 r/min。

⑤ 额定频率 f_N。我国工频为 50 Hz。

⑥ 额定功率因数 $\cos\varphi_N$。电机在额定负载下运行时，定子边的功率因数。

⑦ 额定输出转矩 T_{2N}。电机的额定输出转矩由额定功率 P_N、额定转速 n_N 计算，公式为：

$$T_{2N} = 9\,550\frac{P_N}{n_N} \tag{3-2}$$

式中，额定功率 P_N 的单位是 kW，额定转速 n_N 的单位是 r/min，转矩的单位是 N·m。

2. 其他铭牌信息

除上述信息外，铭牌上有时还标明定子相数、绕组接法，以及额定运行状态下电机的功率因数、效率、温升或绝缘等级、定额等。下面对绕组接法、温升和定额做简要说明。

1）绕组接法

三相异步电机的定子绕组可接成星形（Y）或三角形（△），视额定电压和电源电压的配合情况而定。为了满足改接的需要，通常把三相绕组的 6 个端头都引到接线板上，如图 3-3 所示。

2）温升

温升指电机按规定方式运行时，绕组容许的温度升高，即绕组的温度比周围空气温度高出的度数。容许温升的高低取决于电机所使用的绝缘材料。

3）定额

我国电机的定额分为 3 类，即连续定额（又称连续工作制，用 S1 表示）、短时定额（又称短时工作制，用 S2 表示）和断续定额（又称断续工作制，用 S3 表示）。连续定额是指电机按铭牌

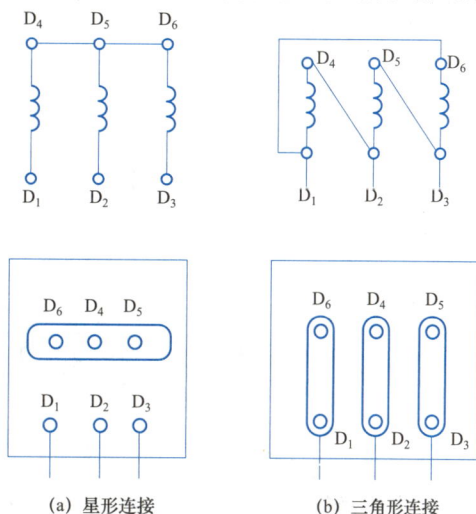

图3-3 三相异步电机的接线板

(a) 星形连接　(b) 三角形连接

规定的条件长期连续运行，短时定额和断续定额均属于间歇运行方式，即运行一段时间后就停止运行一段时间。可见，在短时定额和断续定额方式下，电机的发热也是间断的，所以，容量相同时，这类电机可以做得小一些；或者当连续定额的电机以短时定额或断续定额方式运行时，所带的负载可以超过铭牌上规定的数值。

提示：短时定额和断续定额的电机不能按其容量连续运行，否则会使电机过热而损坏。

知识点 3.1.3　三相异步电机的基本结构

三相异步电机由固定的定子和旋转的转子两个基本部分组成。转子装在定子内腔里，借助轴承被支撑在两个端盖上。为了保证转子能在定子内自由转动，定子和转子之间必须有一定间隙，称为气隙。电机的气隙是一个非常重要的参数，其大小及对称性等对电机的性能有很大影响。此外，三相异步电机还有端盖、轴承、轴承端盖、风扇等部件。图 3-4 为三相笼型异步电机的组成部件。

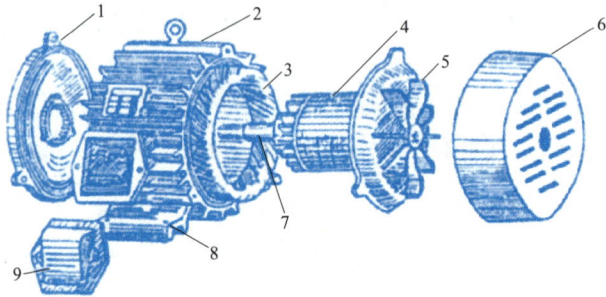

1—端盖；2—定子；3—定子绕组；4—转子；5—风扇；
6—风扇罩；7—轴承；8—机座；9—接线盒。

图 3-4　三相笼型异步电机的组成部件

1. 定子

定子是电机中的静止部分，它的主要作用是利用接入的交流电产生一个旋转磁场。定子由定子三相绕组、定子铁心和机座组成。

1）定子三相绕组

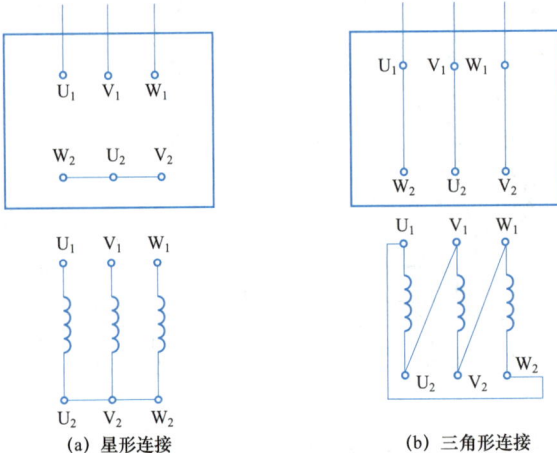

(a) 星形连接　　(b) 三角形连接

图 3-5　三相笼型异步电机出线端

定子三相绕组是三相异步电机电路的一部分，在异步电机的运行中起着很重要的作用，因为它是把电能转换为机械能的关键部件。定子三相绕组的结构是对称的，一般有 6 个出线端 U_1、U_2、V_1、V_2、W_1、W_2，置于机座外侧的接线盒内，根据需要接成星形（Y）或三角形（△），如图 3-5 所示。

2）定子铁心

定子铁心是三相异步电机磁路的一部分。由于主磁场以同步转速相对定子旋转，为减小在铁心中引起的损耗，铁心采用 0.5 mm 厚的高导磁电工钢片叠装而成，电工钢片两面涂有绝缘漆以减小铁心的涡流损耗。中小型异步电机的定子铁心一般采用整圆的冲片叠成，大型异步电机的定子铁心一般采用扇形冲片拼成。在每个冲片的内圆上均匀地开槽，使叠装后的定子铁心在内圆柱面上均匀地形成许多形状相同的槽，用以嵌放定子绕组。槽的形状视电机的容量、电压及绕组的形式而定。绕组的嵌放过程在电机制造厂中称为下线。完成下线并进行浸漆处理后的铁心与绕组成为一个整体，一同固定在机座内。

3）机座

机座又称机壳，它的主要作用是支撑定子铁心，同时也承受整个电机负载运行时产生的反作用力，而且电机运行时所产生的热量也是通过机座向外散发的。中小型电机的机座一般采用铸铁制成，大型电机因机身较大而导致浇铸机壳不便，常用钢板焊接成型。

2. 转子

转子是电机中的转动部分，置身于定子产生的旋转磁场中。转子由转子铁心、转子绕组及转轴组成。

1）转子铁心

转子铁心是三相异步电机磁路的另一部分，也是用 0.5 mm 厚的高导磁电工钢片叠装而成的。与定子铁心冲片不同的是，转子铁心冲片是在冲片的外圆上开槽，叠装后的转子铁心外圆柱面上均匀地形成许多形状相同的槽，用以放置转子绕组。

2）转子绕组

转子绕组是三相异步电机电路的另一部分，其作用为切割定子磁场，产生感应电动势及感应电流，并在磁场作用下受力而使转子转动。转子按结构可分为鼠笼式转子和绕线式转子两种类型。这两种转子各自的主要特点是：鼠笼式转子结构简单，制造方便，经济耐用；绕线式转子结构复杂，价格昂贵，但转子回路可引入外加电阻来改善电机的起动和调速性能。

鼠笼式转子绕组由置于转子铁心槽中的导条和铁心槽两端的端环构成。为节约用铜和提高生产率，小功率异步电机的导条和端环一般都是熔化的铝液一次性浇铸出来的；对于大功率异步电机，由于铸铝质量不易保证，常用铜条插入转子铁心槽中，再在两端焊上端环制成。（2 000 W 以下为小功率电机，2 000～95 000 W 为中功率电机，95 000 W 以上为大功率电机。）鼠笼式转子绕组自行闭合，不必由外界电源供电，其外形像一个鼠笼，故称鼠笼式转子，如图 3-6 所示。

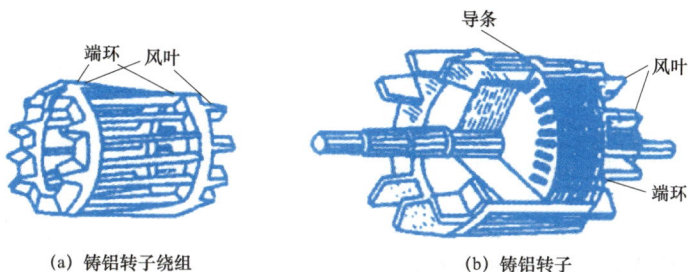

(a) 铸铝转子绕组　　(b) 铸铝转子

图 3-6　鼠笼式转子

鼠笼式转子绕组的各相均由单根导条组成，其感应电动势不大，加上导条和铁心叠片之间的接触电阻较大，所以无须专门把导条和铁心用绝缘材料分开。

绕线式转子绕组是用绝缘导线制成的，嵌放在转子铁心槽内，三相绕组一般为星形接法，三根引出线分别接到固定在转轴上并互相绝缘的三个集电环上，再通过安装在端盖上的电刷装置与集电环接触把电流引出来。这种转子的特点是可以通过集电环和电刷在转子回路中接入附加电阻，用以改善电机的起动性能，或调节电机的转速。有的绕线式转子异步电机还装有一种提刷短路装置，当电机起动完毕而又不需要调节转速时，移动手柄使电刷被举起，从而与集电环脱离接触，同时使三只集电环彼此短接起来，这样可以减少电刷与集电环之间的摩擦和摩擦损耗，提高运行可靠性。与鼠笼式转子比较，绕线式转子的缺点是结构复杂，价格较高，运行可靠性也较差。因此，绕线式转子异步电机只用在要求起动电流小、起动转矩大，或需要调节转速的场合，例如用来拖动频繁起动的起重设备。

3）转轴

转轴是整个转子的安装基础，又是力和机械功率的传输部件，整个转子靠轴和轴承被支撑在定子铁心内腔中。转轴一般由中碳钢或合金钢（优质合金钢）制成。

3. 气隙

异步电机的气隙是很小的，中小型电机一般为 0.2～2 mm。气隙越大，磁阻越大，要产生同样大小的磁场强度，就需要较大的励磁电流。由于气隙的存在，异步电机的磁路磁阻远比变压器大，因而异步电机的励磁电流也比变压器大得多。变压器的励磁电流约为额定电流的 3%，异步电机的励磁电流约为额定电流的 30%。励磁电流是无功电流，因而励磁电流越大，功率因数越低。为提高异步电机的功率因数，必须减小它的励磁电流，而减小励磁电流最有效的方法是尽可能缩短气隙长度，但是气隙过小会使装配困难，还有可能使定子、转子在运行时发生摩擦或碰撞，因此气隙的最小值由制造工艺及运行的安全可靠性等因素来决定。

4. 其他部件

① 端盖：安装在机座的两端，它的材料、加工方法与机座相同，一般为铸铁件。端盖上的轴承室里安装轴承来支撑转子，以使定子和转子得到较好的同心度，保证转子在定子内膛里正常运转。端盖除了起支撑作用外，还起着保护定子、转子绕组的作用。

② 轴承：其作用是连接电动机的转动部分与不动部分，目前都采用滚动轴承以减少摩擦。

③ 轴承端盖：其作用是保护轴承，使轴承内的润滑油不溢出。

④ 风扇：其作用是冷却电机。

三相异步电机的拆装顺序见任务 3.7。

> ▶ 巩固练习

一、填空题

1. 异步电机也称_____电机。

2. 按照转子形式，异步电机可分为_____型和绕线型两大类。

3. 三相异步电机的定子绕组可接成星形或_____形。

4. 为保证转子能在定子内自由转动，定子和转子之间必须有间隙，称为_____。

5. 异步电机的转子由转子铁心、_____及转轴组成。

6. 转子绕组是异步电机电路的另一部分，其作用为_____。

7. 异步电机的气隙是很小的，中小型电机一般为_____~_____mm。

二、问答题

1. 异步电机有哪些优点？

2. 异步电机铭牌上有哪些信息？

任务 3.2　三相异步电机运行分析与起动控制

扫码获取学习资源

▶ 任务描述

本任务中，首先学习三相异步电机的工作原理，也就是它的三种运行状态，通过状态分析使学生对"异步"有直观的认识，然后学习三相异步电机的 4 种起动方法。

▶ 任务目标

1. 知识目标

① 理解三相异步电机的工作原理。

② 掌握三相异步电机的起动方法。

2. 能力目标

① 会利用转差率区分三相异步电机的运行方式。

② 能够初步分析和谐型电力机车牵引电机的起动问题。

▶ 知识链接

知识点 3.2.1　三相异步电机的运行分析

三相异步电机工作原理示意图如图 3-7（a）所示，定子上的三相绕组接到三相交流电源上，转子绕组自成闭合回路。三相异步电机的运行方式有以下 3 种。

1. 作为电动机运行

三相异步电机作为电动机运行是其最普遍的工作状态。三相交流电流入三相定子绕组产生旋转磁势，并在气隙中产生相应的旋转磁场，旋转磁场（B_m）以同步转速 n_1 旋转。为了便于说明问题，在图 3-7 中用一对旋转的磁极来表示该旋转磁场。

当旋转磁场切割转子导体时，在转子导体中产生感应电动势，从而使转子导体中产生电流，电流方向可用右手定则判断。该电流与旋转磁场相互作用而产生电磁转矩（T），使转子以转速 n 旋转，从而把电能转换成机械能。由左手定则可知：转子方向与磁场旋转方向相同，如图 3-7（b）所示。

当三相异步电机作为电动机运行时，为了克服负载的阻力转矩，转子的转速 n 总是略低于旋转磁场同步转速 n_1，以便气隙中的旋转磁场能够切割转子导体而在其中产生感应电动势及感应电流，从而能够产生足够的电磁转矩来带动转子旋转。如果转子转速 n 与旋转磁场的同步转速 n_1 相等，转向又相同，则气隙中的旋转磁场与转子导体没有相对运动，转子导体中就不会产生感应电动势及感应电流，也不会产生电磁转矩。可见，三相异步电机产生电磁转矩的必要条件是，旋转磁场同步转速 n_1 和转子转速 n 不相等，即 $n_1 \neq n$。

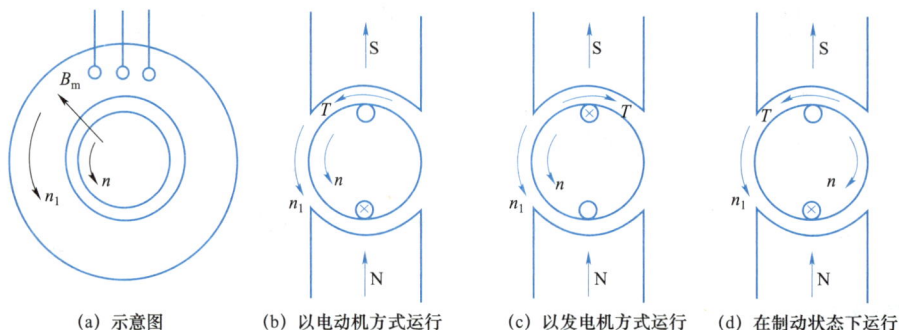

（a）示意图　　（b）以电动机方式运行　　（c）以发电机方式运行　　（d）在制动状态下运行

图 3-7　三相异步电机的工作原理

旋转磁场同步转速 n_1 和转子转速 n 的差值称为转差，转差与 n_1 的比值称为转差率，转差率用 s 来表示，其计算公式为：

$$s = \frac{n_1 - n}{n_1} \tag{3-3}$$

转差率是三相异步电机的一个基本参数，它可以表示三相异步电机的各种不同运行状态。

① 在三相异步电机刚起动时，转子转速 $n=0$，则 $s=1$，转子切割旋转磁场的相对速度最大，转子中的感应电动势及感应电流也最大。如果产生的电磁转矩足以克服机械负载的阻力转矩，转子就开始旋转，转速会不断上升。

② 随着转子转速 n 的增大，转差率 s 减小，转子切割旋转磁场的相对速度减小，转子中的感应电动势及感应电流也减小。在额定状态下，转差率 s 的数值通常都是很小的，中小型异步电机的转差率为 0.01～0.07，转子转速与磁场同步转速相差并不很大。而空载时，因阻力矩很小，转子转速 n 很高，转差率则更小，为 0.004～0.007，可以认为转子转速近似等于磁场同步转速。

③ 假设 $n=n_1$，则转差率 $s=0$，此时转子导体不切割旋转磁场，转子中就没有感应电动势及感应电流，也不产生电磁转矩。

可见，三相异步电机作为电动机运行时，转子转速 n 在 0～n_1 的范围内变化，而转差率则在 1～0 的范围内变化。此时，三相异步电机的转速可用转差率来计算：

$$n = (1-s)n_1 \tag{3-4}$$

2. 作为发电机运行

若三相异步电机的转轴上不是机械负载，而是用原动机拖动转子以大于磁场同步转速的速度与旋转磁场同方向旋转，则转子导体相对于旋转磁场的运动方向与图 3-7（b）相反，转子导体中的感应电动势及感应电流也反向，如图 3-7（c）所示。由左手定则可知，转子导体所产生的电磁转矩也与转子转向相反，起着阻碍转子转动的作用。为了克服电磁转矩的阻碍作用，使转子能持续旋转下去，并保持 $n>n_1$，原动机就必须不断输入机械能，而电机则把输入的机械能转换为电能供给电网，此时电机就成为发电机，转差率 s 为负值。

3. 在制动状态下运行

若在外力作用下，使转子逆着旋转磁场方向转动，如图 3-7（d）所示。比较图 3-7（b）

和图 3-7（d）可以发现：在制动状态下，作用在转子上的电磁转矩的方向与旋转磁场方向一致，但却与转子的转向相反，起到了阻碍转子旋转的作用，故称之为三相异步电动机的制动运行。在这种情况下，它一方面消耗原动机的机械能，另一方面也从电网吸收电能，这两部分能量均变为三相异步电机内部的损耗。在制动状态下运行时，转子逆着旋转磁场方向旋转，$n<0$，所以转差率 $s>1$。

在 3 种运行状态下，转子转速总是与旋转磁场转速（同步转速）不同，因而称这种电机为异步电机。又由于异步电机的转子绕组并不直接与电源相接，而是依靠电磁感应的原理来产生感应电动势及感应电流，从而产生电磁转矩，使电机旋转，因而异步电机又称为感应电机。

实际上，异步电机绝大多数都是作为电动机运行的。异步发电机的性能不如同步电动机优越，因此仅用在特殊场合。制动运行往往是吊车等设备的一种特殊运行状态。

知识点 3.2.2　三相异步电机起动控制

三相异步电机的起动是指电机从接入电网开始转动，到电机正常运转为止的这一过程。衡量三相异步电机起动性能好坏的标准，主要有以下 4 点：

① 起动电流尽可能小；

② 起动转矩要足够大；

③ 起动所需设备简单、经济、操作方便；

④ 起动过程中的功率损耗要尽量小。

三相异步电机在起动时存在两种矛盾：起动电流大，但供电线路承受冲击电流的能力有限；起动转矩小，但负载又要求有足够的转矩才能起动。因此，在不同的情况下，三相异步电机应采取不同的起动方法。具体来讲，三相异步电机的起动主要有以下 4 种方法。

1. 小容量电动机空载或轻载起动——直接起动

小容量电动机空载或带轻载时，可以直接起动。直接起动就是将电动机的定子绕组直接接到具有额定电压的电网上。这种起动方法的优点是起动操作和起动设备都简单。直接起动时，电流较大，如果负载的惯量较大，起动时间可能较长。为了保证电动机起动时不引起太大的电网压降，电动机应满足下列经验公式的要求：

$$\frac{I_{st}}{I_N} \leqslant \frac{3}{4} + \frac{供电变压器的容量}{4 \times 电动机额定容量} \tag{3-5}$$

式中：I_{st} 为起动电流，I_N 为额定电流。

电动机能否直接起动，不仅取决于电动机本身的容量大小，而且还与供电电网容量、供电线路长短、起动次数及用户的要求有关。

供电电网容量越大，允许直接起动的电动机容量也越大；电动机与供电变压器之间的供电线路越长，起动时线路电压降也越大，电动机的端电压就越低，有可能使电动机转不起来，这种情况下应降低允许直接起动的电动机容量。对于频繁起动的电动机，如果为其供电的变压器还需要向其他用户供电，则分以下两种情况考虑：如果其他都是动力用户，即都是电动机，则对允许直接起动的电动机容量的要求可放松一些；如果还有照明用户或其他对电源电压波动敏感的用户，则对允许直接起动的电动机容量的要求就严格一些，至于具体的规定，可查阅有关书籍或电工手册，通常以下 2 种情况可以直接起动电动机：

① 容量在 7.5 kW 以下的三相异步电机。

② 电动机在起动瞬间造成的电网电压降不大于电压正常值的 10%，对于不经常起动的电动机可放宽到 15%。

2. 中大容量电动机空载或轻载起动——降压起动

当电动机容量超过一定值时，就不能直接起动。如果仍是空载或轻载起动，则起动时的主要问题就是起动电流大而电网允许的冲击电流有限，因此必须降低起动电流。

要降低起动电流，最有效的措施是降压起动。降压起动是指电动机在起动时降低加在定子绕组上的电压，起动结束后再提压至额定电压运行。降压起动可以有效地降低电动机的起动电流，但由于异步电机的起动转矩与电压的平方成正比，所以降压起动时电动机的起动转矩也相应降低，故降压起动只适用于中大容量电动机空载或轻载起动。

常用的降压起动方法有星-三角降压起动、自耦变压器降压起动、定子绕组串电阻或电抗降压起动、延边三角形降压起动。下面仅介绍前两种降压起动方法。

1）星-三角降压起动

星-三角降压起动是指电动机在额定电压下正常运行时采用三角形接法，在起动时采用星形接法，从而使三相定子绕组所承受的每相相电压降低为额定电压（电源线电压）。其原理线路图如图 3-8 所示。

起动时，先将转换开关 SA_1 置于"起动"位，这时定子三相绕组做星形连接，然后将开关 SA_2 置于"星形"位，电动机开始起动，待电动机转速升高到一定值后，再把 SA_2 置于"三角形"位，此时定子三相绕组做三角形连接，电动机就在额定电压下正常运行。两种接线方法起动电流的比值是 1:3。

由此可见，用星-三角降压起动，起动电流为采用三角形接法直接起动时的 1/3，对降低起动电流很有效，但由于起动转矩与电压的二次方成正比，因此起动转矩也相应降低为采用三角形接法直接起动时的 1/3，即起动转矩也降低很多，故此种方法只能用于空载或轻载起动。

此种方法的最大优点是所需设备简单、价格低，因而

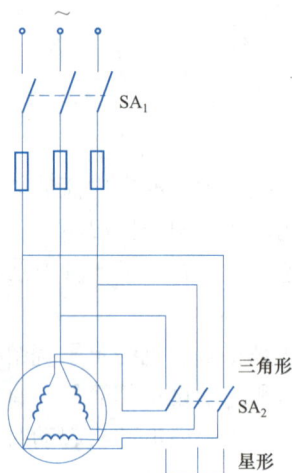

图 3-8　星-三角降压起动原理线路图

得到了广泛的应用。由于此种方法只能用于正常运行时三相定子绕组为三角形接法的电动机，因此我国生产的 JO2 系列及 Y 系列三相笼型异步电机，功率在 4 kW 及以上者正常运行时都采用三角形接法。

2）自耦变压器降压起动

自耦变压器降压起动也称起动补偿器起动，这种起动方法是利用自耦变压器来降低起动时加在定子绕组上的电压，其原理线路图如图 3-9 所示。可以看出，该原理线路图主要由三相自耦变压器和控制开关等组成。

起动时，先将开关 S_1 闭合，然后再将开关 S_2 置于"起动"位，这时经过自耦变压器降压后的交流电

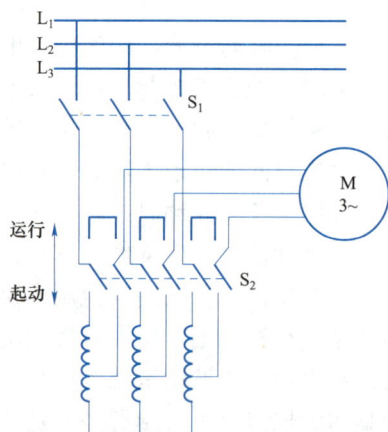

图 3-9　自耦变压器降压起动原理线路图

加到电动机的定子绕组上，电动机开始降压起动，待电动机转速升高到一定值后，再把开关 S_2 置于"运行"位，电动机就在额定电压下正常运行，此时自耦变压器已从电网上切除。

设自耦变压器的变比为 K，原边电压为 U_1，原边电流为 I_1，则副边电压为 $U_2=U_1/K$，副边电流 I_2（即通过电动机定子绕组的线电流）也减小为额定电压下直接起动时起动电流的 $1/K$。又因为变压器原边、副边的电流关系是 $I_1=I_2/K$，所以原边的电流比直接流过电动机定子绕组的电流还要小，此时电源供给电动机的起动电流为直接起动电流的 $1/K^2$。因此自耦变压器降压起动对限制起动电流很有效。但采用此种方法降低起动电流，起动转矩也会相应地降低到直接起动时的 $1/K^2$。

这种起动方法的优点是可以按容许的起动电流和所需的起动转矩选择自耦变压器的变比 K，从而实现降压起动，而且无论电动机定子绕组采用的是星形连接还是三角形连接，都可使用；缺点是投资较大、设备体积大。

3. 小容量电动机重载起动——笼型电机的特殊形式

当小容量电动机重载起动时，遇到的主要问题是起动转矩不足。针对这种情况，解决的办法有两个：一是按起动要求，选择容量更大的电动机；二是选用起动转矩较大的特殊形式电动机，这些特殊形式电动机的机械特性与普通笼型电动机的机械特性比较如图 3-10 所示。

起动转矩较大的特殊形式电动机主要有以下 3 种：一是 JQ 型电动机，适用于一般重载起动，如皮带运输机等，其特殊的机械特性是由于转子参数（双鼠笼式异步电机和深槽型异步电机）能够自动随转速变化，二是 JH 型电动机，它的转子电阻设计得偏大，因此它的机械特性较软，适用于冲压机这一类带冲击负载的机械。JH 型电动机常常带着机械惯性较大的飞轮，在冲击负载来到时转速降低，由飞轮释放出来的动能可以帮助电动机克服高

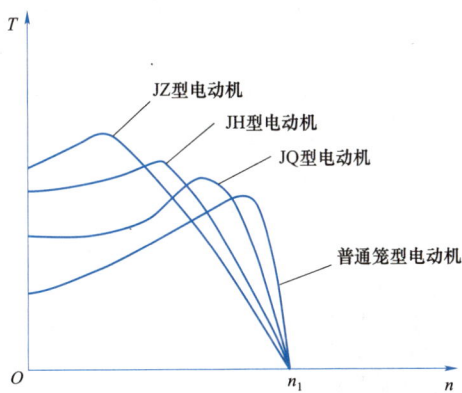

图 3-10　电动机的机械特性比较

峰负载。三是 JZ 型电动机，它的转子电阻设计得更大，起动转矩也相应更大，机械特性更软，适用于频繁起动的起重机和冶金机械。

4. 中大容量电动机重载起动——绕线型电动机起动

中大容量电动机重载起动时，起动电动机的两种矛盾同时起作用，问题最尖锐。可以先用上述的特殊形式电动机试一试，如果不行，就只能用绕线型电动机了。绕线型电动机常用转子串接电阻或转子串接频敏变阻器的方法来改善起动性能。当绕线型电动机的转子串接电阻时，如果阻值选择合适，既可以增大起动转矩，又可以减小起动电流，使两种矛盾都得到解决，当然投入的设备要多一些，成本较高。

另外，对于频繁起动、制动的电动机来说，即使容量不大，但起动、制动的时间占整个电动机工作时间的比例较大，大电流持续时间长，发热严重。如果选用笼型电动机，哪怕只是空载，起动、制动过于频繁也会导致电动机过热，这种情况下也应采用绕线型电动机，利用转子外接电阻来控制电动机的起动、制动。起动时，大部分热量产生在绕线型电动机外面，电动机本身的发热比较小。

知识点 3.2.3　和谐型电力机车牵引电机的起动

　　为获得良好的牵引性能，机车理想的牵引特性应是起动牵引转矩大、运行调速范围广。交—直—交型交流传动机车通常是低频起动，按牵引特性的要求进行控制。起动的时候，采用很低的频率；随着机车运行速度的提高，逐步提高频率。当然，也可以采用降低加在牵引电机上电压的方法进行降压起动。

▶ **巩固练习**

一、填空题

　　1. 三相异步电机作为电动机运行时，转子转动方向与磁场旋转方向_____（相同/相反）。

　　2. 三相异步电机作为电动机运行时，把电能转换成_____能。

　　3. 异步电机产生电磁转矩的必要条件是，磁场同步转速 n_1 和转子转速 n_____（相等/不相等）。

　　4. 把磁场同步转速 n_1 和转子转速 n 的差值称为_____。

　　5. 三相异步电机以发电机方式运行时，转差率 s 为_____（正/负）值。

　　6. 降压起动只适用于电动机空载或_____载起动。

二、简述、问答题

　　1. 简述异步电机中"异步"的由来。

　　2. 简述感应电机中"感应"的由来。

　　3. 异步电机有哪几种起动方式？

扫码获取学习资源

任务 3.3　三相异步电机反转控制

▶ **任务描述**

　　作为机车乘务员，需要根据行车要求，控制机车前进和后退，也就是改变牵引电机的转向。由于三相异步电机的旋转方向取决于定子的旋转磁场方向，所以在本任务中，首先介绍交流绕组的基本知识，然后分析三相定子绕组产生的合成磁势，最后找出改变三相异步电机定子旋转磁场方向的方法，实现三相异步电机的反转。

▶ **任务目标**

1. 知识目标

① 熟悉交流绕组的基本知识。

② 掌握三相定子绕组产生的合成磁势。

2. 能力目标

① 学会计算同步转速。

② 学会改变定子旋转磁场的旋转方向。

③ 学会让三相异步电机反转控制。

知识点 3.3.1　认识交流绕组

三相异步电机的交流绕组是由许多嵌放在定子铁心槽中的线圈按照一定的规律分布、排列并连接而成的。本任务中，主要学习三相异步电机交流绕组的基本术语、构成、排列与连接方法，然后学习三相定子绕组的电动势和磁势。

交流绕组即交流电机的绕组，先把同相导体绕成线圈，再按照一定的规律将线圈串联或并联而成。交流绕组通常都绕成开放式，每相绕组的始端和终端都引出来，以便于接成星形或三角形。

1. 绕组的基本术语

1）线圈、线圈组、绕组

线圈也称绕组元件，是构成绕组的最基本单元。线圈是用绝缘导线按一定形状绕制而成的，可由一匝或多匝组成；多个线圈连成一组就称为线圈组；由多个线圈或线圈组按照一定规律连接在一起就形成了绕组，图 3-11 为常用线圈示意图。线圈嵌放在铁心槽内的直线部分称为有效边，是进行电磁能量转换的部分；线圈伸出铁心槽外的部分称为端部，仅起连接作用，不能直接转换能量。

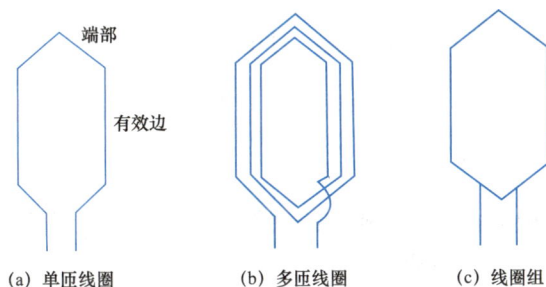

端部

有效边

(a) 单匝线圈　　　　(b) 多匝线圈　　　　(c) 线圈组

图 3-11　常用线圈示意图

2）极距 τ

极距是指交流绕组一个磁极在定子圆周上所占的距离，一般用定子槽数来表示。即：

$$\tau = \frac{z_1}{2p} \tag{3-6}$$

式中：z_1——定子铁心总槽数；

$2p$——磁极数；

τ——极距。

3）线圈节距 y_1

一个线圈的两个有效边所跨定子圆周的距离称为节距，一般也用定子槽数来表示。例如，某线圈的一个有效边嵌放在第 1 槽而另一个有效边嵌放在第 6 槽，则其节距 y_1=6-1=5（槽）。从绕组产生最大磁势或电动势的要求出发，节距 y_1 应接近于极距 τ，即：

$$y_1 \approx \tau = \frac{z_1}{2p} \tag{3-7}$$

当 $y_1=\tau$ 时，称为整距绕组；当 $y_1<\tau$ 时，称为短距绕组；当 $y_1>\tau$ 时，称为长距绕组。

在实际应用中，常采用短距绕组和整距绕组。长距绕组一般不采用，因为其端部较长，用铜较多。

4）机械角度和电角度

机械角度就是空间几何角度，恒等于 360°。电角度是用电动势完成一个完整的周期变化来定义的。从电磁方面来看，导体每经过一对磁极，电动势就完成一个交变周期。对于 4 极电机，$p=2$，这时导体每旋转一周要经过两对磁极，对应的电角度为 $2×360°=720°$，若电机有 p 对磁极，则：

$$电角度 = p×机械角度 \tag{3-8}$$

5）每极每相槽数 q

每极每相槽数 q 是指每相绕组在每个磁极下占的槽数，可由下式计算：

$$q = \frac{z_1}{2pm} \tag{3-9}$$

式中：m——相数。

q 个槽所占的区域称为一个相带。通常情况下，三相异步电机每个磁极下可按相数分为 3 个相带，因一个磁极对应的电角度为 180°，故每个相带占有的电角度为 60°，称为 60° 相带。

6）槽距角 α

槽距角指相邻的两个槽之间的电角度，可由下式计算：

$$\alpha = \frac{360°×p}{z_1} \tag{3-10}$$

7）极相组

极相组是指一个磁极下属于同一相的线圈按一定方式串联成的线圈组。

2. 三相异步电机对交流绕组的基本要求

① 在一定的导体数下，绕组的合成电动势和磁势在波形上应尽可能为正弦波，在数值上应尽可能大，而绕组的损耗要小，用铜要省。

② 对于三相绕组，各相的电动势和磁势要对称，而各相的电阻和电抗要相同。为此，必须保证各绕组的材料、形状、尺寸及匝数都相同，且各相绕组在空间中的分布应彼此相差 120° 电角度。

③ 绕组的绝缘和机械强度要可靠，散热条件要好。

④ 绕组的制造、安装、检修要方便。

对交流绕组的要求，从原理上来看，可以归纳为对绕组感应电动势和产生的磁动势的要求。对三相交流电机来说，要求三相绕组能感应出波形接近正弦波、有一定数值的三相对称电动势；要求当三相绕组中流过三相对称电流时，能产生接近圆形的旋转磁动势。

三相交流绕组在槽内嵌放完毕后共有 6 个出线端引到电机机座上的接线盒内。高压大中容量的三相异步电机三相绕组一般采用星形接法；小容量的三相异步电机三相绕组一般采用三角形接法。

3. 三相交流绕组的分布、排列与连接要求

三相异步电机交流绕组的作用是产生旋转磁场，因而要求交流绕组是对称的三相绕组，

其分布、排列与连接应按下列要求进行：

① 各相绕组在每个磁极下应均匀分布，以达到磁场的对称。为此，先将定子槽数按磁极数均分，每一等份代表 180° 电角度（称为分极）；再把每极下的槽数分为 3 个区段（相带），每个相带占 60° 电角度（称为分相）。

② 各相绕组的电源引出线应彼此相隔 120° 电角度。

③ 同一相绕组的各个有效边在同性磁极下的电流方向应相同，而在异性磁极下的电流方向应相反。

④ 同相线圈之间的连接应顺着电流方向进行。

4. 交流绕组的分类

按槽内层数来分，交流绕组可分为单层绕组、双层绕组和单双层混合绕组；按每磁极每相所占的槽数来分，交流绕组可分为整数槽绕组和分数槽绕组；按绕组的结构形状来分，交流绕组可分为链式绕组、交叉式绕组、同心式绕组、叠绕组和波绕组等。

知识点 3.3.2 三相异步电机的反转控制原理

1. 三相定子绕组的电动势

根据电磁感应定律，三相异步电机定子绕组的相电动势 E_1 为：

$$E_1 = 4.44 f_1 N_1 K_\omega \Phi_\text{m} \tag{3-11}$$

式中：f_1 为三相定子绕组中电流的频率；N_1 为每相定子绕组总的串联匝数；Φ_m 为三相异步电机的每极磁通；K_ω 为绕组因数，其值为节距因数 K_y 与分布因数 K_q 之积。

① 节距因数 K_y。它的数值与线圈节距有关，表示短距线圈和长距线圈电动势的减小程度，短距线圈和长距线圈的 $K_y<1$，整距线圈的 $K_y=1$。

② 分布因数 K_q。它的数值与线圈放置方式有关，表示各种线圈电动势的减小程度，分布线圈的 $K_q<1$，集中线圈的 $K_q=1$。

2. 三相定子绕组的磁势

在三相定子绕组中通入三相正弦波的电流，则三相定子绕组中的每一个单相绕组所产生的磁势为脉动磁势。所谓脉动磁势，就是磁势的轴线（即磁势幅值所在的位置）在空间中固定不动，但磁势的振幅不断随时间而变化。

1）单相绕组的磁势

单相绕组脉动磁势 $f_\Phi(x, t)$ 的数学表达式为：

$$f_\Phi(x,t) = F_\Phi \cos x \cos \omega t \tag{3-12}$$

式中：F_Φ 为磁势的幅值；x 为空间坐标；t 为时间坐标；ω 为绕组中正弦交流电的角频率。

从式（3-12）可见，在任一瞬间，磁势的空间分布为一余弦波，但在空间任何一点的磁势，则又随时间做余弦变化。因此说，该磁势既是空间函数又是时间函数。

可以证明，单相绕组脉动磁势的幅值 $F_\Phi=0.9IN_1K_\omega/p$，说明单相绕组脉动磁势的幅值与绕组中的电流 I 成正比，与相绕组总的串联匝数 N_1 成正比，与绕组因数 K_ω 成正比，与电机的极对数 p 成反比。

2）三相绕组的磁势

三相绕组由 3 个单相绕组组成，这三个单相绕组分别产生脉动磁势。在三相异步电机中，3 个单相绕组是对称的，即 U、V、W 三相绕组在空间互相间隔 120° 电角度。当电机对称运行时，通入三相绕组中的三相电流亦是对称的，即其幅值相等，在时间相位上互差 120° 电角度，即：

$$i_U = \sqrt{2}I\cos\omega t \tag{3-13}$$

$$i_V = \sqrt{2}I\cos(\omega t - 120°) \tag{3-14}$$

$$i_W = \sqrt{2}I\cos(\omega t - 240°) \tag{3-15}$$

因此，U、V、W 三相绕组的磁势分别为：

$$f_{\Phi U} = F_\Phi \cos x \cos\omega t \tag{3-16}$$

$$f_{\Phi V} = F_\Phi \cos(x-120°)\cos(\omega t - 120°) \tag{3-17}$$

$$f_{\Phi W} = F_\Phi \cos(x-240°)\cos(\omega t - 240°) \tag{3-18}$$

将这三相绕组的脉动磁势分别进行分解，可得：

$$f_{\Phi U} = \frac{1}{2}F_\Phi\cos(\omega t - x) + \frac{1}{2}F_\Phi\cos(\omega t + x) \tag{3-19}$$

$$f_{\Phi V} = \frac{1}{2}F_\Phi\cos(\omega t - x) + \frac{1}{2}F_\Phi\cos(\omega t + x - 240°) \tag{3-20}$$

$$f_{\Phi W} = \frac{1}{2}F_\Phi\cos(\omega t - x) + \frac{1}{2}F_\Phi\cos(\omega t + x - 120°) \tag{3-21}$$

把上述 3 个公式相加，由于前三相余弦曲线互相叠加后三相之和为零，故三相合成磁势为：

$$f(x,t) = 1.5F_\Phi\cos(x - \omega t) \tag{3-22}$$

上式表明，当三相对称电流流过三相对称绕组时，三相绕组的合成磁势为一个圆形旋转磁势。圆形旋转磁势的幅值为单相绕组脉动磁势幅值 F_Φ 的 1.5 倍，其旋转速度为同步转速，若用 n_1 来表示，则其计算公式为：

$$n_1 = \frac{60f_1}{p} \tag{3-23}$$

式中：f_1——三相定子绕组中电流的频率；

p——三相异步电机的磁极对数。

一个三相对称绕组流过三相对称电流时，所产生的合成磁势一定是一个圆形旋转磁势。这个概念可以进一步用图 3-12 来解释。图 4-12 中，U_1U_2、V_1V_2、W_1W_2 是定子上的三相绕组，它们在空间中互相间隔 120° 电角度。三相电流的变化曲线如图 4-13 所示。

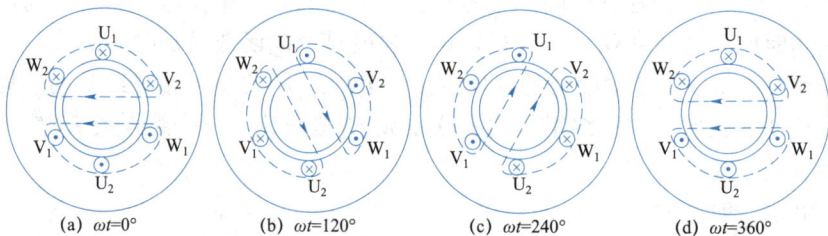

图 3-12　旋转磁势

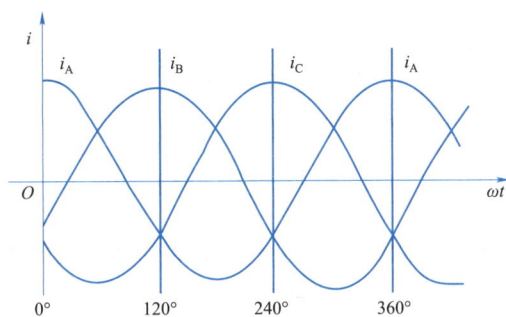

图 3-13　三相电流的变化曲线

在图 3-12 中，假设 A、B、C 三相电流分别流入 U、V、W 三相绕组，正值表示电流从绕组的首端流入（用 ⊗ 来表示流入）而从尾端流出（用 ⊙ 来表示流出），负值表示电流从绕组的尾端流入而从首端流出。

在图 3-13 中，当 ωt=0°时，A 相电流 i_A 具有正的最大值，相应地在图 3-12（a）中，A 相电流是从 U 相绕组的首端点 U_1 流入，而从尾端点 U_2 流出，此时，B 相及 C 相电流均为负值，所以电流 i_B 和 i_C 分别从 V 相绕组及 W 相绕组的尾端点 V_2 和 W_2 流入，而从首端点 V_1 和 W_1 流出。从图 3-12（a）中电流的分布情况可以清楚地看到：合成磁势的轴线正好与 U 相绕组的中心线重合。

在图 3-13 中，当 ωt=120°时，B 相电流达到正的最大值，A 相及 C 相电流则为负值，因此相应地在图 3-12（b）中，B 相电流是从 V 相绕组的首端点 V_1 流入，而从尾端点 V_2 流出，A 相及 C 相电流分别从它们的尾端点 U_2 及 W_2 流入，而从首端点 U_1 及 W_1 流出，此时合成磁势的轴线便与 V 相绕组的中心线重合。

用同样的方法可以解释图 3-12（c），当 ωt=240°时，C 相电流有最大值，合成磁势的轴线便与 W 相绕组的中心线相重合。分析图 3-12（a）、（b）、（c）3 个图形中磁势的位置，可以明显地看出：合成磁势是一个旋转磁势，旋转磁势的轴线总是与电流达到最大值的那一相绕组的中心线相重合。

如果三相绕组流过的是正序电流，则 A 相电流首先达到最大值，而后依次是 B 相及 C 相电流达到最大值，则合成磁势的轴线首先与 U 相绕组的中心线重合，而后再依次与 V 相绕组和 W 相绕组的中心线重合，所以合成磁势的旋转方向是从 U 相到 V 相，再从 V 相到 W 相。也就是说，旋转磁势的转向总是从超前电流的相转向滞后电流的相。

如果三相绕组流过的是负序电流，则 A 相电流首先达到最大值，而后依次是 C 相及 B 相电流达到最大值，所以合成磁势的轴线首先与 U 相绕组的中心线重合，而后再依次与 W 相绕组和 V 相绕组中心线重合。合成磁势的旋转方向是从 U 相到 W 相，再从 W 相到 V 相。

可见，要改变旋转磁势的转向，就需要改变输入电流的相序。也就是说，只要把三相绕组中的任何两个出线端的位置对换就可以了。

3）三相绕组合成磁势的性质

三相绕组合成磁势具有以下性质：

① 三相绕组合成磁势在任何瞬间都保持着恒定的幅值,这个幅值是单相绕组脉动磁势

幅值的 1.5 倍。

② 三相绕组合成磁势的转速仅决定于电流的频率和电机的磁极对数。

③ 当某相电流达到最大值时，合成磁势波的轴线就与该相绕组的中心线重合。

④ 合成磁势的旋转方向决定于电流的相序。

知识点 3.3.3 和谐型电力机车牵引电机反转控制

由三相绕组合成磁势的性质知，三相异步电机的旋转方向取决于定子旋转磁场的旋转方向，并且两者的方向相同。只要改变旋转磁场的方向，就能使三相异步电机反转。因此，将三相异步电机接线端中的任意两相接线端对调，改变三相顺序，就改变了旋转磁场的方向，从而使三相异步电机反转。

和谐型电力机车要想实现反向运行，就需要改变牵引电机的旋转方向，而改变三相电源顺序（例如将 U-V-W 改为 U-W-V）就相当于改变了旋转磁场的方向，从而使三相异步电机反转。

在 HXD_3 型电力机车中，逆变器由 U、V、W 三相逆变单元构成，通过微机控制系统改变半导体开关的触发顺序，进而改变三相电源相序，实现旋转磁场反向旋转，从而使三相异步电机反转，最终实现机车反向运行。

巩固练习

1. 一台三相 8 极异步电机，其定子槽数为 48，其极距为_____。

2. 一台三相异步电机，其铭牌上标明额定电压为 220/380 V，其接法应是（   ）。

A. Y/△   B. △/Y   C. Y/Y

3. 异步电机中把电能转换为机械能的关键部件是（   ）。

A. 定子三相绕组   B. 转子绕组   C. 转轴

4. 三相交流绕组各相的电源引出线应彼此相隔（   ）电角度。

A. 60°   B. 120°   C. 90°

5. 三相合成磁势在任何瞬间的幅值，是单相脉动磁势幅值的（   ）倍。

A. 1   B. 1.5   C. 2

6. 如果三相绕组流过的是正序电流，（   ）相电流先达到最大值，而后是（   ）相和（   ）相电流达到最大值。

A. A、B、C   B. A、C、B   C. B、C、A

7. 要想改变三相交流异步电机的转向，只要将原相序 A—B—C 改接为（   ）即可。

A. B—C—A   B. A—C—B   C. C—A—B

8. 三相异步电机的反接制动是指改变（   ）。

A. 电源电压   B. 电源电流   C. 电源相序

任务 3.4　三相异步电机调速控制

扫码获取学习资源

任务描述

电力机车运行的特点是频繁起动和根据线路纵断面的变化大范围地调节行驶速度。本任务在分析三相异步电机转速公式的基础上，探讨如何对正在运行的三相异步电机进行调速控制，并结合 HXD$_3$ 型电力机车牵引电机的调速进行针对性的学习。

任务目标

1. 知识目标

① 熟记三相异步电机转速公式。

② 掌握三相异步电机调速方法。

2. 能力目标

① 会计算三相异步电机转速。

② 学会对 HXD$_3$ 型电力机车牵引电机调速。

知识链接

知识点 3.4.1　三相异步电机调速原理

三相异步电机调速是指用人为的方法来改变三相异步电机的转速。

三相异步电机的转速公式为：

$$n = n_1(1-s) = \frac{60 f_1}{p}(1-s) \tag{3-24}$$

从上式可见，三相异步电机可通过改变定子绕组的磁极对数 p、电源频率 f_1 和转差率 s 进行调速。

1. 变极调速

1）调速原理

变极调速就是通过改变电动机定子绕组的磁极对数 p 来调速。从式（3-24）可见，如果电源频率 f_1 和电动机转差率固定不变，只要改变电动机绕组的磁极对数 p，则磁场同步转速 n_1 和转子转速 n 也会随着改变。而且，电动机的磁场同步转速 n_1 与磁极对数 p 成反比变化，例如当 f_1=50 Hz 时，把磁极对数从 1 变到 2，则同步转速将从 3 000 r/min 变为 1 500 r/min。

2）调速方法

变极调速的三相异步电机一般采用鼠笼式转子，因为鼠笼式转子的磁极对数能自动地随着定子磁极对数的改变而改变，使定子、转子磁场的磁极对数总是相等，产生平均电磁转矩。若为绕线式转子，则定子极对数改变时，转子绕组必须相应地改变接法以得到与定子相同的磁极对数,很不方便。

变极调速常用的方法是:在定子上只装一套绕组,通过改变绕组接法来获得两种或多种磁极对数,称为单绕组变极。变极调速原理如图 3-14 所示,图中 U 相绕组由 $U_1U'_1$ 和 $U_2U'_2$ 两个线圈组成,如果两个线圈串联,向绕组通入电流后将产生 4 个磁极,即 $2p=4$;如果两个线圈并联(即将 U'_1 和 U'_2 连接,U_1 和 U_2 连接),向绕组通入电流后将产生 2 个磁极,即 $2p=2$。可见,磁极对数发生了改变。

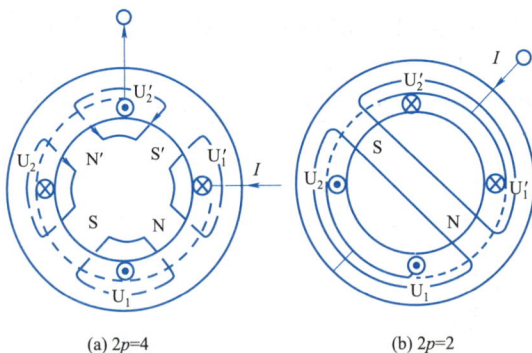

(a) $2p=4$ (b) $2p=2$

图 3-14 变极调速原理

图 3-15 是 YY/△ 连接的双速电动机接线图。当电源从 4、5、6 端引入时(1、2、3 端相连),定子各相绕组的两组线圈并联,定子绕组为 YY 接法(YY 接法是指定子绕组为两路并联,两组线圈并联引出线为 6 根)。由图中虚线箭头表示的电流方向可见,一半线圈中的电流改变了方向,此时磁极数为 $2p=2$。当电源从 1、2、3 端引入时(4、5、6 端悬空),定子绕组为三角形接法。由图中实线箭头表示的电流方向可知,此时各相绕组的两个线圈串联,磁极数为 $2p=4$;这种变极方法称为△/YY 接法,目前被广泛采用。

可以改变磁极对数的三相异步电机称为多速三相异步电机,其中有双速、三速、四速等多种,我国目前已大量生产,老产品有 JD02 系列,新产品有 YD 系列。

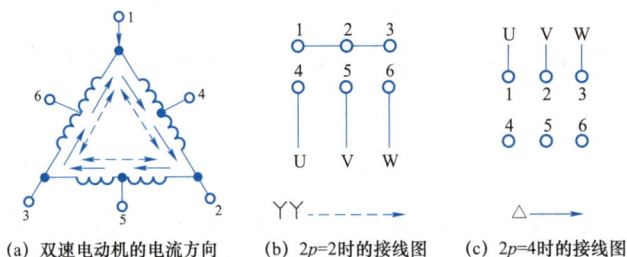

(a) 双速电动机的电流方向   (b) $2p=2$ 时的接线图   (c) $2p=4$ 时的接线图

图 3-15 YY/△ 连接的双速电动机接线图

变极调速的优点是:设备简单,运行可靠;缺点是:不是平滑调速,而是一级一级地分段式调速。

2. 变转差率调速

变转差率调速,就是改变电机的转差率来调速。当恒转矩负载调速时,改变转差率有下列几种方法:

① 在转子回路中串入电阻、电感或电容,以改变转子电阻 r'_2 或转子电抗 $x'_{2\delta}$。

② 改变定子绕组的端电压 U_1。

③ 在定子回路中串入外加电阻或电抗，以改变 r_1 或 x_1。

变转差率调速常用的方法是在转子回路中串入电阻，其特性曲线如图 3-16 所示。这种方法只适用于绕线式转子异步电机，在转子回路中串入附加电阻后就可以改变异步电机的特性曲线形状。假设在不同的转速时负载转矩 T_2 恒定不变，当转子回路中未串接附加电阻时，电动机稳定在 a 点运行，这时电动机的电磁转矩刚好与负载转矩 T_2 相平衡。随着转子电阻的增大，电动机的稳定运行点逐渐向左移动（a-b-c-d），也就是说，随着串入电阻后转子电阻的增大，即电阻 $R_2' < R_2'' < R_2''' < R_2''''$，转差率 s 变大，电动机的转速降低。

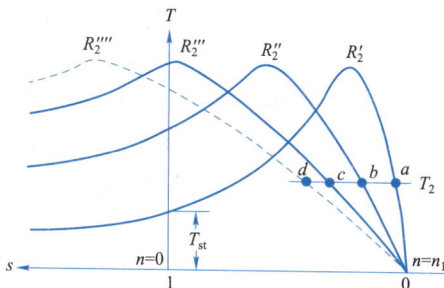

图 3-16 转子回路中串接电阻
调速的特性曲线

这一方法的物理过程如下：在转子电阻增加的最初瞬间，由于惯性的缘故，转子转速还来不及改变，转子回路的感应电动势仍维持原来的数值，但转子电流却随着转子回路电阻的增大而减小，电磁转矩也将下降，于是电动机开始减速。但随着电动机转速的下降，转差率变大，转子回路的电动势及电流将随着转差率的增大而重新回升，从而使电动机的电磁转矩又重新增大，直到与负载转矩 T_2 重新平衡为止。

这种方法的缺点是：转子回路中串接附加电阻后，将使转子铜耗增加，降低电动机效率。但由于此方法比较简单，故在中小容量的电动机中用得比较多，例如交流供电的桥式起重机大多采用此方法调速。

由前面的分析可知，对于异步电动机而言，变极调速级数少，且不能平滑调速；转子回路串接附加电阻改变转差率 s 调速则损耗较大。因此，虽然异步电动机与直流电动机相比具有结构简单、成本低廉、坚固耐用等优点，但由于调速较困难而限制了它的使用，一般只能以近恒速运行。在要求连续、精确、灵活调速的场合，直流电动机一直占有主要地位。

3. 变频调速

随着晶闸管可以提供一个频率可调的交流电源给异步电动机，使异步电动机转速能够平滑调节的变频调速技术获得迅速发展。变频调速就是通过改变供电电源的频率 f_1 来调速。当改变供电电源频率 f_1 时，旋转磁场的同步转速与供电电源频率 f_1 成正比，于是转子转速也相应改变，达到调节转速的目的。异步电动机定子绕组电压平衡方程式为：

$$U_1 \approx E_1 = 4.44 f_1 N_1 \Phi_m K_\omega \qquad (3-25)$$

从式（3-25）可以看出，当通过降低供电电源频率 f_1 进行调速时，如果电源电压 U_1 不变，则磁通 Φ_m 将增加，使铁心磁通饱和，导致励磁电流和铁损耗增加，电动机温升将增加，这是不允许的；当通过增大供电电源频率 f_1 进行调速时，如果电源电压 U_1 不变，则磁通 Φ_m 将减小，在转子电流 I_2 不变的情况下，电磁转矩 T 必然下降，电机输出功率将下降。变频调速时，总希望保持磁通 Φ_m 不变。因此，在调节供电电源频率 f_1 时，必须同时调节电源电压 U_1，并保持 U_1/f_1 不变。

变频调速根据电动机输出性能的不同可分为以下 3 种：

① 保持电动机过载能力不变的变频调速。

② 保持电动机输出转矩不变的恒转矩变频调速。

③ 保持电动机输出功率不变的恒功率变频调速。

从调速范围、平滑性及调速过程中电动机的性能等方面来看，变频调速最优，可以与直流电动机相媲美。但要使供电电源频率 f_1 和端电压 U_1 同时可调，需要一套专门的变频装置，致使投入的设备增多，成本增大。

4. 3 种变频调速的比较

异步电动机的调速性能没有直流电动机的调速性能好。这是因为异步电动机的运行特点就是在接近同步转速工作，即转差率 s 较小时，机械性能较硬，效率和功率因数都较高。如果电动机转速远低于同步转速（即转差率 s 较大时），则其各方面的性能都要变差。因此，改变转差率 s 不是理想的调速方法，而变极调速和变频调速又不像直流电动机改变电枢电压那么方便。

对于异步电机来说，调频与调压是相联系的，输出电压应随着输出频率的改变而改变。随着电力电子技术的发展，随着大功率半导体器件的开发应用，交—直—交型电力机车已很好地解决了变频问题，使得交流机车的调速具有平滑无级的特性。目前异步交流传动机车采用由电压型四象限脉冲变流器和三相逆变器组成的牵引变流器进行调速，从根本上解决了功率因数问题。

知识点 3.4.2 和谐型电力机车牵引电机调速控制

1. HXD$_3$ 型电力机车牵引电机调速

1）交—直—交型变频调速系统分类

铁路机车牵引所用的变频调速系统有以下 3 种类型：直—交、交—交、交—直—交。

① 直—交系统。由直流接触网供电，用直流斩波器调节电压并使电压恒定，由逆变器完成直流电的变换，供给三相异步电机，或不用直流斩波器而用逆变器一次完成调压任务。

② 交—交系统。单相或三相交流电不经整流环节直接变为频率可调的三相交流电，供给同步牵引电机或异步牵引电机。

③ 交—直—交系统。单相或三相交流电经整流变为直流电，再由逆变器变为频率可调的三相交流电，供给三相异步电机。

2）交—直—交变频调速基本电路

目前，国产交流传动电力机车主要采用交—直—交系统。交—直—交变频调速基本电路如图 3-17 所示。频率固定的电网单相（或三相）交流电经过变频器转变为频率可变的三相交流电，再向交流电动机供电。变频器主要由整流器、直流环节和逆变器 3 部分组成。

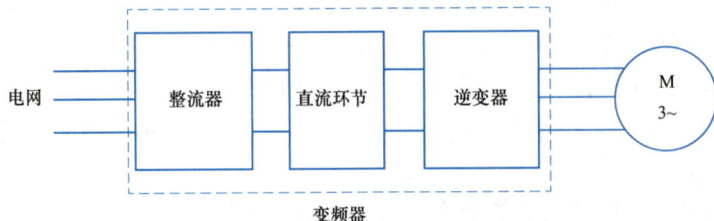

图 3-17 交—直—交变频调速基本电路

（1）整流器。

整流器的主要作用是将电网三相（或单相）交流电整流成直流电。整流器分不可控整流器和可控整流器两种。不可控整流器中的电子器件为二极管，而可控整流器中的电子器件大多采用双极型或复合型电子器件，如可控硅、GTR、GTO、IGBT、IPM 等，整流器电路如图 3-18 所示。

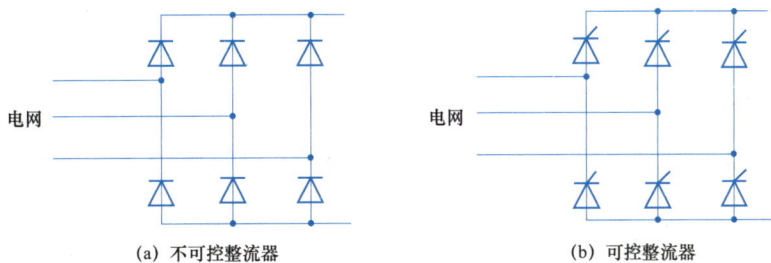

(a) 不可控整流器　　　　　　　　　　　(b) 可控整流器

图 3-18　整流器电路

（2）直流环节。

直流环节分电压型和电流型两种，如图 3-19 所示。其中，C_d 主要起稳压作用，L_d 主要起稳流作用。

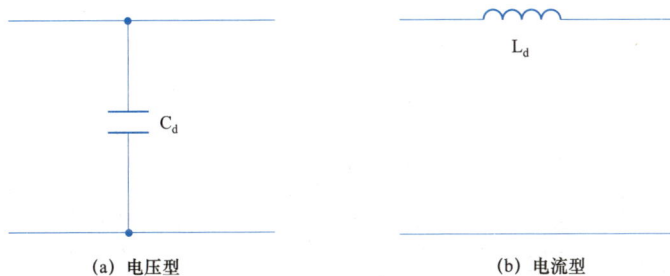

(a) 电压型　　　　　　　　　　　(b) 电流型

图 3-19　直流环节

（3）逆变器。

逆变器的作用主要是将直流电逆变为频率可调的三相交流电，并向三相异步牵引电机供电。逆变器分为电压型逆变器和电流型逆变器。

变频调速是通过改变电动机定子电源的频率来改变其同步转速的调速方法。变频调速系统的主要设备是提供变频电源的变频器，变频器是一种将交流电整流成直流电后再逆变为频率、电压可调节的交流电源的专用装置。变频器可通过多种控制方式向交流电动机提供频率、电压可调节的交流电源，以满足机械负载的要求，从而实现相当宽频率范围内的无级调速。

3）HXD₃ 型电力机车牵引电机的变频调速电路

HXD$_3$ 型电力机车的牵引电机 M1～M3 由牵引变流器 UM1 的 3 个 PWM 逆变器分别单独供电，实现牵引电机的独立控制，如图 3-20 所示。牵引变流器 UM1 中的 3 个独立的逆变电路，分别为 3 台牵引电机独立供电（轴控）。逆变器采用矢量控制技术，可迅速将异步电动机的输出转矩控制在目标值，从而实现变频调速。

PWM 的定义　通过改变逆变电路开关器件交替导通的时间，从而改变逆变器输出波形的频率；通过改变每半个周期内逆变电路开关通断的时间比，即可改变脉冲宽度，进而改变逆变器输出电压幅值的大小。

交—直—交变频调速系统经过多年的发展，出现了许多形式，如电压、频率协调控制的变频调速系统，转差频率控制的变频调速系统，谐振型变频调速系统，矢量控制的变频调速系统和直接转矩控制的变频调速系统等。

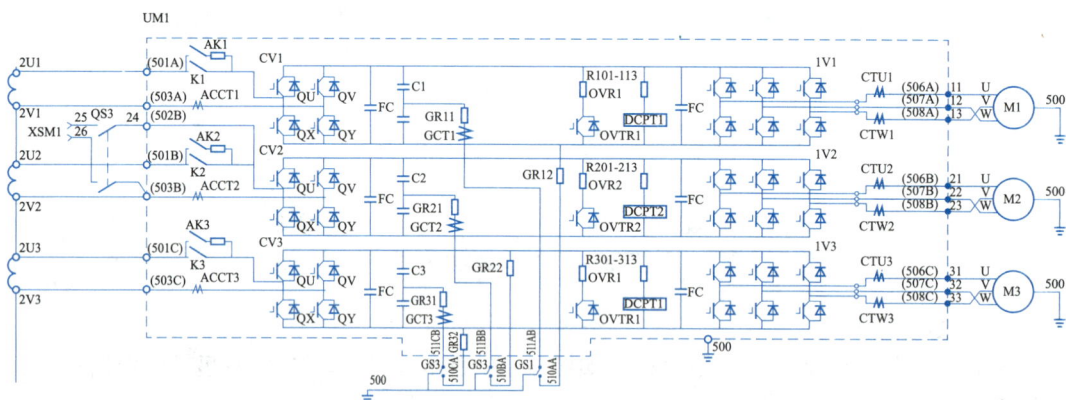

图 3-20　HXD₃ 型电力机车的牵引变流器 UM1 电路

2. 和谐型电力机车牵引电机的调速控制策略

和谐型电力机车牵引电机的调速实质上是交流异步电动机的调速。对交流异步电动机的调速控制与直流电动机不同，直流电动机可以通过对励磁即磁场和电枢电流分别进行独立控制而调速，交流异步电动机只能通过控制定子电流来调速，而定子电流的变化，不仅影响输出转矩，而且使气隙磁链发生变化，即交流传动机车的转矩控制和磁通控制之间存在很强的耦合关系，所以交流异步电动机控制系统是一个强耦合、多变量、非线性的复杂系统。目前，交流传动机车的调速控制大致有三种：转差频率控制、矢量变换控制和直接转矩控制。

1）转差频率控制

转差频率控制是一种标量控制，它是基于交流异步电动机的转矩公式进行控制，用单一控制实现牵引控制要求。异步电动机的输出转矩计算公式如下：

$$T_e \approx K_m \Phi_m^2 \frac{s\omega_\varphi}{r_2} \qquad (3-26)$$

式中：T_e——异步电动机的输出转矩，N·m；

　　　K_m——转矩系数；

　　　Φ_m——气隙磁通，Wb；

　　　s——转差率；

　　　ω_φ——转差角频率，rad/s；

　　　r_2——转子绕组的直流电阻，Ω。

式（3-26）表明，在很小的范围内，只要能够维持气隙磁通恒定，交流异步电动机的输出转矩就近似地与转差率和转差角频率成正比。即在交流异步电动机中控制转差角频率就能够达到间接控制输出转矩的作用。若要使磁场恒定，须根据三相异步电动机每相定子电动势的计算公式进行控制：

$$E_1 = 4.44 f_1 N_1 K \Phi_{\mathrm{m}} \tag{3-27}$$

式中：f_1——定子频率，Hz；

　N_1——定子每相串联匝数；

　K——基波绕组系数。

当电动势较高时，忽略转子和定子绕组中的漏阻抗压降，用定子电压（U_1）代替定子电动势（E_1），只要使 $\dfrac{U_1}{f_1} = C$，即在控制系统中给定定子电压（U_1）和定子频率（f_1）时，使交流电动机的气隙磁通 $\Phi \propto \dfrac{U_1}{f_1}$ 接近于定值，就能满足恒磁通的要求。通过 PWM 的方法可以生成逆变器的输出电压。

> **提示：**应用转差频率调速的控制律为：按转矩公式控制定子电流，以保持气隙磁通恒定。在转差角频率小于最大转差角频率的一定范围内，转矩基本上与转差角频率成正比。转差频率调速的优点是控制比较容易实现，但是交流电动机内在的耦合效应会导致系统响应缓慢，并且容易使系统失稳。

2）矢量变换控制

矢量变换控制又称磁场定向控制（或解耦控制），其基本思路是把异步电机经坐标变换等效成他励直流电动机，然后仿照直流电动机的控制方法进行控制。再经过相应的反变换来控制交流电动机。矢量控制可以应用于异步电动机系统或同步电动机系统。有研究表明，矢量控制将淘汰标量控制而成为交流电机传动系统的工业标准控制技术。当通过控制电枢电流控制转矩时，励磁磁链不受影响，而且在励磁磁链额定值时可以获得快速的瞬态响应。同理，由于矢量变换控制是基于彼此解耦关系的，因此控制励磁电流时，也只会影响励磁磁链，而不会影响电枢磁链。矢量控制的最终结果是实现定子电流分解，分别进行转子磁链和定子转矩的解耦控制，这种方法提高了调速的动态性能。

3）直接转矩控制

这是一种新型的调速技术。转矩控制的思路是把电动机和逆变器作为一个整体来考虑，通过空间电压矢量分析，直接在定子坐标系中进行磁通、转矩计算，通过 PWM 逆变器的开关状态直接控制转矩，无须对定子电流进行解耦，使控制系统结构简单，控制性能优良。

在电力机车的牵引运用中，交流传动系统最基本的任务是通过机电能量的转换，达到传动装置调速的目的，发挥调速范围宽、系统功率大等优势。由于实现机电转换的主体是牵引电机，所以电传动系统是围绕牵引电机控制方法实现变流装置能量变换的有序控制。为了保证交流传动系统运行特性优异，控制系统应具备运行的稳定性、动态响应的快速性及鲁棒性等特性。纵观当今交流传动机车控制技术的主流和发展趋势，直接转矩控制是最先进的高性能交流控制策略之一，它直接进行转矩两点式调节和边边（band-band）控制，简化了控制系统的结构，所以电力机车常采用这种控制策略。

一、填空题

1. 变极调速的三相异步电机一般采用＿＿＿＿＿＿＿＿＿＿式转子。
2. 变转差率调速常用的方法是在转子回路中串＿＿＿＿＿＿＿＿＿＿。
3. 变频调速是调节＿＿＿＿＿＿＿＿＿的频率。

二、问答题

1. 三相异步电机有哪几种调速方法？
2. 变极调速是通过改变三相异步电机的什么参数来进行调速的？

扫码获取学习资源

任务 3.5　三相异步电机制动控制

任务描述

　　机车运行过程中，有时需要尽快使牵引电机停转或从高速运转转换到低速运转；当机车下坡时，需要限制牵引电机的转速，以免发生危险。所以，本任务首先学习三相异步电机的制动方法，然后结合 HXD$_3$ 型电力机车牵引电机的制动，对交流传动电力机车常用的再生制动进行分析。

任务目标

1. 知识目标

① 掌握三相交流异步电机制动的概念。
② 掌握三相交流异步电机电气制动的方法。

2. 能力目标

掌握 HXD$_3$ 型电力机车牵引电机的制动原理。

知识链接

知识点 3.5.1　三相异步电机制动原理

1. 三相异步电机制动基础知识

1）基本概念

　　三相异步电机的制动是指加上一个与电动机转向相反的转矩来使电动机迅速停转或限制电动机的转速。电动机在下列两种情况下运行时属于制动状态运行：

① 在负载转矩为势能转矩的机械设备中（例如起重机下放重物，电力机车下坡运行）使设备保持一定的运行速度。
② 在机械设备需要减速或停止转动时，电动机能实现减速或停止转动。

2）分类

　　三相异步电机的制动方法分两类：机械制动和电气制动。

① 机械制动是利用机械装置（如电磁抱闸机构）来使电动机迅速停止转动，常用于起

重机械设备。

② 电气制动是使电动机所产生的电磁转矩的方向与电动机转子的旋转方向相反,电气制动通常可分为反接制动、回馈制动和能耗制动。

2. 三相异步电机电气制动原理

1)反接制动

反接制动就是在分析三相异步电机工作原理时指出的制动状态,此时转子的转向与定子旋转磁场的方向相反。实现反接制动可用下述两种方法。

(1)正转反接。

将正在电动机状态下运行的异步电动机的定子绕组三根供电线任意对调两根,使定子电流的相序改变,相应地旋转磁场立即反转,即从原来与转子转向一致变为与转子转向相反,于是电动机立即进入相当于 $s \approx 2$ 时的制动状态。为了使反接时电流不致过大,若为绕线型异步电动机,反接时应在转子回路中串入附加电阻。当电动机转速下降至零时,必须立即切断定子电源,否则电动机将向相反方向旋转。

(2)正接反转。

当绕线型异步电动机拖动的起重机下放重物时,其运行状态便是正接反转制动。这时电动机的定子接线仍按电动机运行时的接法(正接),而利用在转子回路中串接较大电阻的方法来使转子反转。其原理与在转子回路中串接电阻调速一样,当串接转子回路的电阻逐步增大时,转子转速逐步减小至零,如图 3-21 所示。图中,曲线 1 为未串接电阻的特性曲线,曲线 2、3、4 为分别串接电阻 R_1、R_2、R_3 时的特性曲线。未串接电阻时,稳定在 a 点。串接电阻 R_1、R_2 时,分别稳定在 b、c 点。如果串接的附加电阻继续增大,使电磁转矩小于总负载转矩 $(T_2 + T_0)$,转子就开始反转(重物向下降落),电动机进入制动状态。当串接的附加电阻增加到 R_3 时,电动机稳定运行在 d 点,转差率 $s=1.2$,转子反转的速度为 $0.2n_1$,从而保证重物以较低的速度慢慢下降,而不致把重物损坏。显然,可通过调节串接的附加电阻来平滑控制重物下降的速度。

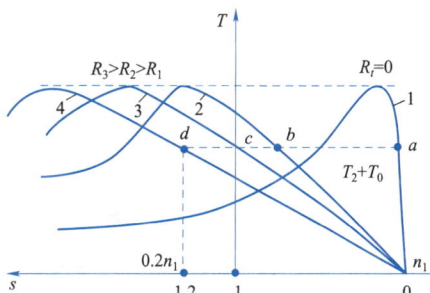

图 3-21 绕线型异步电动机正接反转的反接制动特性曲线

2)回馈制动

回馈制动也称再生制动。当异步电机在电动机状态下运行时,如果由于外来因素而使转子加速到超过同步转速,则异步电机进入回馈制动状态,以发电机状态运行。

例如,起重机放下重物时,如果仍以电动机状态运行,即转子转向与定子旋转磁场方向相同,则在电动机的电磁转矩和重物的重力产生的转矩共同作用下,重物以越来越快的速度下降。当转子转速由于重力的作用而超过同步转速,即 $n>n_1$ 时,异步电机就进入发电机制动运行状态,电磁转矩方向改变,直到电磁转矩与重力转矩平衡时,转子转速以及重物下降速度才稳定下来,使重物恒速下降。这时重物下降减少的位能转换为电能,送给电动机所接的电网,因此称为回馈制动。

回馈制动的优点是经济性能好,可将负载的机械能变为电能返送回电网,其缺点是应用范围窄,只有在电动机转速大于同步转速时才能实现。

3）能耗制动

如图 3-22 所示，将正在运行中的异步电机的定子绕组从电网断开，而接到一个直流电源上，由直流电流励磁而在气隙中建立一个静止的磁场。于是，从正在旋转的转子上方来看此磁场将是向后旋转的，因此由它感应到转子中的电流而产生的电磁转矩的方向应为向后转，即对转子起制动作用。这种制动方法是利用转子旋转时的惯性，使转子导体切割静止磁场，从而产生制动转矩，把转子的动能消耗于转子回路的电阻上成为铜耗，故称能耗制动。

能耗制动的优点是制动力强、制动平稳、对电网影响小，其缺点是需要一套直流电源装置，而且制动转矩随着电动机转速的减小而减小，不易制停。

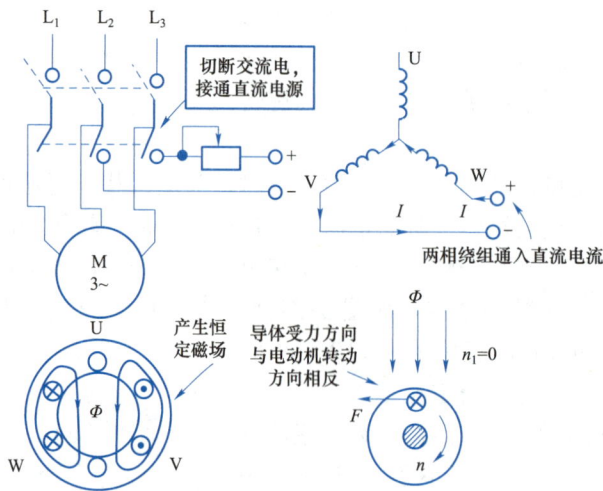

图 3-22　异步电机的能耗制动

知识点 3.5.2　和谐型电力机车牵引电机制动控制

在和谐型电力机车中，牵引电机也需要应用机械制动和电气制动（动力制动）来降低速度。现代高速动车组普遍采用电气制动方式，将大量的动能转换为热能和电能。无论是再生制动还是电阻制动，牵引电机都工作在发电机状态，并将储存在牵引电机中的动能转换成电能。由电机的可逆性原理知，任何一台电机，既可以是电动机，也可以是发电机，二者的差异只是电机的运行条件不同。当电机转速低于同步转速时，以电动机状态运行；当电机转速超过同步转速时，以发电机状态运行，称此模式为超同步运行模式。超同步运行模式可以通过改变逆变器输出频率，使得同步转速低于电动机转速来实现。

随着列车运行速度的提高，轮轨间的黏着系数下降，制动距离加长，而制动能量与制动时列车运行速度的平方成正比，尤其当速度超过 300 km/h 时，轮轨制动已经不能满足制动的要求。为了获得较大的减速度和较短的制动距离，开始采用非黏着制动方式，目前采用的非黏着制动方式主要有两种：电磁轨道制动和涡流轨道制动。另外，高速列车的动能转移方式由多种制动形式复合而成，即复合制动。一般复合制动系统主要包括空气制动、电气制动和非黏着制动，其能量分配的基本原则是：在正常制动情况下，应该优先、充分发挥电气制动的制动能力，不足部分再以空气制动作为补偿；在失电情况下，以空气制动为主；在紧急制动情况下，除空气制动和电气制动外，还应该有非黏着制动，共同起保证安全的作用。

1. 再生制动

交流传动电力机车的网侧变流器大多采用四象限脉冲整流器，它能实现能量的双向流动，即能迅速、平滑、无节点地实现牵引与再生制动的转换。另外，交流传动系统的牵引电机采用三相异步电机，相同速度下发电机的电动势要高于直流电机，转换效率及经济性明显好于直流传动机车，因此交流传动机车的电气制动多以再生制动为主要制动方式。

制动时，牵引变流器工作状态发生改变，逆变器由每个主逆变元件上并联的二极管组成三相桥式不可控整流电路，将三相异步电机发出来的交流电整流成直流电，逆变器工作在整流状态，输出直流电给中间环节，再由此时工作在逆变状态的四象限脉冲变流器将中间环节储存的直流电逆变为单相 50 Hz 交流电反馈回电网。例如，HXD₃ 型电力机车通过四象限整流器进行制动控制的方法就是此方法，其四象限整流电路如图 3-23 所示。

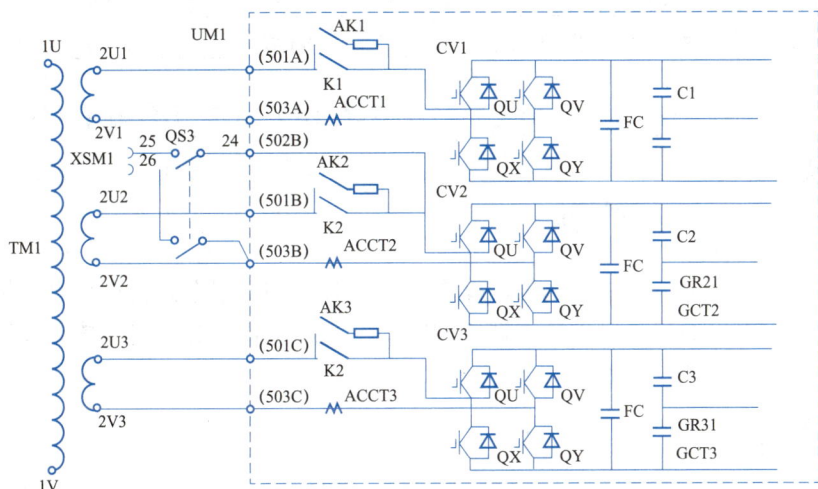

图 3-23　HXD₃型电力机车的四象限整流电路

HXD₃ 型电力机车的四象限整流电路牵引时工作在 1、3 象限，再生制动时（逆变时），工作在 2、4 象限。当机车由牵引工况转换为电制动工况时，通过降低牵引电机定子的供电频率，转子的机械惯性将使其维持高于旋转磁场的转速，此时转差率变为负值，牵引电机进入发电机工作状态。三相定子绕组切割旋转磁场产生三相交流电，经逆变器整流成直流电送入中间环节。由于异步电机产生的是三相交流电，因此反馈的能量远大于直流传动机车的电能，在再生制动时，电能被回馈回电源，提高了传动系统的效率。在四象限速度控制中，电机速度可以通过再生制动减到零。

2. 电磁轨道制动

电磁轨道制动是将制动电磁铁吸附于钢轨上，制动电磁铁的摩擦块与钢轨摩擦产生制动力。制动电磁铁的摩擦块安装于转向架构架上，制动时由励磁控制器向制动电磁铁的励磁线圈励磁，同时提升筒充气，使制动电磁铁降至轨面，制动电磁铁与钢轨相吸，制动电磁铁的摩擦块与钢轨摩擦，产生摩擦制动力。摩擦制动力通过连杆装置传到转向架上，由于不经过轮对，因此与轮轨黏着无关。缓解时，使制动电磁铁失电，同时提升筒放气，使制动电磁铁回到悬空位置。

3. 涡流轨道制动

涡流轨道制动是利用电磁效应来产生制动力的。与电磁轨道制动不同的是，其电磁铁与钢轨不接触，始终保持 7～10 mm 的距离。列车制动时，利用磁场交变，在钢轨内产生感应涡流，从而产生涡流制动力。涡流轨道制动的特点是，可以无磨损地应用于紧急制动和常规制动，无须维修。其制动力可调节控制，在高速范围内具有很好的制动特性，但涡流轨道制动的缺点是：所需制动功率较大，制动时使轨道产生局部高温现象，且对轨道电路有一定的干扰作用。

巩固练习

1. 简述三相异步电机制动的概念。
2. 什么是能耗制动？
3. 三相异步电机制动分_____制动和_____制动两种类型。
4. 电气制动通常可分为反接制动、_____制动和_____制动。

任务 3.6　HXD$_3$型电力机车牵引电机的仿真应用

扫码获取学习资源

任务描述

本任务中，利用电力机车仿真驾驶操作系统，对 HXD$_3$ 型电力机车牵引电机进行仿真控制，实现牵引电机的起动、反转、调速和制动，通过仿真乘务员岗位核心技能，让学生明确学习目标，达到学以致用的效果。

任务目标

1. 知识目标

① 熟悉 HXD$_3$ 型电力机车主电路。
② 掌握 HXD$_3$ 型电力机车牵引电机电路。

2. 能力目标

① 能说出 HXD$_3$ 型电力机车牵引电机的供电路径。
② 能够在仿真驾驶操作系统中实现对牵引电机的起动、反转、调速和制动。
③ 能按照乘务员操作要求完成对牵引电机的控制并分析牵引电机电路的变化。

知识链接

知识点 3.6.1　HXD$_3$型电力机车的主电路

HXD$_3$ 型电力机车为大功率交流传动的货运机车。该车轴列式为 C$_0$—C$_0$，轴输出总功率为 7 200 kW，最高运行速度为 120 km/h，其电气系统采用交—直—交传动轴控技术：采用 ICBT 水冷变流机组、1 250 kW 大转矩异步牵引电机，具有起动（持续）牵引力大、恒功率、速度范围宽、黏着性能好、功率因数高等特点。HXD$_3$ 型电力机车的主电路由网侧电路、主变压器电路、主变流器电路及牵引电机电路等组成，其缩略图如图 3-24 所示。

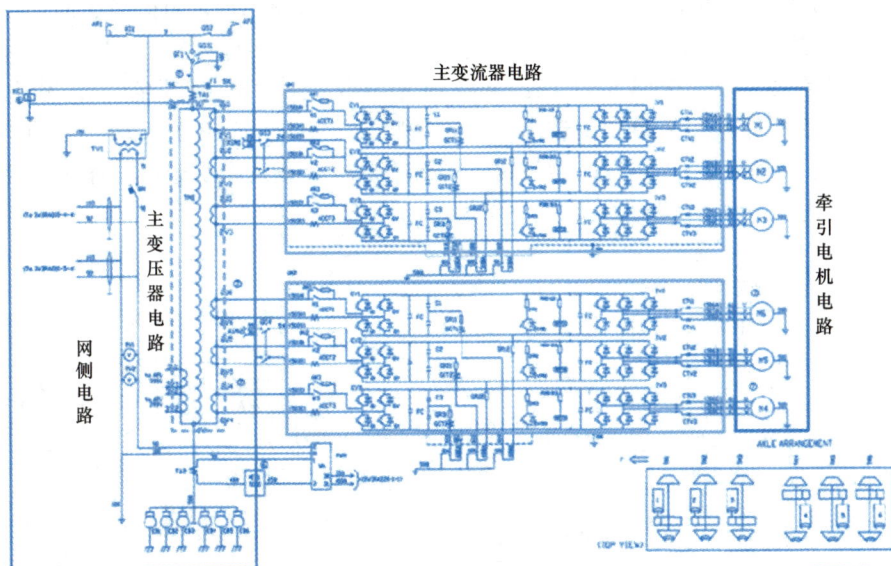

图 3-24 HXD₃型电力机车主电路图缩略图

1. 网侧电路

HXD₃型电力机车网侧电路主要由受电弓、主断路器、高压电流互感器、高压电压互感器等组成。25 kV/50 Hz（单相工频）接触网电流通过受电弓 AP1（或 AP2）及相应的隔离开关 QS1（或 QS2）进入 3 号母线。下分两路，一路由 TV1 接测量单元，另一路由主断路器 QF1 通过高压电流互感器 TA1 进入机车主变压器，为机车牵引电机提供电能。

2. 主变压器电路

主变压器（TM1）将 25 kV 的接触网电压变换为电力机车所需的各种电压，它有 6 个 1 450 V 牵引绕组分别用于两套主变流器（UM1，UM2）的供电，2 个 399 V 辅助绕组分别用于辅助变流器（APU1，APU2）的供电。

3. 主变流器电路

在 HXD₃型电力机车中，采用两组主变流器，每组主变流器内均含有 3 个牵引变流器，分别由主变压器的牵引绕组供电，6 组牵引变流器经过整流逆变后，分别向牵引电机（M1～M6）供电。UM1 电路由整流、中间直流、逆变 3 个独立的环节构成，这 3 个环节的主电路和控制电路相对独立，分别提供给 3 个牵引电机。当其中一组发生故障时，切除相应组，剩余单元可继续工作。

4. 牵引电机电路

HXD₃型电力机车的牵引电机由牵引变流器的 PWM 逆变器分别单独供电，实现牵引电机的独立控制。

知识点 3.6.2　HXD₃型电力机车牵引电机的电路分析及应用

HXD₃型电力机车的牵引电机电路如图 3-25 所示，可以看出 HXD₃型电力机车的牵引电机（M1～M3）由牵引变流器 UM1 的 3 个 PWM 逆变器分别单独供电，实现牵引电机的独立控制。整台机车的 6 个轴的轮径差、轴重转移及空转等可能引起的负载分配不均问题，均可以通过牵引变流器的控制进行适当的补偿。当一个机组发生故障时，只需要将其切除即可。切除故障机组后，机车仍能在另外 5 个机组的支持下保持六分之五的牵引力。

1. 电路说明

① 牵引变流器 UM1 中的 3 个独立的 PWM 逆变电路，分别为 3 台牵引电机独立供电（轴控）。

② PWM 逆变器采用矢量控制技术，可迅速将异步电机的输出转矩控制在目标值。

③ 电路设有电流互感器 CTU、CTW，对牵引电机过载及牵引电机三相不平衡起控制监视和保护作用。

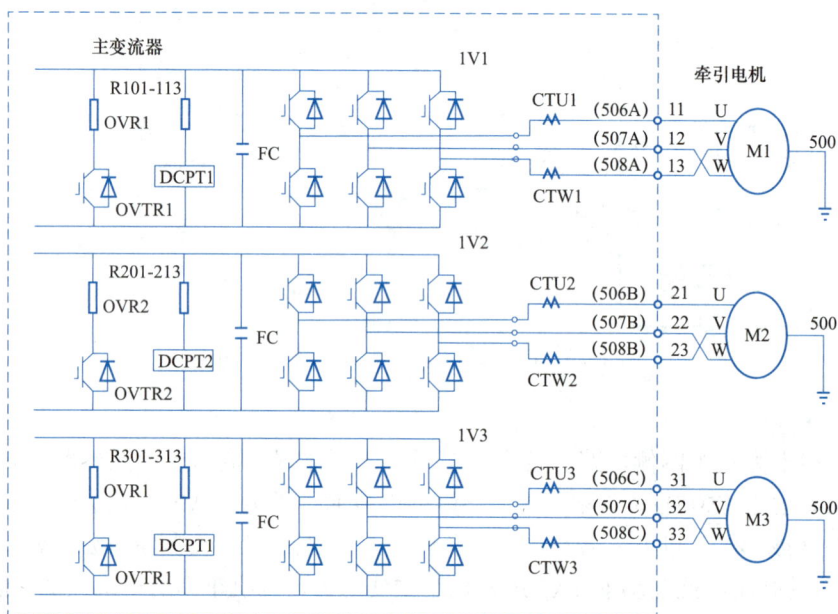

图 3-25 HXD₃ 型电力机车的牵引电机电路

2. HXD₃ 型电力机车牵引电机的应用

结合铁路司机操作规则，按照电力机车仿真驾驶系统操作流程，在 HXD₃ 型电力机车仿真驾驶操作系统中完成牵引电机的起动、反转、调速和制动。

电力机车仿真驾驶操作系统的仿真界面如图 3-26、图 3-27 所示，仿真操作步骤如下：

① 实现对牵引电机的起动并观察牵引电机电路的变化。

图 3-26 仿真界面 1

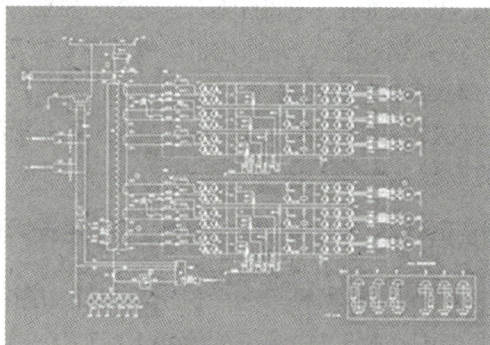

图 3-27 仿真界面 2

② 实现对牵引电机的反转并观察牵引电机电路的变化。

③ 实现对牵引电机的调速并观察机车主电路及机车运行速度的变化。

④ 实现对牵引电机的制动并观察机车主电路及机车运行速度的变化。

巩固练习

1. 分析 HXD$_3$ 型电力机车牵引电机的供电路径。

2. 按照乘务员操作要求完成对牵引电机的控制并观察牵引电机电路的变化。

3. HXD$_3$ 型电力机车的牵引电机控制采用架控还是轴控？

4. HXD$_3$ 型电力机车的主变流器如何给牵引电机供电？

任务 3.7　电力机车三相交流牵引电机维护与检修

扫码获取学习资源

任务描述

为了使电力机车牵引电机处于良好的工作状态，必须对牵引电机进行日常维护和定期检修，以减少或避免牵引电机在运行中发生故障及由此引起的不必要的临时检修，从而保证电力机车安全可靠地运行。所以，本任务在学习三相交流牵引电机结构特点和技术条件的基础上，对电力机车交流牵引电机进行维护与检修。

任务目标

1. 知识目标

① 掌握三相交流牵引电机维修等级。

② 掌握三相交流牵引电机检修工作范围。

2. 能力目标

学会三相交流牵引电机的维护与检修工艺。

知识链接

知识点 3.7.1　电力机车三相交流牵引电机维修等级

电力机车三相交流牵引电机维修等级如表 3-2 所示。电力机车三相交流牵引电机最终的检修周期长短应根据实际的操作经验而定。

表 3-2　电力机车三相交流牵引电机维修等级

维修等级	说明	运行里程/km	间隔期	主要内容
Ⅵ	目视检查	1 000	2 周	目视检查
I1	检查 1 级	100 000	6 个月	目视检查，清洁磁性螺栓。在首次运行 1.5 万 km 后应清洁磁性螺栓
I2	检查 2 级	200 000	1 年	电机轴承（N 端）补充润滑脂

维修等级	说明	运行里程/km	间隔期	主要内容
I3	检查 3 级	400 000	2 年	电机轴承（N 端）补充润滑脂
R1	维修 1 级	800 000～1 200 000	4～6 年	清洁牵引电机，更换牵引电机上的轴承和 O 形密封圈，检查绕组及绝缘
R2	维修 2 级	1 600 000～2 400 000	8～12 年	清洁牵引电机，更换牵引电机上的轴承和 O 形密封圈，检查绕组及绝缘
R3	维修 3 级	3 200 000～3 600 000	16～18 年	清洁牵引电机，更换牵引电机上的轴承和 O 形密封圈，检查绕组及绝缘
UM	计划外维修			

知识点 3.7.2　电力机车三相交流牵引电机检修工作范围

电力机车三相交流牵引电机维修等级不同，其检修范围和要求也不同，电力机车三相交流牵引电机 R1（维修 1 级）的检修工作范围如表 3-3 所示。

表 3-3　电力机车三相交流牵引电机 R1（维修 1 级）的检修工作范围

序号	部件名称	检查内容
1	电机外观	清洗并解体
2	解体前检查	① 测量绕组对地绝缘电阻及转轴运行状态； ② 检查电机震动情况
3	转子	① 检查端环、导条表面情况； ② 检查导条与端环焊接情况； ③ 检查平衡块紧固状态； ④ 检查轴承挡的直径及轴伸端锥面跳动量； ⑤ 超声波和磁粉探伤转轴； ⑥ 转子清洗烘干
4	转轴	更换轴承
5	定子	① 定子清洗，烘干； ② 检查定子线圈接头部位的状态； ③ 检查定子线圈外部绝缘状态及连接线的绝缘和接头，若损坏则应更换； ④ 测量线圈对地绝缘电阻； ⑤ 测量线圈冷态直流电阻； ⑥ 整体浸漆； ⑦ 耐受试验
6	端盖	① 外观检查并清洗； ② 检查端盖止口、通大气孔、轴承盖、封环状态； ③ 更换密封圈

序号	部件名称	检查内容
7	速度传感器	① 绝缘强度检查； ② 每分钟每转脉冲数检查
8	温度传感器	① 对地绝缘检查； ② 电阻值测量
9	接线盒	开盖检查接线座、引出线，并紧固固定螺栓
10	组装、试验	① 直流电阻测量，绝缘电阻测量； ② 绝缘耐压试验； ③ 空载试验：检查异常震动、异常声响及轴承升温，测量轴承装配游隙，检查轴伸径跳[①]

注：机车牵引电机电枢铁心叠压完成后，需要检查电枢转轴是否因为受压装应力作用而产生过大的弯曲变形，即测量转轴轴承挡和轴伸处的径跳。

知识点 3.7.3　电力机车三相交流牵引电机整备检查

1. 电机外观检查

① 检查电机出线、引线夹板、线端标志及铭牌是否齐全、紧固良好。

② 检查接线盒盖板的安装是否良好。

③ 检查紧固螺栓状态。

2. 轴承检查

由于轴承是一种重要的旋转部件，所以它必须保持良好的润滑状态，故轴承的日常维护十分重要。在不拆卸检修中，可检查轴承异常声响、漏油情况等。

1）检查轴承运转声音

① 运行时，须注意电机运转声音，如果发现有异常声响或震动，应立即停止运行，并拆下电机仔细检查。

② 电机从机车上拆下后，应进行空载运转试验，并检查异常噪声。

③ 检查噪声时，将检测杆放置于最靠近轴承的轴承盖外侧。

④ 在检查轴承是否漏油时须要注意：轴承润滑系统采用无接触迷宫式密封，油气可以从最后一个迷宫环形间隙排出，因此迷宫外表面出现轻微油迹不表示漏油。

2）补充润滑脂

① 正常运行时，至少应保证每 20 万 km 对非传动端轴承补充润滑脂约 240 g，各单位可以根据具体运行情况（如漏油程度、运行距离等）指定补油的时间和油量。

② 在 R1、R2、R3 修和 UM 修时应全部更换新润滑脂。

③ 对于长期（半年以上）保管后的备用电机，以及发生不可预测的自然灾害后作为应急措施而认为需要补充润滑脂时，非传动端轴承补充润滑脂约 240 g。

④ 补充的润滑脂必须与组装时使用的润滑脂牌号、厂家一致。

为了评估是否可以延长换油周期，建议对油进行检查。在每跑完 20 万 km 或每年定期检查前，应从两个不同机车上选取 4 个驱动系统，做油样分析。做此检查时，应从齿轮箱中抽取大约 100 cm^3 的油（从排油螺栓孔取）。

知识点 3.7.4 电力机车三相交流牵引电机拆卸

电力机车三相交流牵引电机的拆卸应在干净无尘的地方进行，必须小心接触部件，勿使其损坏和生锈。按表 3-4 中的序号顺序进行拆卸，如果顺序不正确，则不能正确、完整地完成拆卸和重新组装。

表 3-4 电力机车三相交流牵引电机拆卸顺序

序号	部件名称	拆卸工具
1	悬挂座的拆卸	扳手
2	小齿轮的拆卸	液压装置
3	速度传感器的拆卸	扳手、工艺螺栓
4	N 端外轴承盖的拆卸	扳手
5	测速齿轮的拆卸	扳手
6	N 端内轴承盖的拆卸	扳手、工艺螺栓
7	取出转子	扳手、转子卧装工具、吊具
8	D 端端盖的拆卸	扳手、工艺螺栓
9	D 端端盖外环的拆卸	拔出装置、液压装置
10	D 端挡圈和 D 端轴承内圈的拆卸	三爪拔出器
11	N 端内轴承盖（带轴承）的拆卸	液压装置
12	N 端轴承的拆卸	液压装置
13	N 端内油封的拆卸	三爪拔出器
14	N 端端盖的拆卸	扳手、工艺螺栓

知识点 3.7.5 电力机车三相交流牵引电机维护检查

1. 转子维护检查

转子从定子中拆卸出来后应进行以下检查：

① 检查转子外观，特别是所有焊接接头，检查是否变色，变色意味着产生了热超负荷（短路）。

② 用干燥压缩空气清除转子表面及铁心通风孔内的灰尘，用浸过煤油的抹布将润滑脂等油污擦净。

③ 检查转子导条、端环是否有裂纹、过热等现象，若有裂纹则应进行更换。

④ 检查转轴、铁心组装及鼠笼式绕组有无机械损伤。

⑤ 转子重新校准动平衡。

2. 轴承维护检查

轴承正常使用寿命为 100 万 km 或 5 年，一般情况下拆卸过的轴承应该更换，除非经过检测确定该轴承能够运行到下一修程。

1）轴承检查

对于拆卸过的轴承或长时间存放过的轴承，在重新组装之前要仔细检查，以确认它们是否可以正常使用。轴承检查步骤如下：

① 取下内套，目视检查内套是否有刮伤、碰伤、褪色、生锈等。

② 对于外环，要边旋转所有滚柱边检查是否有粗糙部位，是否有刮伤、碰伤、褪色、生锈等。对绝缘轴承必须检查绝缘性能。

③ 转动滚柱，检查滚柱和保持架的磨耗，检查保持架有无损伤等异常现象。

④ 如果发现内套或外环有异常，二者应同时更换，更换时必须安装具有相同系列编号的外环和内套。

2）使用轴承的注意事项

① 不能混合使用不同规格的轴承润滑脂。

② 滚柱轴承的内套和外环必须配套使用，要确认相互间的编号正确。

③ 装配轴承和更换润滑脂时，必须保持环境和工具的清洁，以防灰尘、水等杂质进入轴承和润滑脂。

④ 用手接触清洁轴承时，须用酒精等脱脂剂擦拭手，以防轴承生锈。

3）轴承的存放

长时间存放拆下的轴承时，须用防潮纸或塑料布将其包起来，并放置于阴凉干燥处。存放轴承时，应在轴承上涂抹润滑脂，以防生锈。

4）轴承的清洗

① 轴承清洗区域应设在干燥、无飞沙、无铁屑进入且离装配工作区较近的地方，并须设有灭火器等设备。在清洗区域，严禁吸烟或点燃其他起火材料。

② 禁止使用任何含有氟酸盐、氯酸盐或钠硅盐成分的产品清洗轴承。在清洗过的轴承上，不得用棉丝揩擦，以免纤维进入轴承。

3. 定子的维护检查

定子从电机中拆卸下来后，先将定子内外表面清理干净，然后进行以下检查：

① 检查定子外部是否有机械损伤。

② 清洗定子。

③ 修整掉漆部分。

④ 检查连接引线是否受损。如果有必要，须进行更换。

⑤ 检查定子壳内的连接情况。

⑥ 检查温度传感器的工作情况。

⑦ 检查定子绕组，包括定子电路连接部件是否有机械损伤或电气损伤。

⑧ 测量绕组电阻（仅在有故障时进行）。使用 10 A 直流电源测量接线端子 U、V 和 W 之间的绕组电阻值，在端子 U–V、U–W 或 V–W 间加测试电压。

4. 绝缘维护检查

在牵引电机冷却后检查定子绕组的绝缘电阻。依次在每一个接线端子 U、V 和 W 之间及定子机座施加 DC 1 000 V 电压，测量绝缘电阻。绕组热态绝缘电阻应大于 1.8 MΩ，冷态绝缘电阻应大于 18 MΩ，绝缘电阻检查合格后方可进行耐压试验。

耐压试验：对于检修的定子绕组，在绕组和机壳上逐步施加 50 Hz 的交流测试电压 6 200 V，持续 1 min，应无击穿和闪络现象。

知识点 3.7.6　电力机车三相交流牵引电机组装

组装牵引电机时，将表 3-4 中拆卸的步骤反过来即可。在重新装配之前，须准备所需的所有部件和工具。

1. 重新装配前的准备工作

① 清扫。在重新装配之前，用高压风清扫所有的部件。

② 消耗品的更换。首先将磨耗得无法使用的弹簧垫圈加以更换。

③ 定子机座准备。清洁并检查定子机座的安装表面与两端止口。清洁螺纹孔并再次攻丝，保证螺纹紧固良好。

④ 两端端盖准备。清洁并检查端盖的安装面，清洁螺纹孔并再次攻丝以保证螺纹紧固良好。

⑤ 清洁并检查轴承室、储油室和注油孔。

⑥ 转子及小齿轮准备。清洁并检查转子，清洁并检查小齿轮。

2. 重新装配工作

电力机车三相交流牵引电机的重新装配必须在干净无尘的地方进行，必须小心接触部件，勿使其损坏和生锈。按照表 3-5 中的序号顺序装配，如果装配顺序不正确，则不能正确、完整地重新组装。

表 3-5　电力机车三相交流牵引电机组装顺序

序号	部件名称	组装工具
1	N 端端盖安装	吊具、扭矩扳手
2	N 端内油封安装	烘箱
3	N 端轴承安装	液压装置
4	D 端轴承内圈及油封安装	—
5	D 端挡圈安装	烘箱
6	D 端轴承外圈安装	吊具、液压装置
7	吊入转子	转子卧装工具、吊具
8	D 端端盖安装	吊具、扭矩扳手
9	测速齿轮及两端外轴盖安装	扭矩扳手
10	小齿轮压装	液压装置
11	速度传感器、温度传感器、接线盒安装	扭矩扳手

知识点 3.7.7　电力机车三相交流牵引电机常见故障处理与维修

电力机车三相交流牵引电机常见故障的检查处理方法如表 3-6 所示。

表 3-6　电力机车三相交流牵引电机常见故障的检查处理方法

故障现象	故障原因	检查方法	处理方法	备注
接地故障	接地座与外壳没有可靠连接	检查接地座是否生锈	拆除并清洗电缆接线头	—
	接地故障造成连接导线损坏	检查连接导线	更换导线	检查导线是否有锐边和损伤
	绕组绝缘损坏	检查绝缘电阻	询问制造商后进行维修	—
绕组温度过高	电机过载	机车负载过大,各电机负载不均匀	降低负荷,确定故障位置并清除故障	—
温度指示不符合实际或出错	温度检测单元故障		更换电阻式温度检测器	—
	连接端子松动	打开端子连接盒,检查端子	按要求的紧固转矩上紧端子,必要时更换电缆接头	检查导线螺纹
局部过热	绕组绝缘损坏	检查绕组电阻、绝缘电阻,测量阻抗	询问制造商后进行维修	—
	轴承润滑脂含杂质	拆去轴承盖	更换轴承,只在 N 端进行再润滑	检查轴承密封,必要时更换
	轴承游隙错误	吊起转轴,用千分表测量游隙	以正确的游隙安装轴承,检查相关部件	确定轴承游隙变化的原因
	轴承损坏	拆去轴承盖,更换轴承	询问制造商后进行维修	—
	轴承卡位	拆去轴承盖,检查轴承是否变色或变形,油封是否变形	更换变色或变形零件	确定卡位原因,如润滑失效、负载过多
	轴承润滑过量或过少	—	正确润滑轴承	润滑不当会降低轴承使用寿命
	电机内冷却风道堵塞	—	清洁风道	—
冒烟	绝缘绕组损坏	检查绕组电阻、绝缘电阻,测量绝缘阻抗	询问制造商后进行维修	确定绝缘绕组损坏原因,如电机内有污物、电机转子断条、电流过大等
	轴承卡位	轴承变色或变形,轴承盖变色	更换轴承	查找是否卡位、是否润滑不足或过量
	轴弯曲	拆下后进行检测	询问制造商	查找故障原因及损坏范围

续表

故障现象	故障原因	检查方法	处理方法	备注
烧焦味	电缆连接故障或断裂	检查电缆连接	修复电缆连接	—
	端子安装松动	检查绕组电阻、绝缘电阻，测量绝缘阻抗	询问制造商后修复	—
有嗡嗡声	电缆断裂	检查电缆	更换电缆	检查电缆弯曲处或磨损处
有振鸣声	轴承游隙错误	吊起转轴，测量游隙	以正确的游隙安装轴承，检查相关部件	确定轴承游隙变化的原因
	轴弯曲	在拆下后进行检测	询问制造商	查找故障原因及损坏程度
有撞击声	有电流从轴承流过	视觉检查轴承表面	询问制造商	查找有电流的原因并进行测量
	轴承故障	拆掉轴承盖	更换轴承	查找轴承故障原因

巩固练习

一、填空题

1. 交流牵引电机维修等级为 R1 时，运行里程为_____。

2. 检查轴承时，如果发现有异常声响或震动，应_____。

3. 轴承润滑系统迷宫外表面出现轻微油迹不表示_____。

4. 在正常运行时，至少应保证_____对非传动端轴承补充润滑脂约_____。

5. 做耐压试验时，对于检修的定子绕组，在绕组和机壳上逐步施加 50 Hz 的交流测试电压_____，持续_____min。

二、判断题

1. 在 R1、R2、R3 修和 UM 修时，应全部更换润滑脂。　　　　　　（　　）

2. 补充的润滑脂必须和组装时使用的润滑脂牌号、厂家一致。　　　　（　　）

3. 在每跑完 20 000 km 或每年定期检验前，应从两个不同机车上，选取 4 个驱动系统，做一个油样分析。　　　　　　　　　　　　　　　　　　　　　（　　）

育人案例

新时代铁路榜样——张波

张波是中国铁道科学研究院集团有限公司机车车辆研究所副所长，于 2020 年荣获"最美铁路人"称号，2020 年被评为"新时代·铁路榜样"、铁路青年科技拔尖人才，获得火车头奖章。下面让我们一起通过几个小故事来体会张波是如何取得成功的。

　　勇于担当　2015 年 6 月 30 日，两列标准动车组样车被制造出来。从样车到列车上线运营，需要经过大量的试验，并根据试验结果对样车进行完善。作为机车车辆所的副所长，张波勇于担当，亲自带领机车车辆所的青年骨干进行了艰难的试验工作，并担任组长，依次在环行铁道试验基地、长吉客专、大西综合试验段、郑徐客专、哈大客专进行了长达一年多的静态、低速和正线高速试验。通过近一年的正线试验，我国的标准动车组最终获得了成功。在 2017 年 6 月 25 日，我国标准动车组被正式命名为"复兴号"。因为张波勇于担当，在试验中有突出表现，所以张波代表复兴号科研团队就继续做好高铁技术创新向国家领导人做了表态发言。

　　爱岗敬业　在我国高铁初步发展的时候，第一个要解决的技术难题就是动车组的网络控制技术。张波从我国的实际地理情况出发，在干旱、潮湿、高寒等不同的环境中进行动车组的各项性能试验，于 2017 年完成了 60 万 km 测试数，最终解决了因为环境问题而引起机车电器失灵的难题，使我国的动车组从无到有，从跟跑到领跑，并且成为世界上首次实现自动驾驶且以 350 km/h 的速度安全运行的动车组。

　　无私奉献　2016 年 6 月 25 日，张波和他的团队成员冒着近 40 ℃ 的高温，在郑徐高铁上安装调试测试系统，只用 6 天的时间便完成了试验前的准备工作。在进行能耗试验的时候，必须将全车的空调置于极冷状态，同时弓网测试组所在的车厢还要进行噪声测试，所以车门在测试全程都处于关闭状态。张波和他的团队经常在车上一待就是十几个小时，几乎全身都是冰凉的，面对如此艰苦的环境，团队所有人都是越战越勇。在他们的共同努力下，技术难关不断被攻克，使复兴号动车组的牵引、制动技术达到了国际先进水平。

思考：

　　1. 张波和他的团队践行了"交通强国，铁路先行"的历史使命，展现了铁路人的担当精神。我们在完成学习任务的同时，还应该自觉培养哪些铁路职业素养？

　　2. "最美铁路人"用实际行动诠释了为人民服务的宗旨，他们是千万铁路人的缩影，他们在平凡的工作岗位上兢兢业业。作为新一代的铁路青年，我们要怎样成为一名合格的铁路人？

电 器 篇

凡是根据外界特定信号，自动或手动地接通和分断电路，对电路或非电量对象起控制、调整、保护及检测作用的电工设备，均称为电器。在电力机车上起开关、控制、转换、保护、检测、调节等作用的电工器械（电器）称为牵引电器。在电力机车上，既有一般工业用的通用电器，也有专门设计、制造的适用于电力机车的牵引电器，本文将两者统称为电力机车电器。下面介绍电力机车电器的分类。

1. 按电器所接入的电路分类

① **主电路电器**。使用在电力机车主电路中的电器，如受电弓、主断路器、转换开关、高压连接器、高压互感器及电空接触器等。

② **辅助电路电器**。使用在电力机车辅助电路中的电器，如中间继电器、交流接触器、自动开关等。

③ **控制电路电器**。使用在电力机车控制电路中的电器，如司机控制器、各种继电器及一些低压开关等。

2. 按电器在电力机车上的用途分类

① **控制电器**。用来对电力机车上的牵引设备进行切换、调节的电器，如司机控制器、接触器、转换开关等。

② **保护电器**。用来保护电力机车上电气设备不受过电压、过电流及其他损害的电器，如自动开关、熔断器、接地继电器、过流继电器、避雷器、机械式继电器等。

③ **检测电器**。用于与其他设备配套，检测电力机车各电路电压、电流及运行速度等的电器，如互感器、传感器等。

④ **受流器**。用于让电力机车从在接触网上获取电流的电器，如受电弓等。

项目 4 接触器认知与应用

▶ 项目描述

接触器是电力机车上常用的一种执行电器，负责接通或断开大容量的电路，常用在主电路或辅助电路中。接触器按照传动方式，可以分为电磁接触器和电空接触器；按照触头所处的环境，还可分为真空接触器和空气式接触器。

本项目首先介绍接触器的基本性能，接下来分别介绍其作用、基本结构、动作原理和技术参数，以及接触器在电力机车上的使用与检修。

▶ 项目目标

1. 育人目标

① 围绕铁道机车运用与维护岗位工作技能需求，通过接触器认知及其接触器在电力机车中的应用，激发学生学习兴趣和对铁道机车运用与维护岗位的热爱。

② 通过一体化教学方式，让学生自己去感知研究对象、任务和学习方法，使学生具有融会贯通、理论联系实际的能力，培养学生自主学习的习惯与能力，增强学生勇于探索的精神、善于解决问题的实践能力。

③ 学习中融入大国工匠的先进事迹，培养规范操作、安全意识、服从统一指挥的职业素质和爱岗敬业、精益求精的职业精神。

2. 知识目标

① 了解接触器的概念、组成、分类及技术参数。

② 了解直流接触器、交流接触器、电空接触器及真空接触器的概念、结构、工作原理及应用。

3. 能力目标

① 能够说出不同种类接触器在电力机车上的作用。

② 能够说出直流接触器、交流接触器、电空接触器及真空接触器在电力机车上的应用情况。

▶ 课时建议

10 学时。

任务 4.1　接触器认知

任务描述

在电工学上，可快速切断交流与直流主回路、可频繁接通与切断大电流（某些型号可达 800 A）控制电路的装置称为接触器。接触器常用于电动机，将其作为控制对象，也可用于控制工厂设备、电热器、工作母机和各种电力机组等电力负载，不仅能接通和切断电路，而且还具有低电压释放保护作用。接触器控制容量大，适用于频繁操作和远距离控制，是自动控制系统中的重要元件之一。

简单来说，接触器的工作原理就是当线圈得电时，产生的电磁吸力使衔铁吸合带动触头动作，当吸引线圈失电时，在反力弹簧作用下，衔铁释放，触头复位。

任务目标

1. 知识目标

了解接触器的概念、组成、分类及技术参数。

2. 能力目标

能够比较不同种类接触器在电力机车上的作用。

知识链接

4.1.1　接触器的定义和基本特点

接触器是在工业控制中应用非常广泛的一种电器。在电力机车上用来频繁地接通或切断带有负载的主电路、辅助电路或大容量的控制电路。与其他开关电器相比，具有可频繁动作、能通断较大电流、可实现一定距离的控制等特点。

4.1.2　接触器的组成

接触器一般由以下几部分组成。

1. 触头装置

分为主触头和联锁触头。主触头一般由动、静主触头等组成，用以直接控制相应电路的通断。联锁触头用以控制其他电器、信号或电气联锁等。

2. 传动装置

包括驱使触头闭合的装置和开断触头的弹簧机构，以及缓冲装置，用来可靠地驱使触头按规定要求动作。

3. 灭弧装置

一般与主触头配合使用，在主触头断开电路产生电弧时，用来及时地熄灭电弧，切断电路并保护触头。根据电流的性质、灭弧方法和原理，可以制成各种灭弧装置。

4. 安装固定装置

属于非工作部分，用以合理地安装和布置电器各部件。

4.1.3　接触器的分类

接触器用途广、种类多，一般有以下几种分类方式。

① 按传动方式可分为电磁接触器和电空接触器。电磁接触器采用电磁传动装置，一般应用于机车的辅助电路中；电空接触器采用电空传动装置，一般应用于机车的主电路中。

② 按主触头通断电流的性质可分为交流接触器和直流接触器。某些在触头系统中控制的是交流电路，而线圈接入的是直流电路的接触器，被称作交直流接触器。

③ 按线圈接入电路方式可分为串联电磁接触器和并联电磁接触器。应用时一般用并联电磁接触器。

④ 按主触头所处的环境可分为空气式接触器和真空接触器。

⑤ 按主触头的数量可分为单极接触器和多极接触器。

4.1.4　接触器的基本参数

接触器的基本参数，除额定电压和额定电流外，还有以下各项参数。

1. 切换能力

又称开闭能力、通断能力，是指触头在规定条件下接通和切断负载的能力。在此电流值下通断负载时，不应发生熔焊、电弧和过分的磨损等现象，保证接触器能在较恶劣的条件下可靠地工作。

2. 动作值和释放值

对电磁接触器主要是指电压和电流的动作值和释放值；对电空接触器主要是指电空阀的动作电压（及气缸相应的气压值）。

3. 操作频率

指接触器在每小时内允许操作的次数。接触器的操作频率越高，每小时开闭的次数就越多，触头及灭弧室的工作任务也就越重，对交流接触器来说，线圈受到的冲击电流及衔铁铁心受到的冲击次数也就越多。操作频率对常用的交直流接触器来说，常采用每小时 150、300、600、1 200 次的规定。

4. 机械寿命和电气寿命

机械寿命是指接触器在无负载操作下，无零部件损坏的极限动作次数。电气寿命是指接触器在规定的操作条件下，无零部件损坏的极限动作次数。目前，接触器的机械寿命一般可达数百万到千万次以上；而电气寿命则与使用类别及机械寿命级别有关，一般为机械寿命的 1/5 左右。

5. 动作时间和释放时间

动作时间（又称闭合时间）是指从电磁铁吸引线圈通电瞬间起，到衔铁完全闭合所需要的时间；释放时间（又称开断时间）是指从电磁铁吸引线圈断电瞬间起，到衔铁完全打开所需要的时间。为了能准确可靠地控制有关电路，对接触器的动作时间也有一定的要求，如直流接触器的动作时间一般为 0.04～0.11 s，释放时间一般为 0.07～0.12 s；交流接触器的动作时间一般为 0.05～0.1 s，释放时间一般为 0.1～0.4 s。

接触器除应满足以上基本参数的要求外，还应在 85%额定控制电压下保证接触器正常工作。另外，在选择电磁接触器时，还应考虑工作制的要求。

4.1.5　接触器在电路中的图形符号

接触器在电路中一般用字母 KM 表示，并由代表其内部的线圈、常开或常闭触点的图形符号表示，如图 2-1 所示。

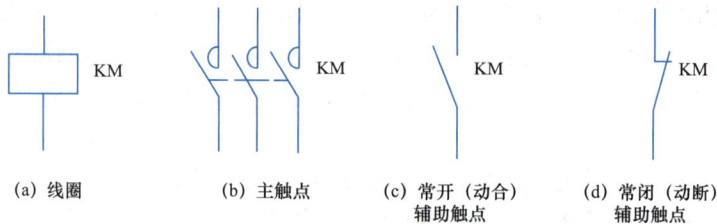

| (a) 线圈 | (b) 主触点 | (c) 常开（动合）辅助触点 | (d) 常闭（动断）辅助触点 |

图 4-1　接触器在电路中的图形符号

机车控制电路中，经常用到的接触器自锁和互锁电路如图 2-2 所示。

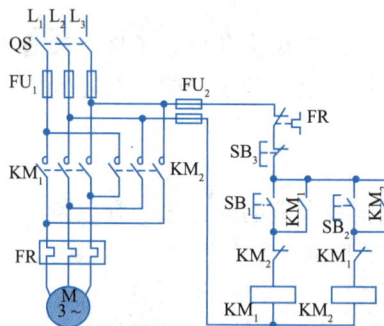

图 4-2　接触器自锁和互锁电路

自锁是指接触器通过自身的常开辅助触头使线圈总是处于得电状态的现象。这个常开辅助触头就叫作自锁触头。在接触器线圈得电后，利用自身的常开辅助触点保持回路的接通状态，一般用于对自身回路的控制。如把常开辅助触点与启动按钮并联，当启动按钮按下，接触器动作，辅助触点闭合，进行状态保持，此时再松开启动按钮，接触器也不会失电断开。

互锁是指在 KM_1 和 KM_2 线圈各自支路中相互串联对方的一副动断辅助触头，以保证接触器 KM_1 和 KM_2 不会同时接通电源，否则它们的主触头将同时闭合，造成两相电源短路。为此 KM_1 和 KM_2 这两副动断辅助触头在线路中所起的作用称为互锁或联锁作用，这两副动断触头就叫作互锁触头。

任务巩固

一、填空题

1. 接触器一般由_____、_____、_____、_____组成。

2. 接触器按传动方式可分为_____接触器和_____接触器。

3. 接触器按线圈接入电路方式可分为_____、_____。

4. _____是指用来接通或切断带有负载的主电路或大容量控制电路的自动切换电器。

5. 接触器按主触头通断电流的性质可分为_____和_____。

6. 接触器按主触头的数量可分为_____和_____。

二、选择题

1. 接触器的线圈接入电路的方式一般采用（　　）。

A. 串联　　　　　B. 并联　　　　　C. 混联

2. （　　）是接触器在无负载操作下，无零部件损坏的极限动作次数。

A. 电气寿命　　　B. 机械寿命　　　C. 操作频率

3. 下列关于接触器的说法正确的是（　　）。

A. 可进行远距离控制　　　　　　B. 不能断开过载电流

C. 不能频繁动作

三、判断题

1. 接触器的机械寿命比电气寿命长。　　　　　　　　　　　　　　　（　　）

2. 操作频率指接触器在每小时内允许操作的次数。　　　　　　　　　（　　）

3. 接触器维护、检修时不用断开电源。　　　　　　　　　　　　　　（　　）

任务 4.2　直流接触器认知与应用

扫码获取学习资源

任务描述

电磁接触器采用的是电磁传动装置，通常分为直流、交流、交直流三大类型。

直流接触器是指铁心为直流线圈控制的接触器，负载可以是直流，也可以是交流。直流接触器的铁心与交流接触器不同，没有涡流的存在，因此一般用软钢或工业纯铁制成圆形。由于直流接触器的吸引线圈通以直流电，所以没有冲击的启动电流，也不会产生铁心猛烈撞击现象，因此寿命长，适用于频繁启停的场合。

任务目标

1. 知识目标

了解直流接触器的概念、结构、工作原理及应用。

2. 能力目标

能够说出直流接触器在电力机车上的应用情况。

4.2.1　CZT–20 型直流接触器

图 4–3　CZT–20 型直流接触器

1. 型号

CZT–20 型，其中：C——接触器；Z——直流；T——铁路用；20——负载级别。CZT–20 型直流接触器如图 4–3 所示。

2. 作用

该型直流接触器现用于 SS$_4$ 型和 SS$_4$ 改型电力机车的控制电路中，也可用于辅助电路中。

3. 组成

CZT–20 型直流接触器结构特点如表 4–1 所示。

表 4–1　CZT–20 型直流接触器结构特点

序号	名称	特点	部件
1	触头装置	由 2 常开、1 常闭的主触头和 2 常开、2 常闭的联锁触头组成，联锁触头的通断电流为 5 A，主触头可通断额定电压为 DC 440 V 的直流电路，主触头端子有"+""–"极性，要按标志接线	
2	传动装置	直动螺管式电磁铁由铁心、吸引线圈、衔铁组成	
3	灭弧装置	采用灭弧罩灭弧，灭弧室不能装反，不要拆除灭弧室内的磁铁	

4. 应用

在 SS$_4$ 改型电力机车低压电器柜中安装了两个 CZT–20 型直流接触器，在电力机车中的作用为控制前照灯和辅助压缩机，如图 4–4 所示。前照灯接触器为 440KM，辅助压缩机接触器为 442KM。

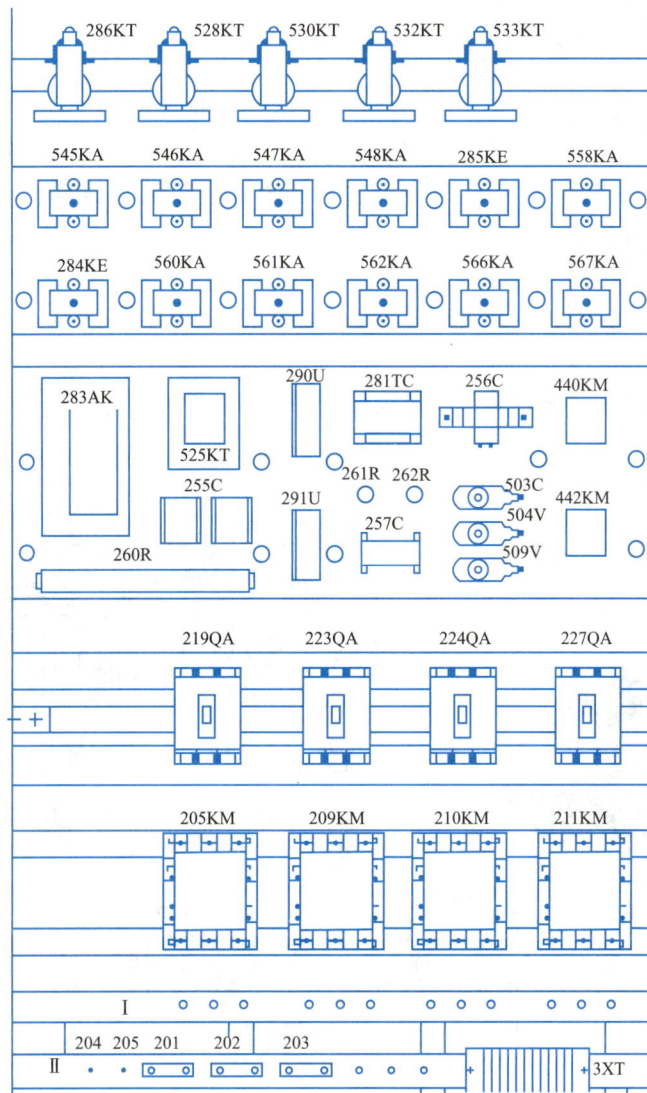

(a) 低压电器柜

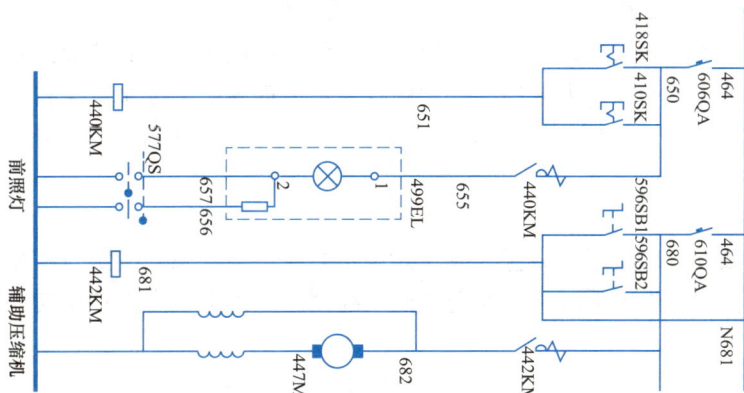

(b) 前照灯接触器和辅助压缩机接触器

图 4-4　CZT-20 型直流接触器在 SS₄ 改型电力机车电路中的应用

4.2.2　CZ5–22–10/22 型直流接触器

1. 型号

CZ5–22–10/22 型，其中：C——接触器；Z——直流；5——设计序号；22——派生代号；10/22——分子第一位和第二位分别表示常开和常闭主触头数，分母第一位和第二位分别表示常开和常闭联锁触头数。

2. 作用

该型接触器用来控制调压开关伺服电动机电源和机车前照灯。

3. 组成

该型接触器主要由触头装置、灭弧装置和传动装置等组成，如图 4–5 所示。

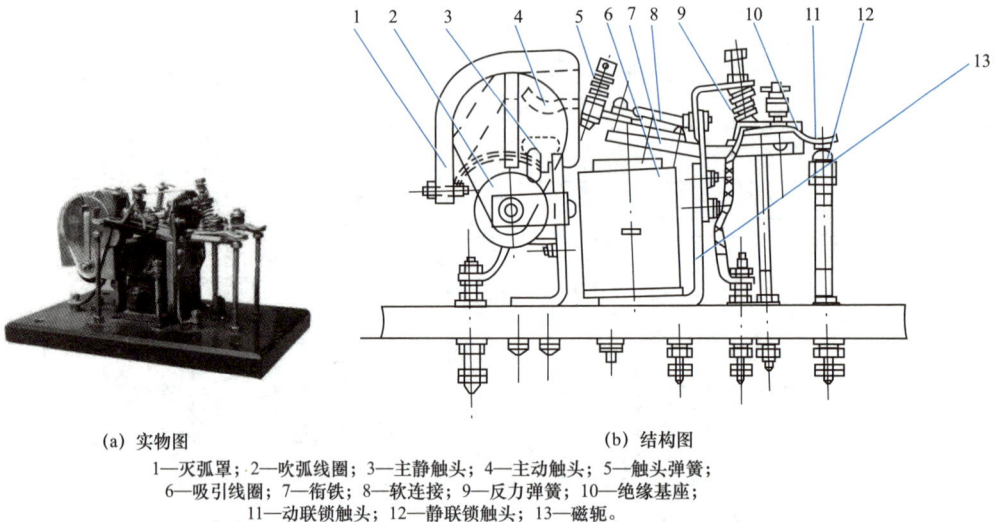

(a) 实物图　　　　　　　　　　　　　　(b) 结构图
1—灭弧罩；2—吹弧线圈；3—主静触头；4—主动触头；5—触头弹簧；
6—吸引线圈；7—衔铁；8—软连接；9—反力弹簧；10—绝缘基座；
11—动联锁触头；12—静联锁触头；13—磁轭。

图 4–5　CZ5–22–10/22 型直流接触器

1）触头装置

由单相主触头和 2 常开、2 常闭联锁触头组成。主静触头为铜质 T 形结构，与引弧角一起装在支架上；主动触头为铜质指形结构，直接装于衔铁上。动联锁触头为指形结构，亦装于衔铁上；静联锁触头为半球形，装于螺杆上。为提高触头寿命，在联锁触头的紫铜块上镶有耐弧材料——银氧化镉片。另外，主动触头、辅助触头上都有触头弹簧，防止触头闭合时产生有害振动。

2）灭弧装置

由带有灭弧罩的磁吹灭弧装置组成，只设在主触头上。磁吹线圈与主触头串联，当主触头在打开过程中产生电弧时，电弧受到磁吹线圈产生的电场力而被拉向灭弧罩，使电弧变长变冷而熄灭。

3）传动装置

由直流拍合式电磁铁组成。为了改善吸力特性，静铁心端面装有极靴，改变反力弹簧和工作气隙，可改变其动作值。为了防止剩磁将衔铁粘住，在衔铁的磁极端面处装有 0.1～

0.2 mm 厚的紫铜片，亦称非磁性垫片。在铁心的磁极端面处一般还加装极靴，以使直流接触器的吸引力特性平坦，减少吸合时的冲击。

4. 工作原理

工作原理与电磁铁相同。

> **任务巩固**

一、填空题

1. CZT-20 型直流接触器电磁铁采用_____。

2. 电磁接触器采用的是电磁传动装置，通常分为_____、_____和_____三大类型。

3. CZT-20 型直流接触器主要由_____、_____和_____等组成。

4. CZ5 系列直流接触器采用的传动装置为_____。

5. SS$_4$ 改型电力机车中使用的直流接触器的型号是_____。

二、选择题

1. CZ5 系列直流电磁接触器的灭弧系统由灭弧罩和（   ）组成。

A. 气吹灭弧装置   B. 磁吹线圈   C. 横向金属栅片

2. 直流电磁接触器不能用来控制（   ）所在电路的接通和分断。

A. 前照灯   B. 劈相机   C. 辅助压缩机

3. CZ5 系列直流电磁接触器为了防止剩磁将衔铁粘住，在衔铁的磁极端面处装有（   ）。

A. 非磁性垫片   B. 极靴   C. 反力弹簧

4. CZ5-22-10/22 型直流接触器的联锁触头系统包括（   ）。

A. 两对常开联锁触头

B. 两对常闭联锁触头

C. 两对常开联锁触头和两对常闭联锁触头

任务 4.3 交流接触器认知与应用

扫码获取学习资源

> **任务描述**

交流接触器广泛应用于各种电动机控制系统中，如制造业、建筑业、矿业等行业的电机控制和保护系统。交流接触器可以实现电机的起动、停止、正反转等控制功能，保护电机免受过载、短路、欠压等故障的损害。

1. 知识目标

了解交流接触器的类型、结构、工作原理及应用。

2. 能力目标

能够说出交流接触器在电力机车上的应用情况。

![知识链接]

4.3.1　CJ20 型三相交流接触器

1. 型号

CJ20-100Z、CJ20-160Z，其中：C——接触器；J——交流；20——设计序号；100（160）——主触头额定电流，A；Z——直流控制。

2. 作用

在 SS_4 型电力机车（1～158 号）和 SS_6 型电力机车辅助电路中，用来接通和断开三相异步电机或启动电阻（启动电容）等。

3. 结构

CJ20 型三相交流接触器的结构型式为直动式，立体布置、双断点、开启式，并采用压铸铝底座、增强耐弧塑料底板和高强度陶瓷灭弧罩组成三段式结构，使接触器结构紧凑，便于检修和更换线圈。CJ20 型三相交流接触器主要由触头装置、传动装置和灭弧装置组成，如图 4-6 所示，其结构特点如表 4-2 所示。

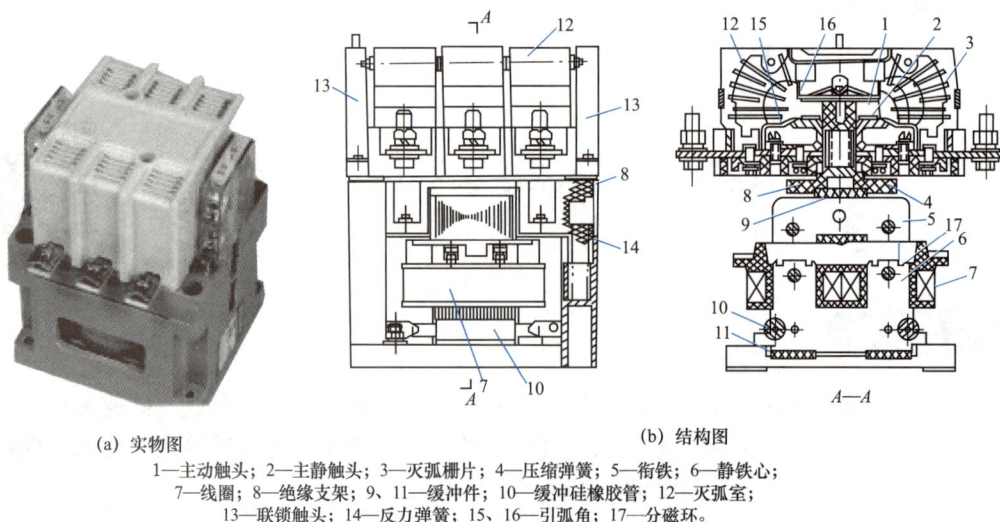

(a) 实物图　　　　　　　　　　　(b) 结构图

1—主动触头；2—主静触头；3—灭弧栅片；4—压缩弹簧；5—衔铁；6—静铁心；
7—线圈；8—绝缘支架；9、11—缓冲件；10—缓冲硅橡胶管；12—灭弧室；
13—联锁触头；14—反力弹簧；15、16—引弧角；17—分磁环。

图 4-6　CJ20 型三相交流接触器

表 4-2　CJ20 型三相交流接触器结构特点

序号	名称	特点	部件
1	触头装置	主触头中的动触桥为船形结构，因而具有较高的强度和较大的热容量。160 A 以下选用黄铜拉伸触桥。静触头选用型材并配以铁质引弧角，使之既具有形状的稳定性，又便于电弧的外运动。触头材料选用银氧化镉，其特点是具有较好的抗熔焊性能和耐电磨损的性能。辅助触头安置在主触头两侧，采用无色透明聚碳酯做成封闭式结构，确保防尘，使接触可靠，160 A 及以下等级为 2 常开、2 常闭	
2	传动装置	采用具有双线的 U 形铁心磁系统，衔铁为直动式，没有转轴，气隙置于静铁心底部中间位置，因而释放可靠。磁系统的缓冲装置采用新型的耐高温吸振材料硅橡胶，还选用了耐磨性能好的聚氨酯橡胶作为停挡	
3	灭弧装置	采用高强度陶瓷纵缝灭弧罩	

4.3.2　AF 型交流接触器

1. 型号

AF400-30-11、AF110-30-11，其中：AF——交直流线圈；400（110）——主触头额定电流，A；30——主触头 3 常开、0 常闭；11——辅助触头 1 常开、1 常闭。

2. 作用

在电力机车上用于控制辅助电路中各辅助电机的接通与断开。

3. 结构

两种型号的结构基本相同，外形如图 4-7 所示，结构特点如表 4-3 所示。

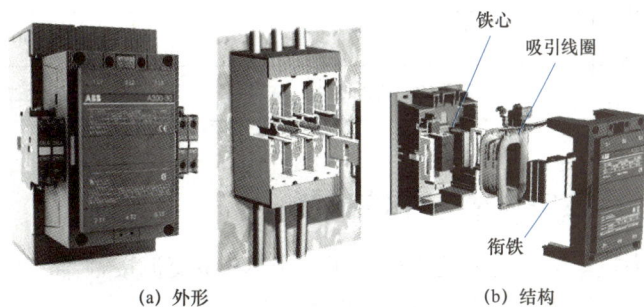

(a) 外形　　　　　　　　　　(b) 结构

图 4-7　AF 型交流接触器

表 4-3　AF 型交流接触器结构特点

序号	名称	特点	部件
1	触头装置	主触头采用正装直动式桥式双断点，触头采用抗熔焊及耐电磨损的银基合金材料制成，导电性能好，寿命长，对环境无污染	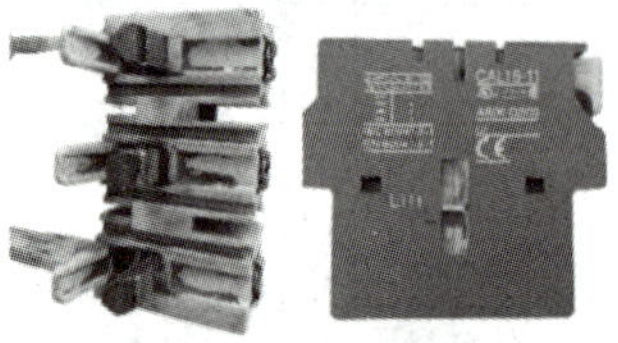
2	传动装置	采用 E 形直动式电磁铁	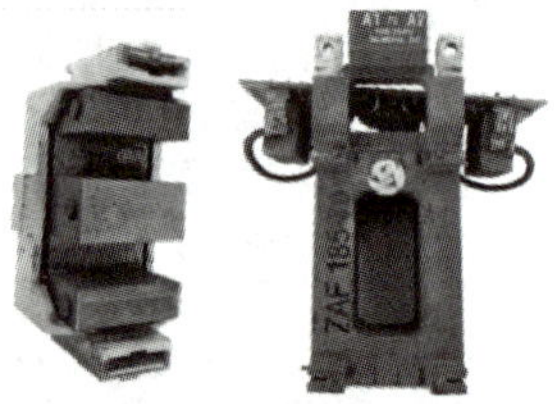
3	灭弧装置	罩盖与躯壳采用耐弧塑料制成，采用自动灭弧方式，U 形灭弧片置于躯壳中，形成封闭灭弧室，灭弧效果好，飞弧距离为零	

4. 动作原理

类似电磁铁的工作原理。

5. 特点

底座用玻璃纤维增强塑料制成，强度高，介电性能好。安装方式可以采用螺钉安装，也可以采用导轨安装，拆装方便迅速。导电部件不外露，安全性能好。

6. 技术参数

技术参数如表 4-4 所示。

表 4-4　AF400-30-11、AF110-30-11 型交流接触器主要技术参数

型号	AF400-30-11	AF110-30-11
数量	3 个/台	2 个/台
额定电压/V	AC 400	AC 400
线圈额定电压/V	48～130	48～130
线圈消耗	吸合 990 W/保持 4 W	吸合 990 W/保持 2 W
辅助触头	DC 125 V/0.55 A	DC 125 V/0.55 A

4.3.3　交流接触器在电力机车中的应用

在 SS$_4$ 改型电力机车低压电器柜中安装了 9 个 AF 型交流接触器，其中 4 个在 1 号低压电器柜内，5 个装在 2 号低压电器柜内，如图 4-8 所示。

HXD$_3$ 型电力机车控制电器柜安装了 AF400-30-11、AF110-30-11 型交流接触器。

(a) 低压电器柜

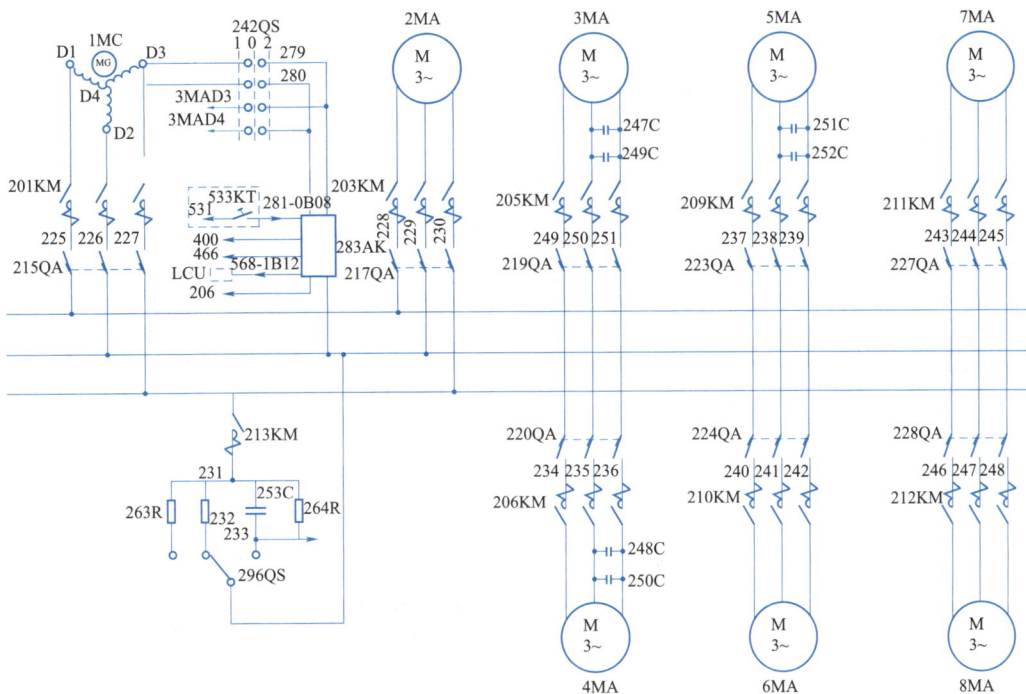

(b) 辅助电路图

图 4-8　AF 型交流接触器在 SS₄ 改型电力机车中的应用

任务巩固

一、填空题

1. 电磁接触器是用＿＿＿＿＿＿＿＿＿＿来驱动衔铁，进而带动触头闭合或断开，以控制电路。

2. CJ20 型三相交流接触器的灭弧装置采用高强度＿＿＿＿＿＿＿。

3. CJ20 型三相交流接触器在 SS₄ 型电力机车（1～158 号）和 SS₆ 型电力机车辅助电路中，用来接通或断开＿＿＿＿＿＿＿＿＿＿＿＿或启动电阻（启动电容）等。

二、判断题

1. AF-400 型交流接触器可以通断额定电流 400 A 的电路。　　　　　　　　　　（　　）

2. CJ20 型三相交流接触器的结构型式为直动式，立体布置、双断点、开启式。（　　）

3. 目前应用在 HXD₃ 型电力机车中控制辅助电机的是 AF 型交流接触器。　　（　　）

4. AF 型交流接触器采用启动线圈和保持线圈并联的双线圈结构。　　　　（　　）

三、选择题

1. CJ20 型三相交流接触器主触头中的动触桥为（　　）结构。

A. 船形　　　　　　　　　　B. T 形　　　　　　　　　　C. 指形

2. AF 型交流接触器传动装置的磁系统为（　　）。

A. 单 U 形直动式　　　　　B. 单 E 形直动式　　　　　C. U 形转动式

任务 4.4　电空接触器认知与应用

▶ 任务描述

　　电空接触器是一种利用气压作为能量传递媒介，通过控制电磁阀的开关来控制气路的开关状态，实现信号远距离传输的设备。主要原理是利用电信号控制电磁阀的开闭，通过调节气路的开关状态来实现信号的传输。

　　由于电力机车上有现成的压缩空气源，而电空传动的电器具有体积小、重量轻、传动力大等优点，所以在 SS₄ 改型电力机车主电路中广泛使用电空接触器。

▶ 任务目标

1. 知识目标

了解电空接触器的概念、结构工作原理及应用。

2. 能力目标

能够说出电空接触器在电力机车上的应用情况。

1—缓冲弹簧；2—静主触头；3—动主触头；4—绝缘块及活塞杆；
5—开断弹簧；6—缸体；7—电空阀；8—活塞。

图 4-9　电空接触器工作原理示意图

▶ 知识链接

4.4.1　电空接触器工作原理

　　电空接触器一般由触头装置、灭弧装置、气缸传动装置组成，其工作原理如图 4-9 所示。电空阀通过电磁吸力来控制压缩空气管路的导通或关断，从而达到远距离控制气动器械的目的。电空阀按工作原理分为闭式和开式两种，二者结构基本相同，都由电磁机构和气阀两部分组成，工作原理也类似。闭式电空阀是电力机车上应用较多的一种，气缸传动装置由气缸、活塞、电空阀等组成。当电空阀线圈得电时，其控制的压缩空气进入传动气缸，推动活塞压缩开断弹簧而向上运动，使动、静触头闭合。当电空阀线圈失电时，其控制的压缩空气排向大气，在开断弹簧的作用下，推动活塞

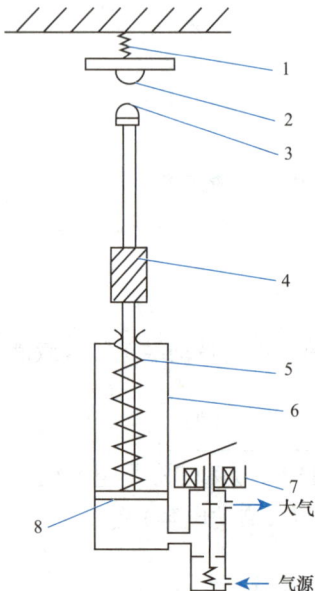

带动活塞杆和动触头下移，动、静触头打开，同时灭弧。在主触头动作的同时，联锁触头也相应动作。

4.4.2　TCK1-400/1500 型电空接触器

1. 型号

TCK1-400/1500，其中：T——铁路用；C——接触器；K——压缩空气控制；1——设计序号；400——主触头额定电流，A；1500——开断电压，V。

2. 作用

在 SS₁ 型和 SS₄ 型电力机车上，用于控制磁场削弱电阻。

3. 结构

如图 4-10 所示，由于磁场削弱电阻上有压降，且又是电阻性负载，所示接触器不带灭弧装置，主要由触头装置和传动装置组成，结构特点如表 4-5 所示。

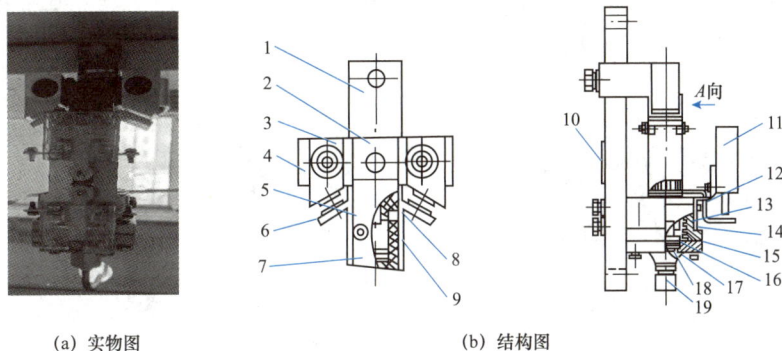

(a) 实物图　　　　　　　(b) 结构图

1—支柱；2—静触头座；3—静主触头；4—连接片；5—绝缘块；6—动主触头；
7—绝缘杆；8—动主触头桥；9—弹簧；10—铭牌；11—联锁触头；
12—联锁板；13—气缸座；14—铜套；15—反力弹簧；
16—活塞；17—皮碗；18—气缸盖；19—管接头。

图 4-10　TCK1-400/1500 型电空接触器

表 4-5　TCK1 型电空接触器结构特点

序号	名称	特点	部件
1	触头装置	主触头为直动、桥式、双断点，触头表面成 120°夹角，材质为紫铜，其上焊有银片，且动、静触头之间为面接触，有较好的导电性能。联锁触头采用通用件，为一行程开关	
2	传动装置	采用的是薄膜式传动装置，主要由气缸、活塞、皮碗和复原弹簧等组成，本身不带有专门的电空阀	

4. 动作原理

当电空阀控制的压缩空气通过管接头进入气缸，鼓动皮碗推动活塞克服复原弹簧的反力，使活塞杆、绝缘杆上移，动、静触头闭合，联锁触头相应动作。当电空阀失电时，气缸内的压缩空气经电空阀排向大气，在复原弹簧作用下，使活塞杆、绝缘杆下移，带动主触头打开。

4.4.3 TCK7–600/1500 型电空接触器

1. 型号

含义同 TCK1 型电空接触器。

2. 作用

主要控制电力机车主电路的有关励磁电流回路和牵引电机回路。

3. 结构

如图 4–11 所示，TCK7–600/1500 型电空接触器主要由触头装置、传动装置和灭弧装置等组成。TCK7 型电空接触器结构特点如表 4–6 所示。

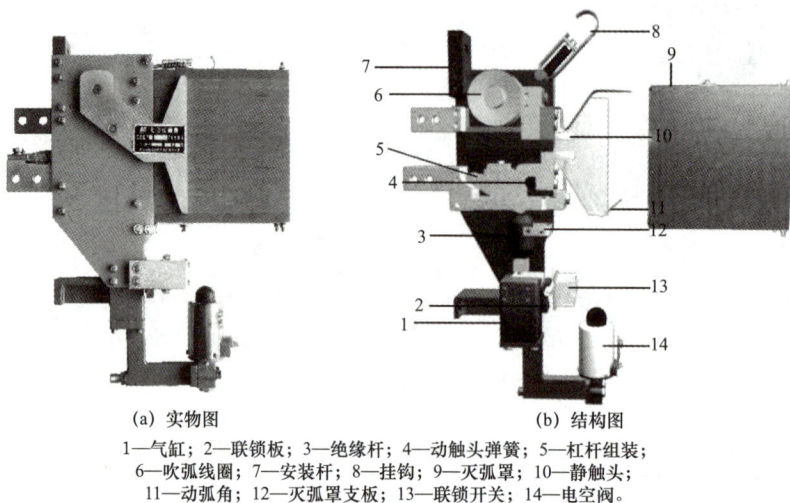

(a) 实物图　　　　　　　　　　　(b) 结构图

1—气缸；2—联锁板；3—绝缘杆；4—动触头弹簧；5—杠杆组装；
6—吹弧线圈；7—安装杆；8—挂钩；9—灭弧罩；10—静触头；
11—动弧角；12—灭弧罩支板；13—联锁开关；14—电空阀。

图 4–11　TCK7–600/1500 型电空接触器

表 4–6　TCK7 型电空接触器结构特点

序号	名称	特点	部件
1	触头装置	主要由主触头和联锁触头组成，主触头为 L 形单断点、面接触触头，紫铜基面上镶有银碳化钨粉末冶金片，有较好的抗熔焊、耐电弧、耐机械磨损和电磨损性能，且导电、导热性能好。联锁触头为 KY1 型盒式桥式双断点触头，材质为银，2 常开、2 常闭	

续表

序号	名称	特点	部件
2	传动装置	采用的是气缸传动装置，由电空阀、传动气缸、绝缘杆等组成。电空阀为 TFK1B-110 型闭式电空阀。传动气缸竖放，缸内有活塞及连杆等，绝缘杆用以隔离带电体	
3	灭弧装置	主要由灭弧罩、灭弧角（由 2 mm 厚黄铜板压制成）、磁吹线圈及铁心等组成	

4. 动作原理

同图 2-9 所示的工作原理。

4.4.4　电空接触器在电力机车中的应用

电空接触器因具有较大的开断能力，在电力机车上常用在主电路中。

1. 线路接触器

在 SS₄ 改型电力机车一端高压电器柜中布置了 3 个 TCK7 型电空接触器，其中有 2 个分别为 1 位牵引电机线路接触器 12KM、2 位牵引电机线路接触器 22KM（如图 4-12 所示），用于接通或断开脉流牵引电机。

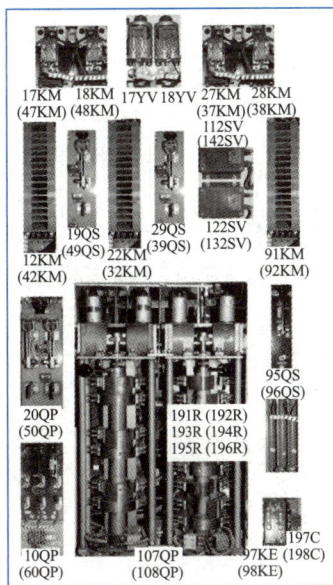

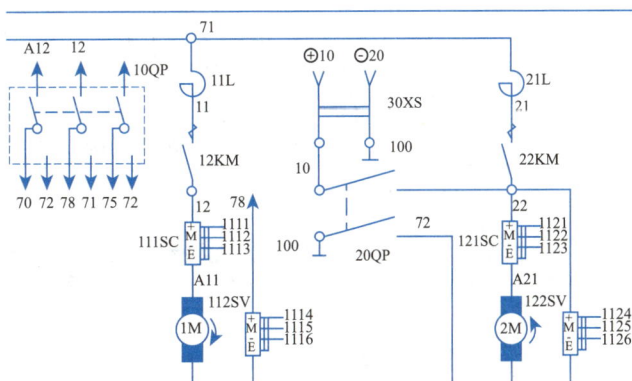

(a) 高压电器柜　　　　　　　　(b) 牵引电机电路

图 4-12　电空接触器在机车电路中的应用

2. 磁削接触器

TCK1-600（1000）/1500 型电空接触器，用于控制磁场削弱电阻是否接入时，称为磁削接触器。在高压电器柜中还布置了 4 个 TCK1 型电空接触器，分别为 2 个一级磁削接触器 17KM、27KM 和 2 个二级磁削接触器 18KM、28KM。

如图 4-13 所示，在 SS₄ 改型电力机车磁场削弱电路中，一级磁削电阻 15R 由磁削接触器 17KM 控制，二级磁削电阻 16R 由磁削接触器 18KM 控制。SS₄ 改型电力机车有三级磁场削弱，三级磁削电阻由 15R、16R 共同担当，即两电阻都投入，并由 17KM、18KM 共同控制。

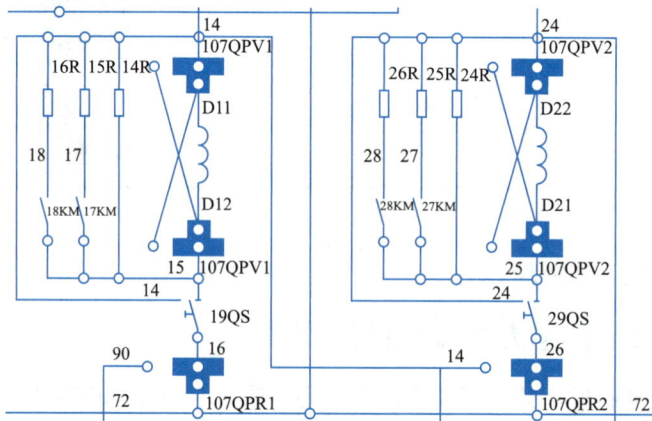

图 4-13 SS₄改型电力机车磁场削弱电路

3. 励磁接触器

TCK7-600（1000）/1500 型电空接触器，用于控制电力机车制动工况下的励磁电流回路时，称为励磁接触器，如图 4-14 中的 91KM、92KM 所示。

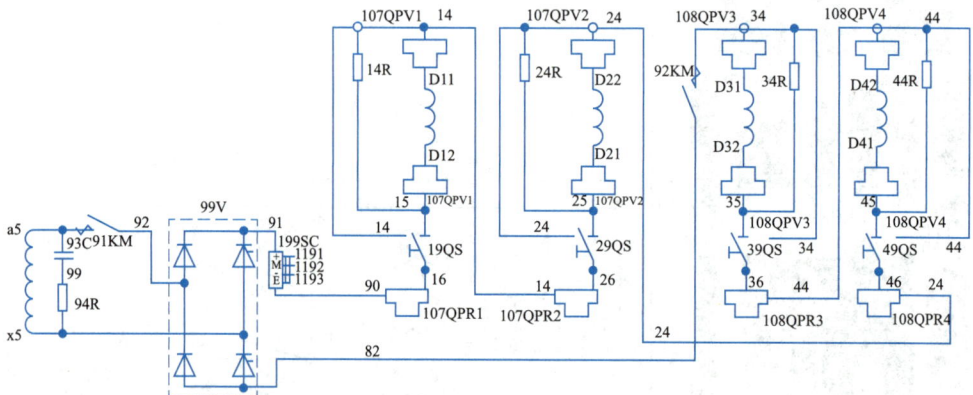

图 4-14 SS₄改型电力机车励磁电路

任务巩固

一、填空题

1. TCK7 型电空接触器主要由_____、_____和_____三部分组成。

2. TCK1-400/1500 型电空接触器的主触头额定电流为_____。

3. TCK7-600/1500 型电空接触器在电力机车中的作用主要是_____。

二、选择题

1. TCK7-600/1500 型电空接触器的开断电压是（　　　）。

A. 600 V　　　　　B. 1 500 V　　　　　C. 110 V

2. TCK1-400/1500 型电空接触器的联锁触头采用通用件，为一（　　　）。

A. 常开触点　　　B. 常闭触点　　　　C. 行程开关

三、判断题

1. TCK1-400/1500 型电空接触器的作用是控制主电路。　　　　　　　　（　　　）

2. TCK1-400/1500 型电空接触器的主触头为直动桥式双断点，触头表面成 120°夹角。
　　　　　　　　　　　　　　　　　　　　　　　　　　　　　　　　（　　　）

3. TCK7-600/1500 型电空接触器的作用主要是控制电力机车主电路的有关励磁电流回路和牵引电机回路。　　　　　　　　　　　　　　　　　　　　　　（　　　）

四、简答题

分析磁削接触器的工作原理。

扫码获取学习资源

任务 4.5　真空接触器认知与应用

任务描述

真空接触器由于灭弧原理上的特点，比较适用于交流电路（若熄灭直流电弧，需采取适当的措施）。它具有耐压强度高，介质恢复速度快，接通、分断能力大，电气和机械寿命长等特点，可在重任务条件下供重要场合使用。

任务目标

1. 知识目标

了解真空接触器的概念、结构及应用。

2. 能力目标

能够说出真空接触器在电力机车上的应用情况。

知识链接

1. 型号

EVS630/1-110DC、EVS700/1-110DC，其中：EVS——真空接触器；630（700）——额

定工作电流，A；1——极数；110——控制电源的电压值，V；DC——控制电源类型。

2. 作用

EVS630/1-110DC 型真空接触器在 SS$_4$改型电力机车主电路中用来接通或断开功率因数补偿装置（PFC）。

EVS700/1-110DC 型真空接触器在 SS$_8$ 型电力机车供电电路中用来实现机车向列车供电的控制。

3. 结构

如图 4-15 所示，在真空接触器的基座上，驱动机构和装在其旁的辅助开关组件位于真空开关管的上方。真空开关管的动触头经联轴节组件和驱动机构连接，并经软连接和上连接板连接。真空开关管的静触头支杆经连接卡圈和下连接板连接。

在断开状态下，真空开关管的两触头拉开 1.5 mm。由于在真空中断开，这么小的距离已能完全开断电路。触头被拉开的状态是由驱动系统中的压力弹簧实现的。

4. 动作原理

真空接触器的电磁铁设计为带节能电阻的直流电磁铁。接通控制电源时，电磁铁对压力弹簧做功。释放动触头支杆，动触头支杆借助外部作用力使动、静触头闭合。

5. 特点

真空接触器具有接通、分断能力大，电气和机械寿命长等特点，可在重任务条件下供重要场合使用。但也易出现电弧电流过零前就熄灭的截流现象，从而在电感电路中产生过电压。

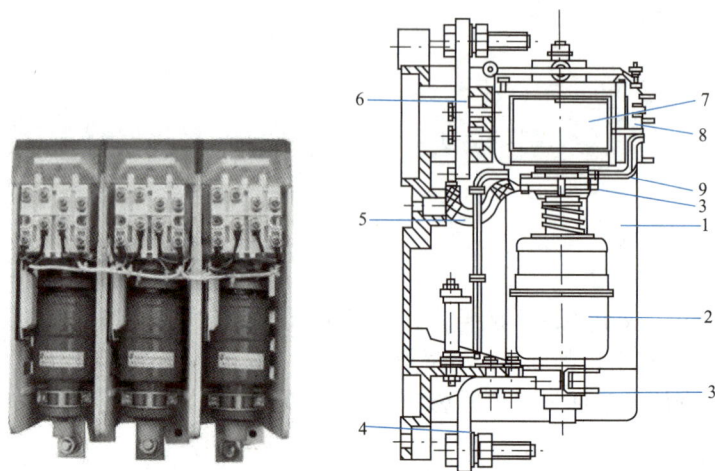

(a) 实物图   (b) 结构图

1—基座；2—真空开关管；3—连接卡圈；4—下连接板；
5—软连接；6—上连接板；7—驱动机构；8—辅助开关；9—联轴节。

图 4-15　EVS630/1-110DC 型真空接触器

6. 参数

1）主回路技术参数

额定工作电流	630 A
额定工作电压	1 140 V
额定工作频率	50 Hz

额定接通能力	6 300 A
额定分断能力	5 040 A
额定短时耐受电流	8 000 A
额定峰值耐受电流	13 600 A
机械寿命	≥500 万次
电气寿命	≥6 万次
最大机械操作频率	3 000 次/h

2）控制电路技术参数

额定工作电流	DC 0.4 A
额定工作电压	DC 220 V

7. 在电力机车中的应用

SS₄ 改型电力机车主电路设置有 4 组完全相同的 PFC 装置［见图 4-16（a）］，安装于 PFC 开关柜中。该装置通过滤波电容和滤波电抗的串联谐振，降低机车的三次谐波含量，提高机车的功率因数。一个牵引绕组并联一个 PFC：a2x2 并联 77PFC，a1b1x1 并联 78PFC，a4x4 并联 87PFC，a3b3x3 并联 88PFC。

在功率因数装置电路中应用了 4 个真空接触器，用来控制每个牵引绕组两端并联的 PFC 装置是否接入电路，起到提高功率因数的作用［见图 4-16（b）中的 114KM］。

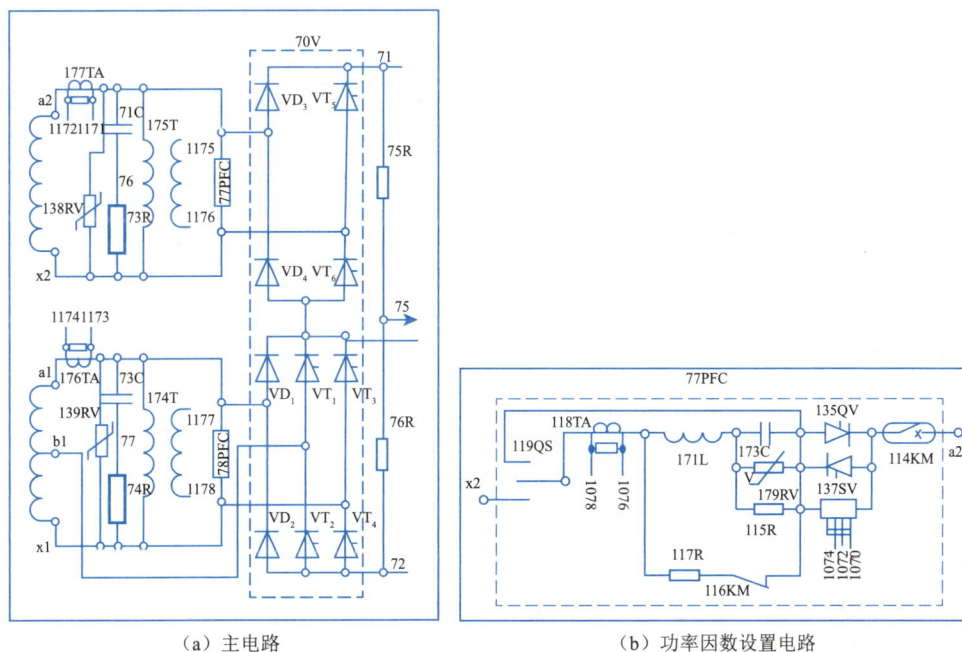

（a）主电路　　　　　　　　　　　　　（b）功率因数设置电路

图 4-16　真空接触器在 SS₄ 改型电力机车中的应用

任务巩固

一、填空题

1. 真空接触器比较适用于＿＿＿＿＿＿＿＿＿电路。

2. 真空接触器的电磁铁设计为＿＿＿＿＿＿＿＿＿＿＿。

3. EVS630 型真空接触器的最大机械操作频率可达＿＿＿＿＿次/h。

二、选择题

1. EVS630/1-110DC 型真空接触器的控制电源的电压为（　　　）。

A. DC 110 V　　　　　　B. DC 630 V　　　　　　C. DC 700 V

2. EVS630/1-110DC 型真空接触器的额定工作电流为（　　　）。

A. 630 A　　　　　　　B. 700 A　　　　　　　C. 110 A

3. EVS630 型真空接触器的额定工作频率为（　　　）。

A. 100 Hz　　　　　　B. 60 Hz　　　　　　　C. 50 Hz

4. EVS630/1-110DC 型真空接触器在 SS₄ 改型电力机车主电路中用来接通或断开（　　　）。

A. 三相异步电动机　　　B. 启动电阻　　　　　C. 功率因数补偿装置

5. 真空接触器采用的灭弧方法为（　　　）。

A. 长弧灭弧法　　　　　B. 短弧灭弧法　　　　　C. 零点灭弧法

三、判断题

1. EVS630/1-110DC 型真空接触器在 SS₄ 改型电力机车主电路中用来接通或断开功率因数补偿装置。　　　　　　　　　　　　　　　　　　　　　　　　（　　　）

2. EVS630 型真空接触器的辅助电路技术参数的额定工作电压是 DC 110 V。　（　　　）

3. 真空接触器具有耐压强度高，介质恢复速度快，接通、分断能力大，电气和机械寿命长等特点。　　　　　　　　　　　　　　　　　　　　　　　　　　　（　　　）

育人案例

大国工匠——"机车神医"张如意

　　张如意在中车大连机车车辆有限公司被誉为"机车神医"，他曾参与了和谐号、复兴号所有机车首发车型的调试，把机车安全送出了国门，做到了技能报国。从张如意的身上我们看到了以下闪光点。

　　精益求精　作为机车出厂调试人员，其职责是把握好机车出厂的最后一道关卡。要做好这个工作，就要清楚机车各部件的作用，以及机车电气系统的工作原理。当张如意从一个电工转变为机车技术人才后，面对新岗位、新要求，张如意明白自己要学习的专业知识有很多，遇到问题会及时向设计部门的同志学习，拉着翻译与国外专家进行交流，经过日积月累的学习，最终成为了掌握电力机车世界先进技术的专家型人才。

　　持之以恒　张如意在师傅眼中是可造之材，经过师傅的推荐，他来到了调试车间。从一名普通电工成为一名机车调试专家，一干就是 16 年。他持之以恒，凭借着勇攀高峰的精神，慢慢掌握了调试机车的诀窍，搞清了机车电气系统的工作原理，经过长时间地学习机车主变压器的工作原理，张如意成为了使用软件分析机车主变压器接地故障的第一人。

爱岗敬业 张如意从老师傅们身上传承了"干一行，爱一行，专一行"的精神，在工作中力求完美，对于自己的徒弟，张如意把自己所掌握的窍门、秘诀认真细心地讲给徒弟们听，徒弟们心领神会，工作特别认真，凡事都会按照操作流程来。张如意的徒弟说："师傅的技术让我们特别佩服。我们都会学习他对工作认真负责的态度，师傅经常跟我们说，工作要严格按照操作规程来，容不得半点马虎。"

思考：

靠着传承和钻研，凭着专注和坚守，大国工匠们尽职尽责，在自己的岗位中发光发热。请大家谈一谈如何在以后的工作中体现出这些工匠精神。

项目 5 继电器认知与应用

项目描述

继电器是一种根据某种输入信号的变化来接通或断开控制电路，实现控制、远距离操纵和保护的自动电器。继电器广泛地应用于自动控制系统、电力系统及通信系统中，起控制、检测、保护和调节等作用。在机车电路中，各类继电器（电磁、机械）也具有非常重要的作用。

本项目介绍电力机车常用继电器的分类、基本参数、作用、结构、工作原理及继电器在机车电路中的应用。

项目目标

1. 育人目标

① 围绕铁道机车运用与维护岗位工作技能需求，通过继电器认知及继电器在电力机车中的应用，激发学生学习兴趣和对铁道机车运用与维护岗位的热爱。

② 通过一体化教学方式，让学生自己去感知研究对象、任务和学习方法，使学生具有融会贯通、理论联系实际的能力，培养学生自主学习的习惯与能力，增强学生勇于探索的精神、善于解决问题的实践能力。

③ 学习中融入"最美奋斗者"的先进事迹，培养学生爱岗敬业、勇于担当、无私奉献的职业精神。

2. 知识目标

① 掌握继电器的组成、分类、动作原理和性能指标等相关理论知识内容。

② 掌握直流继电器、交流继电器、机械式继电器的作用、结构、动作原理等相关理论知识内容。

3. 能力目标

① 能够说出各种继电器在电力机车上的运用。

② 能够说出交流继电器、直流继电器在电力机车上的运用情况。

③ 能够说出机械式继电器在电力机车上的应用情况，并能够分析常见故障问题。

课时建议

8 学时。

任务 5.1　继电器认知

扫码获取学习资源

任务描述

继电器是一种电控制器件，是当输入量（激励量）的变化达到规定要求时，在电气输出电路中使被控量发生预定的阶跃变化的一种电器，主要用于通过小电流控制大电流，实现电路的自动控制、自动调节、安全保护及转换等功能。本任务重点学习继电器的组成、分类、动作原理、性能指标及其在电力机车上的应用。

任务目标

1. 知识目标

掌握继电器的组成、分类、动作原理和性能指标等相关理论知识内容。

2. 能力目标

能够说出不同种类继电器在电力机车上的运用。

知识链接

5.1.1　继电器的定义及作用

继电器是根据某种输入信号（输入量）接通或断开小电流控制电路，实现远距离自动控制和保护的自动控制电器。

在电力机车上，继电器用于控制电路中，具有控制、保护或转换信号的作用。

5.1.2　继电器的组成

1. 结构组成

对于有触点的继电器，一般由触头装置和传动装置（一般没有灭弧装置）组成。

2. 原理组成

继电器根据外界输入的一定信号来控制相应电路中电流的通断，为了完成它的特定使命，继电器一般由测量机构、比较机构和执行机构等部分组成，其原理组成方框图如图 5-1 所示。

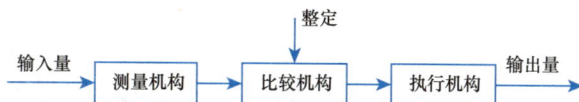

图 5-1　继电器原理组成方框图

对于大部分继电器来说，输入量可以是电量，如电压、电流、阻抗、功率等，也可以是非电量，如压力、速度、温度等。输入量可以是一个量，也可以是两个或多个量。

测量机构是反映继电器输入量的装置，用于接收输入量，并将其转换成继电器工作所必需的物理量。例如电磁型继电器，测量机构是线圈和铁心构成的磁系统，用来测量输入电量的大小，并在衔铁上将电量的大小转换成相应的电磁吸力。

比较机构的作用是将输入量（或转换量）与预设的整定值进行比较，根据比较结果决定执行机构是否动作。例如电磁型继电器的反力弹簧，当电磁吸力大于反力弹簧的反力时，衔铁吸合，执行机构动作；当电磁吸力小于反力弹簧的反力时，衔铁不吸合，执行机构不动作，没有输出。

执行机构是反映继电器输出量的装置，作用于被继电器控制的相关电路中，以得到所必需的输出量。执行机构根据比较的结果决定动作与否，如有触点电器中触点的分、合动作，无触点电器中晶体管的饱和、截止状态。执行机构的动作与否能实现对电路的通、断控制。

输出量往往是电量。不管输入是何种形式的物理量，根据比较结果（即执行机构的动作状态）决定是否有输出量。

5.1.3 继电器的工作原理

现以图 5-2 所示的有触点电磁式继电器为例，说明继电器的工作原理。

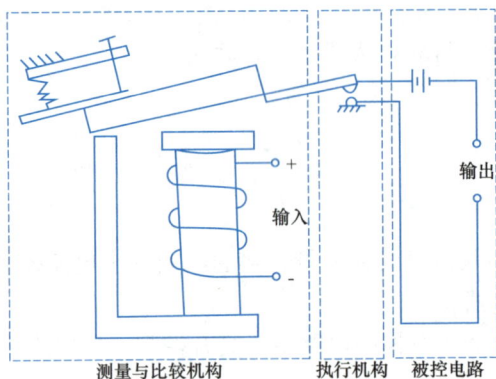

图 5-2　有触点电磁式继电器工作原理示意图

继电器由测量机构、比较机构、执行机构组成。电磁机构是电磁式继电器的测量机构，触头是电磁式继电器的执行机构。测量机构接收输入量（电流或电压等信号），并将其转变为继电器工作所必需的物理量（电磁吸力）；通过比较机构进行比较，当达到动作参数值或释放参数值（电磁吸力大于或小于反力）时，促使执行机构动作（触头闭合或开断）；接通被控电路，从而得到一个输出电压。

继电器的输入量与输出量之间有一特定的关系，这就是继电器最基本的输入输出特性，亦称继电特性。图 5-3 为具有常开接点继电器的继电特性，输入量用 X 表示，输出量用 Y 表示。由上述工作原理分析可知，继电器的继电特性由连续输入、跃变输出的折线组成，只要某装置有该输入输出特性就能称为继电器。图 5-3 中，X_{dz} 为继电器的动作值，X_{fh} 为继电器的返回值，X_e 为继电器的额定值，Y_1 为输出信号。

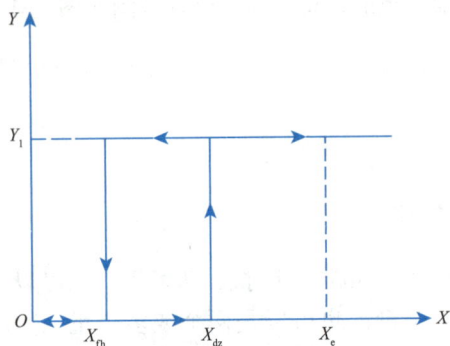

图 5-3　具有常开接点继电器的继电特性

5.1.4 继电器的特点

在电力机车上，继电器只用于控制电路，一般不直接控制主电路或辅助电路，而是通过接触器或主电路、辅助电路中的其他电器对主电路、辅助电路进行控制。同接触器相比较，继电器具有以下特点：

① 继电器触头容量小，一般采用点接触形式，没有灭弧装置，体积和重量也比较小。

② 继电器的灵敏度要求极高，输入量、输出量应易于调节。

③ 继电器能反映多种信号（如各种电量、非电量等），外形多样化，用途很广。

④ 继电器不能用来开断主电路及大容量的控制电路。

5.1.5 继电器的分类

继电器种类繁多，用途很广，对不同类型的继电器要求不同，有时对同一类型的继电器，也需要从不同的方面去说明它的特性。因此，继电器有很多种分类方法，下面仅根据目前电力机车上使用的情况来分类。

1. 按用途分类

按照在电力机车上用途不同，继电器可分为控制继电器和保护继电器。控制继电器可用来对电力机车上的一个或多个电路进行控制；保护继电器能够通过接通或开断相应电路来实现对电力机车的保护。

2. 按输入量性质分类

按照输入量性质不同，继电器可分为电磁式继电器和机械式继电器，如图 5-4 所示。电磁式继电器的输入量是电流、电压等电量，是反映电量的继电器；机械式继电器的输入量是压力、风速、温度等非电量，是反映非电量的继电器。

由于电磁式继电器具有工作可靠、结构简单、易于制造等优点，因此在电力机车上得到了广泛的应用。

(a) 电磁式继电器　　　　　　　(b) 机械式继电器

图 5-4　继电器类型（按输入量分类）

3. 按执行机构分类

按照执行机构不同，继电器可分为有触点继电器和无触点继电器，如图 5-5 所示。有触点继电器的执行机构为触头，通过触头的闭合和开断来执行动作；无触点继电器则通过晶体管的饱和或截止来实现类似有触点继电器的触头动作的功能。

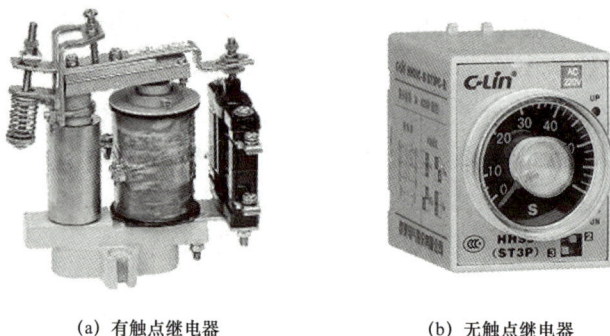

(a) 有触点继电器   (b) 无触点继电器

图 5-5　继电器类型（按执行机构分类）

4. 按输入电流性质分类

按照输入电流性质不同，继电器可分为直流继电器和交流继电器。

5. 按作用分类

按照在电力机车上作用不同，继电器可分为电流继电器、电压继电器、时间继电器、中间继电器、压力继电器等。

电压继电器是指当继电器线圈两端电压达到规定值时动作的继电器，其吸引线圈与电路并联，故线圈直径较小，匝数较多，主要供控制用。

电流继电器是指当继电器线圈流过的电流达到规定值时动作的继电器，其吸引线圈与电路串联，故线圈直径较大，匝数较少，多供过载或短路保护用。

中间继电器是指用来增加控制电路数目或将信号放大的继电器，实际上也属于电压继电器。

时间继电器是指从接收信号至触头动作（或使输出电路的电参数产生跳跃或改变）具有一定的延时，该延时又符合其准确度要求的继电器。

5.1.6　继电器的基本参数

在继电器的选用、维护、维修等工作中，要求对继电器的基本参数有一定了解和掌握，下面对继电器的基本参数进行简要介绍。

1. 额定参数

额定参数是指输入量的额定值及触点的额定电压、额定电流等。

2. 动作值

动作值是指使继电器吸合动作所需要的物理量的最小数值，如电流继电器的动作电流、电压继电器的动作电压、风压继电器的动作风压等，有时也称整定值。

3. 返回值

返回值是指使继电器释放动作所需要的物理量的最大数值。对于具有常开接点的继电器而言，其释放值也称释放值。

4. 返回系数

返回系数是指继电器输入量的释放值与动作值之比，即：

$$K_{fh} = \frac{X_{fh}}{X_{dz}}$$

返回系数是继电器的重要参数之一，对于继电器来说，一般 $K_{fh}<1$。K_{fh} 越接近 1，继电器动作越灵敏，但抗干扰能力就越差，所以返回系数也不一定是越高越好。对控制继电器来说，返回系数要求不高，而保护继电器一般要求有较高的返回系数。

5. 额定工作制

对于继电器来说，一般有 3 种额定工作制，即长期工作制、短时工作制、间断工作制。

6. 使用寿命

使用寿命包括继电器的机械寿命和电气寿命，是继电器的重要技术指标。目前，控制继电器的机械寿命高达 1 000 万次以上，寿命也与使用条件有关。

7. 动作时间和释放时间

对于电磁式继电器，动作时间是指从继电器通电起，到所有触点达到工作状态止所经过的时间间隔。释放时间是指从继电器断电起，到所有触点恢复到释放状态止所经过的时间间隔。按动作时间或释放时间的长短，继电器可分为快速动作、正常动作和延时动作 3 种类型。

5.1.7　继电器在机车电路中的表示

对于电磁式继电器，线圈是否有电决定其触头处于闭合位还是断开位。因此，在电力机车的电气线路图中，通常把继电器的线圈和各触头表示出来，以显示该继电器在电路中的作用，并用不同的代号来标注不同用途的继电器。

图 5-6 为 SS_4 改型电力机车电气线路中的一个环节，其中 539KT 是时间继电器，其线圈用一侧涂黑的矩形表示；563KA、564KA 是中间继电器，其线圈用矩形表示。

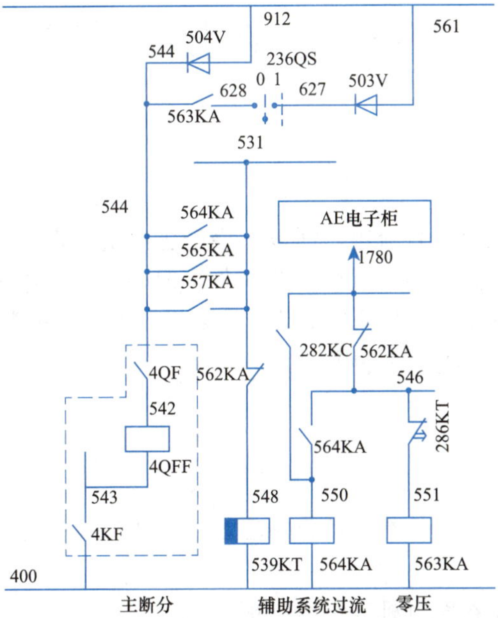

图 5-6　SS_4 改型电力机车电气线路中继电器的表示方法

任务巩固

一、填空题

1. 从继电器的工作原理考虑，继电器一般由_____、_____和_____等部分组成。

2. 继电器常用于电力机车的_____电路中。

3. 继电器的输入量与输出量之间的关系称为_____特性。

4. 在电力机车上，根据用途不同，继电器可分为_____继电器和_____继电器。

5. 电力机车上的继电器按照输入量性质的不同，一般可分为_____和_____两种。

二、选择题

1. 对于大部分继电器来说，输入量可以是（　　　）。

A. 电量　　　　　B. 非电量　　　　　C. 以上都可以

2. 继电器一般采用（　　　）接触形式，体积和重量也比较小。

A. 点　　　　　　B. 线　　　　　　C. 面

3. 使继电器释放动作所需要的物理量的最大值被称为（　　　）。

A. 额定值　　　B. 动作值　　　　　C. 返回值　　　　　　　D. 释放时间

三、判断题

1. 继电器的输入量为非电量时，其输出量也为非电量。　　　　　　　　　（　　　）

2. 无触点继电器的执行机构为触头。　　　　　　　　　　　　　　　　　（　　　）

3. 继电器不能用来开断主电路及大容量的控制电路。　　　　　　　　　　（　　　）

扫码获取学习资源

任务 5.2　直流继电器认知与应用

任务描述

　　直流继电器的输入电流为直流电，所以不会产生电抗。直流继电器的线圈通常线径比较小，主要是为了增大内阻，防止近似短路现象，但缺点是工作时发热量较大，所以直流继电器通常做得较高、较长，主要是为了散热效果好。本任务重点学习直流继电器的作用、结构、动作原理及其在电力机上车的应用。

任务目标

1. 知识目标

掌握直流继电器的作用、结构、动作原理等相关理论知识内容。

2. 能力目标

能够说出直流继电器在电力机车中的应用情况。

知识链接

5.2.1 JZ15-44Z 型中间继电器

1. 型号

JZ15-44Z 型,其中:J——继电器;Z——中间;15——设计序号;44——接点数:4 常开、4 常闭;Z——直流控制。

2. 作用

中间继电器在电力机车上应用较广,该型继电器在电力机车直流控制电路中,用来控制各种控制电器的电磁线圈,以使信号放大或用一个信号控制几个电路中的电器。

3. 组成

JZ15-44Z 型中间继电器为整体式结构,布置紧凑,主要由传动装置和触头(接点)装置组成,如图 5-7 所示。JZ15-44Z 型中间继电器结构特点如表 5-1 所示。

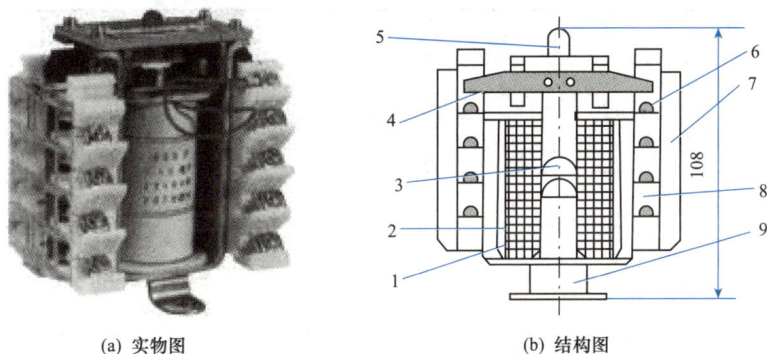

(a) 实物图   (b) 结构图

1—吸引线圈;2—磁轭;3—铁心;4—衔铁;5—按钮;
6—触头组;7—防尘罩;8—反力弹簧;9—支座。

图 5-7 JZ15-44Z 型中间继电器

表 5-1 JZ15-44Z 型中间继电器结构特点

序号	名称	特点	部件
1	触头装置	为 8 对双断点桥式银点触头,分别布置在磁轭两侧。可根据需要任意组合成 2 开 6 闭、4 开 4 闭、6 开 2 闭的方式,但必须注意两个触头盒中的常开、常闭接点应对称布置。为了防尘和便于观察接点,继电器带有透明的防尘罩	
2	传动装置	由直动螺管式电磁铁构成,铁心和线圈布置在继电器中央,铁心采用锥形止铁(可获得较平坦的吸力特性和足够的开距)	

继电器的反力特性依靠动触头支架上的一对拉伸弹簧调节，衔铁上还装有一个手动按钮，以供检查及故障时操作使用。

该型继电器的接点容量为 10 A，为了保证继电器体积小、结构紧凑、具有大电流的分断能力，触头系统采用永磁钢吹弧以提高触头直流分断能力。小型化的永磁钢嵌装在静触头的下部，采用无极性布置法，有助于直流电弧的拉长，实现吹弧的目的。

在检修时要特别注意以下 2 点：

① 永磁钢极性不能任意改变，应保证两个静触头下的永磁钢极性相反。若装成同极性，则可能在某一电流方向时发生两弧隙电弧拉向内侧现象，造成静触头间飞弧事故。

② 若永磁钢丢失，则分断能力要降低一半，触头必须降容量使用。

4. 主要技术参数

电磁式继电器主要技术参数如表 5-2 所示。

表 5-2　电磁式继电器主要技术参数

型　号		JZ15-44Z 型	JT3 型	JL14 型		TJJ2 型
触头	数量	4 常开、4 常闭	1 常开、1 常闭	2 常开		2 常开、1 常闭
	额定电压/V	DC 110	DC 110	DC 110		DC 110
	额定电流/A	10	10	5		5
	开距/mm	<3	<3	<2.5		>4
	超程/mm	<2	<1.5	<1.5		1.5
	初压力/N	0.7	0.7			0.9
	终压力/N	0.9	0.9	0.25		1.4
吸引线圈	额定电压/电流	DC 110 V	DC 110 V	5 A	1 200 A	
	线径/mm	0.16	0.18			0.29
	匝数	13 100	6 750	216	1	4 000
	阻值/Ω	1 000	644	0.417	≈0	120
恢复线圈	线径/mm					0.12
	匝数					3 000
	阻值/Ω					205
整定值			1 s，3 s	10 A	2 800 A	18 V

5. 在电力机车中的应用

SS₄ 改型电力机车中用到了很多中间继电器，典型的有重联中间继电器、辅助接地继电器、辅助转换继电器，典型继电器实物如图 5-8（a）所示。

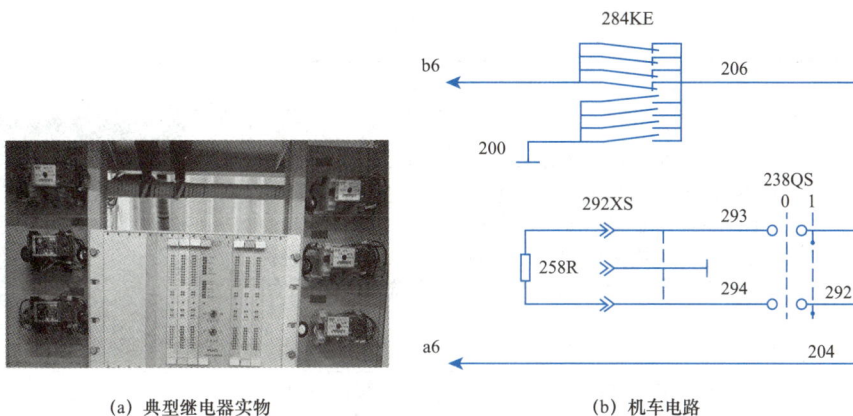

(a) 典型继电器实物　　　　　　　　(b) 机车电路

图 5-8　低压电器柜及机车电路中的中间继电器

如图 5-8（b）所示，在机车电路中，中间继电器 284KE 的作用是：有电网时，将 b6 端接入，即接通 220 V 电源；用库内电源时，将 206 线接地线，使机车在库内有 220 V 电源。

5.2.2　JT3-21/5 型时间继电器

1. 型号

JT3-21/5，其中：J——继电器；T——通用；3——设计序号；21——接点数：2 开、1 闭；5——动作值（延时时间），s。

2. 作用

作为控制电路中的时间控制环节元件，时间继电器起衔铁延时释放作用。例如，控制通风机间隔起动的延时继电器，使两台通风机间隔 3 s 起动，以避免同时起动带来起动过电流的叠加。该型继电器有 3 个时间等级：1 s（0.3～0.9 s），3 s（0.8～3 s），5 s（2.5～5 s）。

3. 结构

时间继电器主要由触头装置、传动装置组成，如图 5-9 所示，其结构特点如表 5-3 所示。

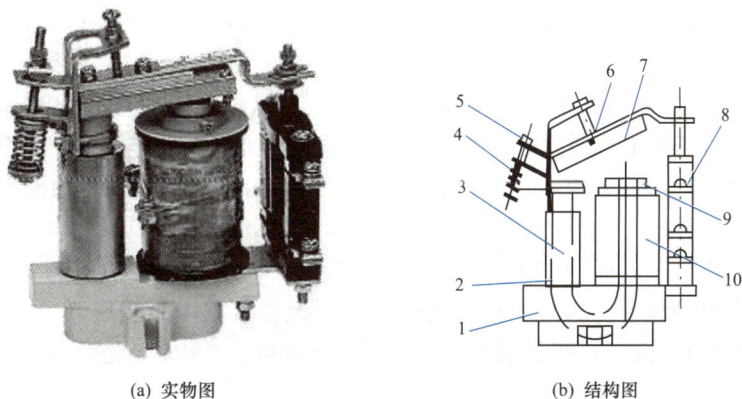

(a) 实物图　　　　　　　　(b) 结构图

1—基座；2—阻尼套筒；3—铁心；4—反力弹簧；5—反力调节螺母；
6—衔铁；7—非磁性垫片；8—触头组；9—极靴；10—吸引线圈。

图 5-9　时间继电器

表 5-3　时间继电器结构特点

序号	名称	特点	部件
1	触头装置	联锁触头采用标准组件，更换方便，且常开和常闭联锁触头的数量可按需要组合，装在继电器的前侧。动触头支架由胶木制成杆状，与衔铁机械固定在一起，由拨叉控制。衔铁动作时，通过拨叉控制动触头支架上下动作，使联锁触头做相应的开闭动作	
2	传动装置	采用 U 形拍合式电磁铁，铁心和磁轭采用圆柱整体电工钢，使铁心与磁轭成为一体，再用铝基座浇铸而成。衔铁制成板状，装在磁轭端部，可绕棱形支点转动。铁心端部套有圆环状的极靴。在衔铁内侧与铁心相接触处，装有一磷铜皮制成的非磁性垫片，此垫片使衔铁闭合时与铁心保持一定的距离，即衔铁与铁心间有一定数值的磁阻，以防止衔铁在闭合状态下，当吸引线圈断电时，剩磁将衔铁粘住，引起继电器不能正常释放而造成事故。时间继电器的延时作用是依靠套装在磁轭上的阻尼套筒来保证的。继电器断电时，可借助反力弹簧的作用使衔铁打开	

4. 动作原理

当继电器的线圈通电时，在磁路中产生磁通。当磁通增加到能使衔铁吸动的数值时，衔铁开始动作，随着衔铁与铁心之间气隙的减小，磁通也增加。当衔铁与铁心吸合以后，磁通最大（此时的磁通大于将衔铁吸住时所需的磁通）。在线圈通电时，因为磁通的增长和衔铁的动作时间很短，所以联锁触头的动作几乎是瞬时的。

当继电器的线圈断电时，电流将瞬时下降为零，相应地电流的主磁通也迅速减小。但因其变化率很大，根据楞次定律，在阻尼套内部将产生感应电势，并流过感应电流，此电流产生与原主磁通相同方向的磁通以阻止主磁通下降，这样就使磁路中的主磁通缓慢地衰减，直到主磁通衰减到不能吸住衔铁时，衔铁才释放，接点相应地打开（或闭合），这样就得到了所需的延时。

为保证继电器延时的准确性，在使用时间继电器时必须保证有足够的充电时间（即线圈通电时间），使衔铁和铁心中的磁通完全达到稳定值。若充电不足，没有建立起稳定的磁通，延时作用将大大削弱。JT3 型时间继电器的充电时间不能小于 0.8 s，故继电器通电时间必须大于 1 s。

5. 延时时间的调节

时间继电器不同延时等级之间的调节（又称大范围调节）可以用更换阻尼套的办法来实现。时间继电器的延时等级取决于阻尼套的材质及参数。因为阻尼套中电流的衰减过程取决于阻尼套的时间常量 t，阻尼套电阻 R 越小，t 就越大，电流衰减也就越慢，延时也就越长。因此，5 s 级的时间继电器一般采用大截面铜套以降低电阻值，3 s 级的时间继电器则用铝套或小截面铜套以增加电阻值。时间继电器相对应的阻尼套都是专用的，由制造厂配给，不能随意拆换。若确需改变继电器的使用等级，则可调换相应等级的阻尼套，以确保整定延时的足够精度。

在允许时间范围内，延时调节方法有以下 2 种：

① 调节反力弹簧。此调节可以是连续而细微的，称为细调。在保持非磁性垫片厚度不变的前提下，反力弹簧拧得越紧，反作用力就越大，延时时间就越短；反之，则反作用力越小，延时时间越长。但反力弹簧不能调得太松，否则有被剩磁粘住不释放的危险。

② 调节非磁性垫片。这种调节是阶梯形的，既不连续，也不能做微量调整，称为粗调。在保持反力弹簧不变的前提下，非磁性垫片越厚，磁路的气隙和磁阻就越大，相同磁势下产生的电磁吸力就越小，衔铁就越容易释放，故延时相应缩短；反之，则延时相应延长。但非磁性垫片不能太薄或取消，太薄容易损坏而变成无垫片，无垫片将会发生继电器衔铁不能释放的现象。

6. 主要技术参数

见表 5-2。

7. 在电力机车中的应用

在 SS_4 改型电力机车辅助电路中，零压时间继电器代号为 286KT，安装在低压电器柜中。SS_4 改型电力机车零压保护电路如图 5-10 所示。

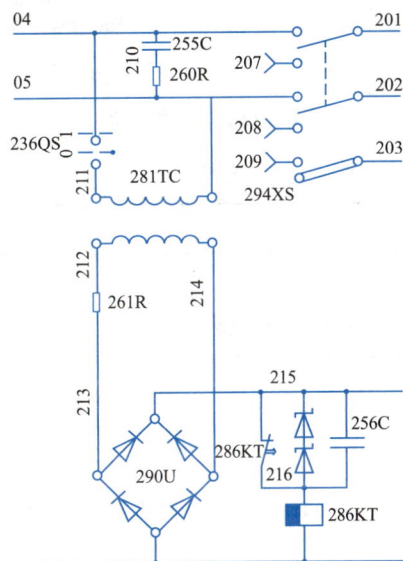

图 5-10　SS_4 改型电力机车零压保护电路

电网失压后，变压器辅助绕组（电感线圈）两端电压不是突变至零，而是随时间衰减，导致 286KT 不能迅速失电动作，因此在此电路中串有两个稳压管（截压 50 V）。

286KT 得电吸合时，反联锁断开，将稳压管串入 286KT 线圈电路，使 286KT 线圈两端保持电压减小 50 V 且能保持吸合状态。

5.2.3　TJJ2-18/21 型接地继电器

1. 型号

TJJ2-18/21，其中：T——铁路；JJ——接地继电器；2——设计序号；18——动作整定电压值，V；2——主触头数；1——联锁触头数。

2. 作用

TJJ2-18/21 型接地继电器用于主电路接地保护。SS_4 改型电力机车上共装有 2 个该型继电器，分别装在 1、2 号高压电器柜内，对 1、2 号主电路进行接地保护。

3. 组成

TJJ2-18/21 型接地继电器主要由触头装置、传动装置、指示装置和机械联锁等组成，组装在由酚醛玻璃纤维压制成的底板上，外面装有防尘用的有机玻璃透明外罩，如图 5-11 所示。接地继电器结构特点如表 5-4 所示。

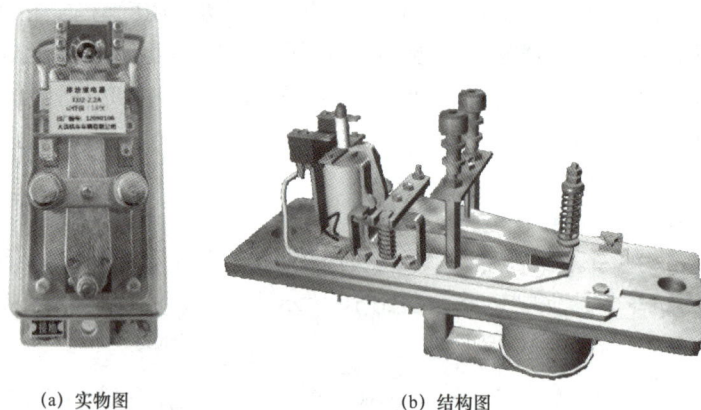

(a) 实物图　　　　　　　　　　(b) 结构图

图 5-11　接地继电器

表 5-4　接地继电器结构特点

序号	名称	特点	部件
1	触头装置	有 2 对主触头和 1 对联锁触头，均为桥式双断点，主触头由衔铁控制，联锁触头由指示杆带动	
2	传动装置	由 U 形拍合式电磁铁构成，带有吸引线圈，平板式衔铁	
3	指示装置	带有恢复线圈，螺管式电磁铁	
4	机械联锁	由钩子和扭簧组成	钩子　扭簧

4. 工作原理

正常工作状态下，红色指示杆埋在罩内，继电器处于无电释放状态，指示杆被钩子钩住，接地继电器的联锁触头处于常开位置。当机车主电路发生接地故障时，在电磁力的作用下，衔铁被吸合，主触头进行分合转换，开闭有关控制电路，使主断路器跳闸从而切断机车总电源，达到保护目的。与此同时，衔铁压下钩子的尾部，迫使钩子克服扭簧的作用力转开，不再钩住指示杆，使红色指示杆脱扣并在弹簧作用下跳出外罩，显示机械式动作信号，同时联锁触头闭合，在司机台显示故障信号。

当故障消除后，衔铁在反力弹簧作用下返回原位。但此时红色指示杆不能恢复原位（即返回罩内），机械信号仍保持，司机台上信号也不能立即消除。只有通过按主断路器"合"按键，使恢复线圈短时得电，才能使指示杆吸合进入罩内，指示杆重新被钩子钩住，联锁触头也随之断开，于是接地继电器发出的机械信号和电信号一起消失，恢复至正常状态。

> **提示：** TJJ2 型接地继电器在使用过程中必须注意两点：一是该型继电器的指示杆正常时应能被钩子可靠钩住，以防信号错乱；二是该型继电器的恢复线圈只能短时通电，持续时间不得超过 1 min，以免过热而烧损。

5. 主要技术参数

见表 5-2。

6. 在机车电路中的应用

在 SS$_4$ 改型电力机车主电路中，主接地继电器代号为 97KE、98KE，如图 5-12 所示。假设平波电抗器 11L 接地，此时为高电位接地，97KE 动作电路如下：整流器 70V（+）→71 号线→11L→接地点→110V（−）→110V（+）→97KE 和 191R→193R→95QS→72 号线→整流器 70V（−）。

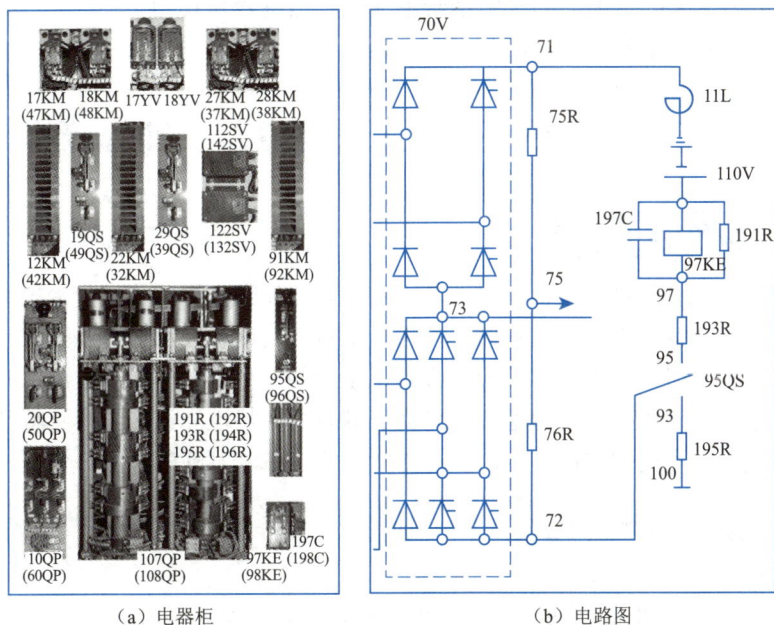

（a）电器柜　　　　　　　　　　（b）电路图

图 5-12　97KE 在机车电路中的应用

任务巩固

一、填空题

1. JT3–21/5 型时间继电器有_____、_____、_____等 3 种延时时间。
2. _____继电器通常用来增加控制电路的数目或将信号放大。
3. JZ15–44Z 型中间继电器主要由_____装置和_____装置组成。
4. JZ15–44Z 型中间继电器代号中,第 1 个 Z 表示_____,第 2 个 Z 表示_____。
5. TJJ2–18/21 型接地继电器在 SS_4 改型电力机车上安装有_____个。
6. TJJ2–18/21 型接地继电器有_____个线圈,分别称为_____和_____。

二、选择题

1. 中间继电器在电力机车上主要应用在( )中。
A. 主电路的直流部分电路　　　　　B. 直流控制电路
C. 交流控制电路
2. JT3–21/5 型时间继电器延时细调可通过( )实现。
A. 更换阻尼套　　　　　　　　　B. 调节反力弹簧
C. 调节非磁性垫片　　　　　　　D. 以上 3 种方式
3. TJJ2–18/21 型接地继电器用于电力机车的( )保护。
A. 主电路接地　　　　　　　　　B. 辅助电路接地
C. 控制电路接地

三、判断题

1. JZ15–44Z 型中间继电器的永磁钢可任意方向安装。　　　　　　( )
2. JZ15–44Z 型中间继电器的永磁钢若丢失,则需降容量使用。　　( )
3. JT3–21/5 型时间继电器的延时时间为 5 s。　　　　　　　　( )

扫码获取学习资源

任务 5.3　交流继电器认知与应用

任务描述

交流继电器的工作原理和直流继电器基本相同。交流继电器工作在交流电路中,当交流电流通过线圈时,在铁心中产生交变磁通,由于牵引力(电磁吸力)和磁通的平方成正比,所以当电流改变方向时,牵引力并不改变方向,永远朝一个方向将衔铁吸向铁心。但是由于交变的电流在铁心中产生交变的磁通,所以交流继电器在特性和结构上有它特殊的地方。本任务重点学习交流继电器的作用、结构、动作原理及其在电力机车上的应用。

任务目标

1. 知识目标
掌握交流继电器的作用、结构、动作原理等相关理论知识内容。

2. 能力目标
能够说出交流继电器在电力机车上的运用。

5.3.1 JL14-20J 型交流继电器

1. 型号

JL14-20J，其中：J——继电器；L——电流；14——设计序号；2——常开触头数；0——常闭触头数；J——交流控制。

2. 作用

该型继电器在电力机车上用于主电路原边过流保护和辅助电路过流保护。主电路原边过流保护采用 JL14-20J/5 型交流继电器，辅助电路过流保护采用 JL14-20J/1200 型交流继电器。

3. 组成及工作原理

1）原边过流继电器

原边过流继电器采用的 JL14-20J/5 型交流继电器（见图 5-13）由触头装置和传动装置组成，接在高压交流电流互感器的副边，用于牵引变压器原边过电流保护，额定电流为 5 A，动作电流整定值为 10 A（1±10%）。原边过流继电器结构特点如表 5-5 所示。

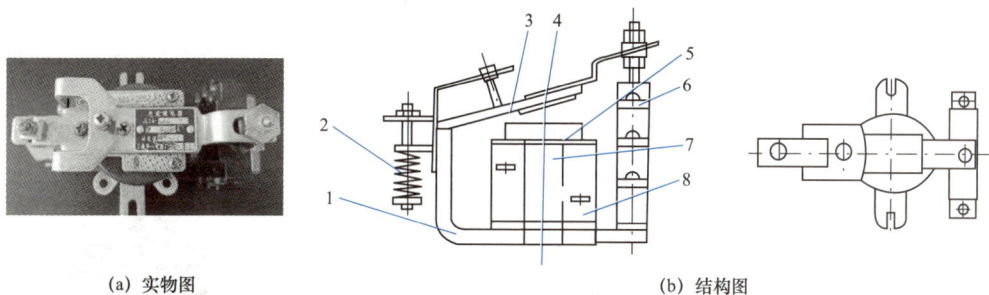

(a) 实物图　　　　　　　　　　(b) 结构图

1—磁轭；2—反力弹簧；3—衔铁；4—非磁性垫片；
5—极靴；6—触头组；7—铁心；8—吸引线圈。

图 5-13　JL14-20J/5 型交流继电器

表 5-5　原边过流继电器结构特点

序号	名称	特点	部件
1	触头装置	有 2 对常开触头，均为桥式双断点，触头支架与衔铁支件相连，衔铁动作时，可带动触头支架做相应的动作，使联锁触头开闭	
2	传动装置	采用 U 形拍合式电磁铁，由呈角板形的磁轭、固定在磁轭上的圆形铁心、套装在铁心上的吸引线圈，以及平板形衔铁组成。在铁心端的衔铁上装有非磁性垫片，用以防止剩磁继续吸引衔铁而出现不释放现象。 改变非磁性垫片的厚度，可调节继电器的释放电流值；改变反力弹簧的压力，可调节继电器动作电流的整定值	

2）辅助过流继电器

辅助过流继电器选用的是额定电流为 1 200 A 的 JL14-20J/1200 型交流继电器（见图 5-14），直接接在辅助电路中（即电磁系统的吸引线圈就是辅助电路的母线，1 匝），用于辅助电路过电流保护，动作电流的整定值为 2 800 A（1±10%）。该型继电器与原边过流继电器结构基本相同，结构特点如表 5-6 所示。

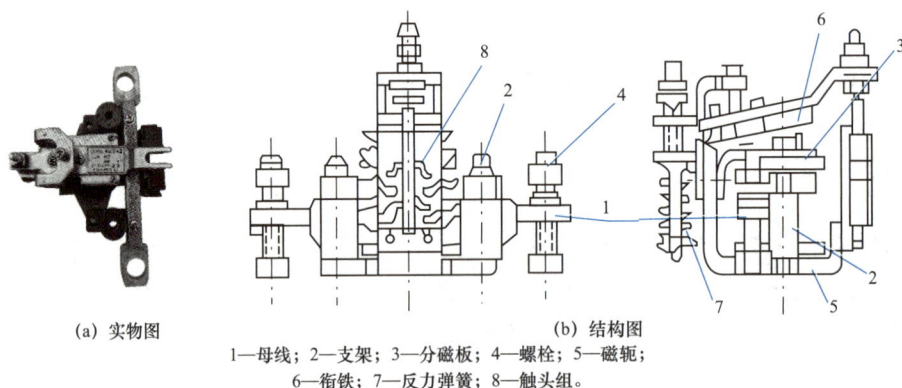

(a) 实物图　　　　　　　　　　　　(b) 结构图

1—母线；2—支架；3—分磁板；4—螺栓；5—磁轭；
6—衔铁；7—反力弹簧；8—触头组。

图 5-14　JL14-20J/1200 型交流继电器

表 5-6　辅助过流继电器结构特点

序号	名称	特点	部件
1	触头装置	有 2 对常开触头，均为桥式双断点	
2	传动装置	电磁系统由磁轭和分磁板组成矩形框架，吸引线圈就是穿过矩形方框的方形铜排，即母线，由它取代了铁心骨架。分磁板的作用是将短路或过载电流产生的磁通分为相位不同的两部分，以保证铁心对衔铁的合成吸力消除过零点，并保持在一定的范围内，从而减小了交流电磁铁处于闭合状态的振动和噪声。 当辅助电路工作正常时，母线中通过的电流小于动作值，衔铁在反力弹簧的作用下处于打开状态。若辅助电路出现过载或短路故障，衔铁在电磁吸力的作用下吸合，带动触头组中的联锁触头做相应的分合转换	

5.3.2　在机车电路中的应用

在 SS$_4$ 改型电力机车的机车电路中，如图 5-15 所示，当流经高压电流互感器 7TA 的网侧电流超过整定值 320 A 时，7TA—101KC—565KA—4QF 断开，起到网侧原边过流保护的作用。其中，101KC 安装在 2 号低压电器柜中。

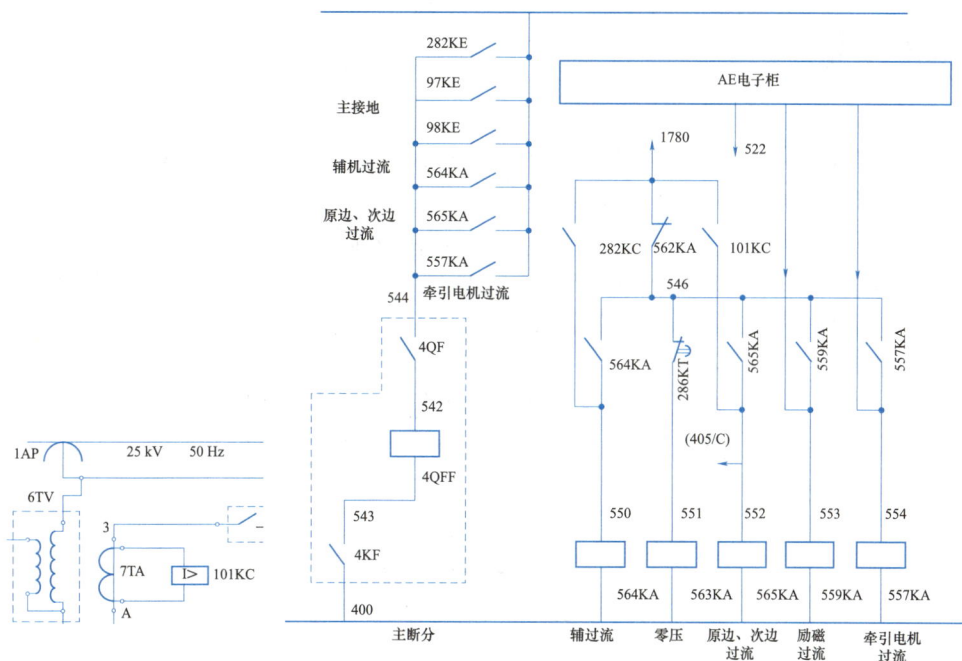

图 5-15 原边过流继电器在机车电路中的应用

在 SS_4 改型电力机车辅助电路中，过流保护采用辅助过流继电器 282KC，如图 5-16 所示。辅助绕组电流超过 2 800 A 时，282KC 吸合动作，其正联锁闭合，使辅助过流中间继电器 564KA 得电，564KA 正联锁闭合，使主断路器分闸线圈得电，主断路器分闸，并显示辅助过流信号。282KC 安装在 2 号低压电器柜中。

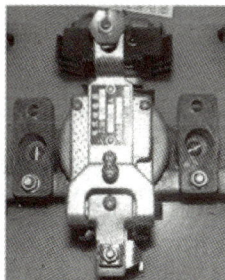

(a) 282KC辅助过流继电器

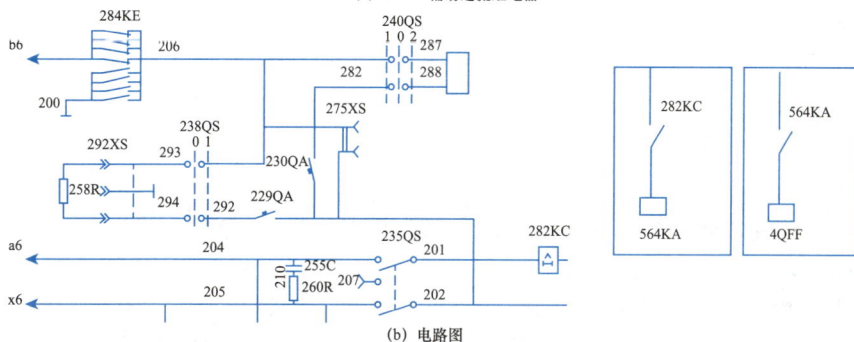

(b) 电路图

图 5-16 辅助过流继电器在机车电路中的应用

任务巩固

一、填空题

1. JL14-20J 型交流继电器型号中,第一个 J 表示_____,第二个 J 表示_____。

2. JL14-20J/1200 型交流继电器用于电力机车的_____过电流保护,其吸引线圈是_____, 其动作电流的整定值为_____。

3. 当加在线圈上的电压超过额定电压的 10%时,可能会导致_____损坏。

4. 交流继电器铁心上的分磁环断裂会引起_____振动,产生噪声。

二、选择题

1. JL14-20J/1200 型交流继电器在电力机车上起( )作用。

A. 主电路原边过流保护　　　　　B. 主电路副边过流保护

C. 辅助电路过流保护

2. JL14-20J/5 型交流继电器型号中的 5 表示( )。

A. 额定电流　　　　　　　　　　B. 额定电压

C. 动作电流

三、简答题

简述调节交流继电器的释放电流值及动作电流整定值的方法。

扫码获取学习资源

任务 5.4　机械式继电器认知与应用

任务描述

　　机械式继电器是一种利用电磁原理工作的开关设备,它通过电磁线圈产生磁场,吸引衔铁,引起机械触头的闭合或断开,从而控制相关电路的通断和转换。触头是有触点电器的执行元件,由于经常受到机械撞击、受发热及电弧等的影响,极易损坏,因此触头是电器中最薄弱的环节之一,其工作性能的优劣直接影响电器的性能。本任务重点学习机械式继电器的作用、结构、动作原理及其在电力机车上的应用。

任务目标

1. 知识目标

掌握机械式继电器的作用、结构、动作原理等相关理论知识内容。

2. 能力目标

能够说出机械式继电器的应用情况,能够分析常见故障问题。

知识链接

　　在韶山系列电力机车上,除了较多使用电磁式继电器外,还根据需要使用了机械式继电器。电力机车上的机械式继电器有风道(风速)继电器、风压继电器、油流继电器等,以下分别加以介绍。

5.4.1　风道（风速）继电器

风道（风速）继电器安装在硅整流装置柜、制动电阻柜及牵引电机通风系统的风道里，用来反映通风系统的工作状态是否正常，以确保通风系统有足够的风量。目前采用的继电器有 TJV1-7/10 型和 TJY5（TJY5A）型。

1. TJV1-7/10 型

1）型号

TJV1-7/10，其中：T——铁路机车用；J——继电器；V——速度型；1——设计序号；7——动作值，m/s；1——1 个常开触头；0——0 个常闭触头。

2）作用

该型继电器装在各通风系统的风道里，用来反映通风系统的工作状态是否正常，以确保通风系统有一定的风量，从而保护发热设备。

3）组成

TJV1-7/10 型主要由测量、比较、执行三个环节组成，如图 5-17 所示。

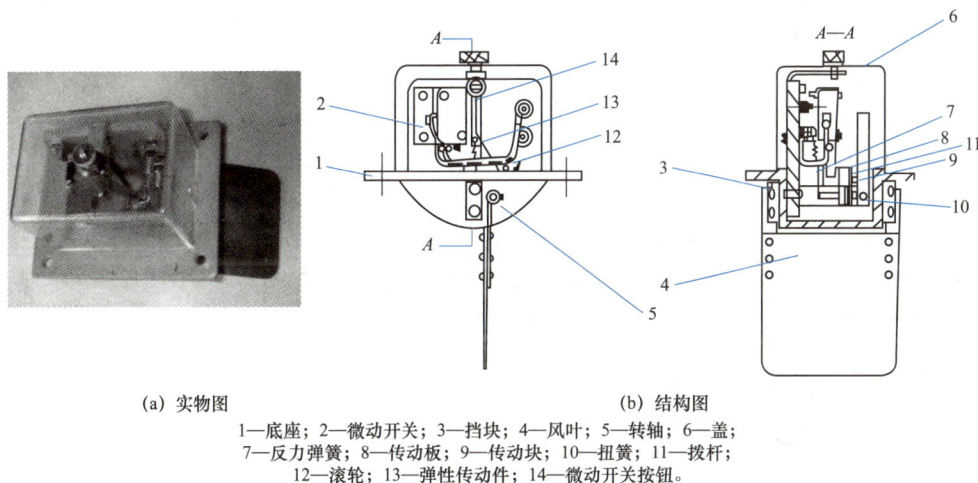

(a) 实物图　　　　　　　　(b) 结构图

1—底座；2—微动开关；3—挡块；4—风叶；5—转轴；6—盖；
7—反力弹簧；8—传动板；9—传动块；10—扭簧；11—拨杆；
12—滚轮；13—弹性传动件；14—微动开关按钮。

图 5-17　TJV1-7/10 型继电器

在风叶的转轴上套有轴套，并固定有传动块和传动板。传动板可通过它右侧的拨杆使传动块与套在轴套上的扭簧相连，左侧则可通过滚轮与弹性传动件接触。弹性传动件的上端套在微动开关的支架上。通过扭簧和传动块，风叶的力矩就可传递到由传动板、滚轮和弹性传动件组成的传动组件上，进而通过弹性传动件来控制微动开关按钮。

4）动作原理

当通风系统工作正常时，风量足够，风叶在风力作用下转动，传动块随之转动，并通过扭簧拨动传动板，使其克服反力弹簧的作用而向下运动，滚轮受压后带动弹性传动件移动，触动微动开关按钮，使其常开联锁触头速动闭合，接通相应的控制电路正常工作。

当通风系统发生故障时，风量很小或为零，风叶在扭簧和反力弹簧的作用下恢复到原位，使继电器返回，微动开关释放，其常开触头打开，从而切断相应的控制电路。

继电器的动作整定风速值靠调节反力弹簧来整定。反力弹簧的反力通过改变弹簧挂钩的上下位置来调节，其返回值约为 6 m/s。

5）参数

TJV1-7/10 型风速继电器的主要技术参数如下：

触头额定电压	DC 110 V
触头额定电流	3 A
触头对数	1 常开
整定值	7 m/s（1±10%）

2. TJY5（TJY5A）型

1）型号

TJY5-0.3/10、TJY5A-0.3/10，其中：T——铁路机车用；J——继电器；Y——压力型；5（5A）——设计序号；0.3——动作整定风压值，kPa；1——1 个常开触头；0——0 个常闭触头。

2）作用

在 SS$_4$ 改型电力机车上，该型继电器安装在牵引电机、硅整流装置柜和制动电阻柜的通风系统风道中，用来反映通风系统的工作状态，保护发热设备。

3）组成

新型风道继电器外形为圆丘形，可分为触头装置和传动装置，也可分为测量环节、比较环节和执行环节，如图 5-18 所示。测量机构是膜片；比较机构是反力弹簧；执行机构是一对常开联锁触头。整个继电器封装在铸铝合金壳体内。取下继电器盖，在壳体上部铸有一筋条，筋条中间安装有常开静触头。该静触头为螺栓状，拧入一塑料体中，塑料体安装在筋条上，可上下调节，故静触头对地绝缘，并可调节触头开距及压力大小。在筋条的一侧装有引线端子座，用于连接内部动触头接线与外部连线。

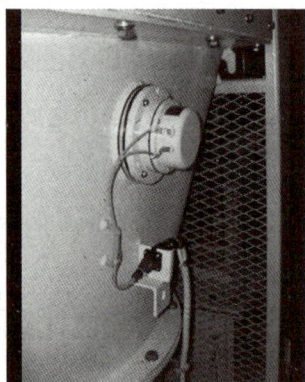 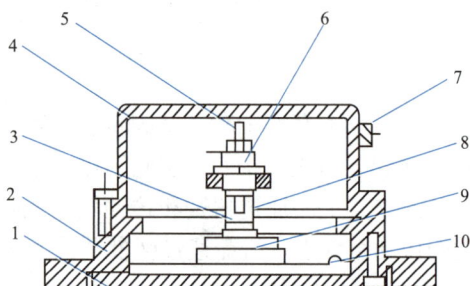

(a) 实物图　　　　　　　　　　　　　　　(b) 结构图

1—盖板；2—壳体；3—常开动触头；4—盖板；5—常开静触头；6—塑料体；
7—出线座；8—反力弹簧；9—塑料座；10—膜式铝片。

图 5-18　TJY5（TJY5A）型风道继电器

风道继电器膜片为一很薄的尼龙编织制品，上下铆以膜式铝片，起支承上部动触头和传递风压的作用。上铝片安装有塑料座，塑料座上装有常开动触头。下铝片面对盖板，盖板上开有孔，用于传递风压。无风压时，膜片在反力弹簧的作用下处于平直状态，其常开触头断开。

风道继电器应垂直安装，即膜片处于垂直状态，安装位置比较灵活，它与 TJV1 型风速继电器不同，可以不安装在风道上。

4）动作原理

（1）TJY5 型风道继电器。

TJY5 型风道继电器安装于 SS$_8$ 型电力机车，用于监视硅整流装置通风系统的工作。硅整流装置柜与牵引电机和制动电阻柜不同，它是依靠硅风机吸出压缩空气来进行冷却的。装在硅整流装置柜风道内的 TJY5 型和 TJY5A 型风道继电器的结构相似，只是在它的盖上有一管道，使膜片上方的空腔通过这一管道与硅整流装置柜相连，膜片下方的空腔则通过继电器盖板上的小孔与大气相通。由于硅风机正常工作时，将硅整流装置柜内的空气吸向了大气，故硅整流装置柜风道内的压力（膜片上方）低于大气压力（膜片下方）。当风机正常工作，风道内的风压达到其动作值时，风道继电器产生一负压力，即吸力，使膜片在该吸力的作用下由下向上移动，推动塑料座克服反力弹簧的作用力运动，带动常开联锁触头闭合并保持一定的接触压力，接通相应的控制电路使其正常工作。当通风系统发生故障时，膜片上、下方的压力差不足，膜片在反力弹簧的作用下复位，使常开联锁触头断开，切断相应的控制电路。

（2）TJY5A 型风道继电器。

TJY5A 型风道继电器一般用于监视牵引电机和制动电阻通风设备的工作情况。牵引电机和制动电阻柜是依靠牵引风机和制动风机吹入的压缩空气将热量带走而进行冷却的。TJY5A 型风道继电器的风压取自牵引、制动风机风道，为正压力。吹进牵引电机或制动电阻柜的压缩空气从盖板的小孔经管道进入膜片下方的空腔内，由盖罩下部的气孔将常压空气引入膜片上方的空腔。当风机正常工作时，风道某处的压力达到继电器的动作值时，膜片下方与上方的压力差足以克服反力弹簧的反力，推动膜片向上移动，带动常开动触头与静触头闭合并保持一定的接触压力，接通相应的控制电路使其正常工作。当通风系统发生故障时，风量很小或为零，膜片下方与上方的风压差很小或为零，膜片在反力弹簧的作用下复位，使常开联锁触头断开，从而切断相应的控制电路。

> **注意**：TJY5 型风道继电器是由大气将膜片推向低于大气压力侧，借助于负压力来工作的；而 TJY5A 型风道继电器是由压缩空气将膜片向大气侧推动，借助于正压力来工作的。

5）参数

主要技术参数如表 5-7 所示。

表 5-7　主要技术参数

参数	TJY5-0.3/10 型风道继电器	TJY3-1.5/11 型风压继电器	TJY3A-4.5/11 型风压继电器
触头额定电压	DC 110 V	DC 110 V	DC 110 V
触头额定电流	3 A	5 A	5 A
触头对数	1 常开	1 常开、1 常闭	
整定值	0.3 kPa（1±10%）		

6）特点

该型继电器与 TJV1 型风速继电器相比有以下优点：

① TJY5 型风道继电器取的控制量为压力，且在风道内的采样范围小，因而可以将风道内的涡流及外界变化对继电器的影响降低到很小程度。

② 动作可靠，不会发生像 TJV1 型风速继电器那样的抖动现象。

③ 维护方便，一般不需要维修，若有尘埃进入堆积，将其清除即可。

④ 安装方式灵活，通用性强。

5.4.2　风压继电器

1. 型号

TJY3-1.5/11、TJY3A-4.5/11，其中：T——铁路机车用；J——继电器；Y——压力型；3、3A——设计序号；1.5、4.5——动作整定风压值，kPa；11——1 个常开联锁触头、1 个常闭联锁触头数。

2. 作用

TJY3-1.5/11 型风压继电器用于电力机车电阻制动和空气制动间的安全联锁，在电阻制动时，电制动力并非恒定，需要加一点空气制动来限速。但空气制动力不能太强，以免车轮被抱死造成滑行而擦伤车轮。

TJY3A-4.5/11 型风压继电器用于主断路器的欠压保护，避免在低气压下动作主断路器。

3. 组成

两种型号继电器的结构基本相同，主要由传动装置和联锁触头组成（也可分为测量机构、比较机构和执行机构三部分），如图 5-19 所示。

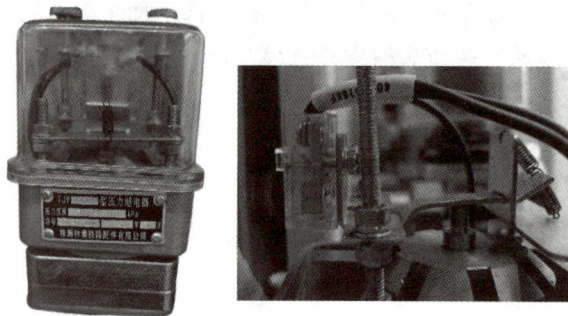

(a) 实物图

图 5-19　TJY3 型风压继电器

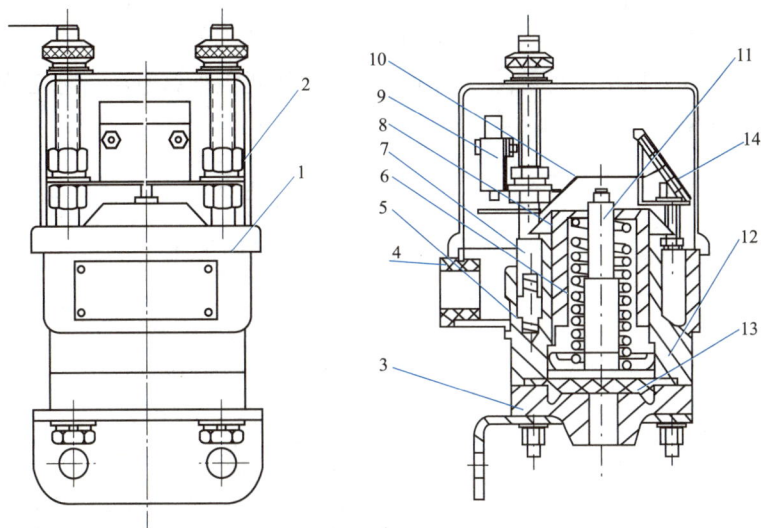

1—壳体；2—上盖；3—下盖；4—橡皮环；5—弹簧；6—反力弹簧；7—止销；8—调节螺母；
9—行程开关；10—支架组装；11—活塞；12—阀体；13—橡胶薄膜；14—拉力弹簧。

(b) 结构图

图 5-19　TJY3 型风压继电器（续）

传动装置由橡胶薄膜、活塞、反力弹簧、调节螺母及拉力弹簧等组成。反力弹簧套装在铜质活塞上，一端压装在基座上，另一端与调节螺母相接。可旋转调节螺母来调整反力弹簧对活塞的作用力，从而达到对该继电器整定值的调整。调整完毕后，止销弹出，可防止调节螺母误动作而影响该继电器的整定值。联锁触头采用 LX19K 行程开关。

TJY3A-4.5/11 型的结构与 TJY3-1.5/11 型相似，只是行程开关换成微动开关，安装支架、反力弹簧和阀体也略有不同。

4. 动作原理

当气压达到动作值时，空气压力大于反力弹簧的作用力，推动橡胶薄膜及活塞上行，通过传动件使接点动作。

1）TJY3-1.5/11 型风压继电器

当电力机车制动缸压力低于 150 kPa 时，在反力弹簧的作用下，空气压力不足以推动橡胶薄膜及活塞向上移动，行程开关的常闭联锁触头处于闭合状态，继电器接通有关电阻制动电路。此时，电力机车使用的是电空联合制动来限制运行速度。

当司机操纵空气制动，补充电力机车制动缸压力达到 150 kPa 及以上时，被视为补充制动力过大。此时橡胶薄膜在空气压力的作用下，克服反力弹簧的作用力推动活塞上移，并通过支架组装带动行程开关动作，常闭触头切断电阻制动中的励磁电路，电阻制动自动解除。

当制动缸压力下降到释放值 100 kPa 时，橡胶薄膜在反力弹簧的作用下复位，行程开关的常闭联锁触头恢复闭合状态，电阻制动电路重新接好，可再次施行电阻制动。

2）TJY3A-4.5/11 型风压继电器

当主断路器储气缸压力超过 450 kPa 时，继电器动作，触头闭合，接通主断路器合闸电路，主断路器方能合闸。如果无此保护，主断路器就有可能在过低气压下动作，造成不能可靠合闸，烧坏主断路器合闸线圈，或者产生在过低气压下合闸后不能保证可靠分闸的风险，甚至出现更大的故障。现在，主断路器分闸电路也受此继电器控制，以确保主断路器能可靠动作，保证电力机车出现故障时能可靠分闸，切断机车总电源，防止故障范围扩大。

5. 主要技术参数

TJY3 型：

触头接通风压	150 kPa
触头断开风压	90～110 kPa

TJY3A 型：

触头接通风压	450～465 kPa
触头断开风压	400～425 kPa

5.4.3 油流继电器

1. 型号

TJV2，其中：T——铁路机车用；J——继电器；V——速度型；2——设计序号。

此外还有 LJ-38 和 YJ-100 等型号的继电器，结构与 TJV2 型基本相同。

2. 作用

油流继电器是电力机车牵引变压器的附件，用来监视变压器循环系统的工作情况，当油流停止或不正常时，向司机发出警告信号。在牵引主变压器两端的循环油管内，各设置有 1 个 TJV2 型油流继电器。

3. 组成

TJV2 型油流继电器由叶片、扭簧和接线柱等组成，如图 5-20 所示。测量机构由绕球轴承转动的叶片和扭簧组成，执行机构由叶片和接线柱组成的常闭联锁触头组成。

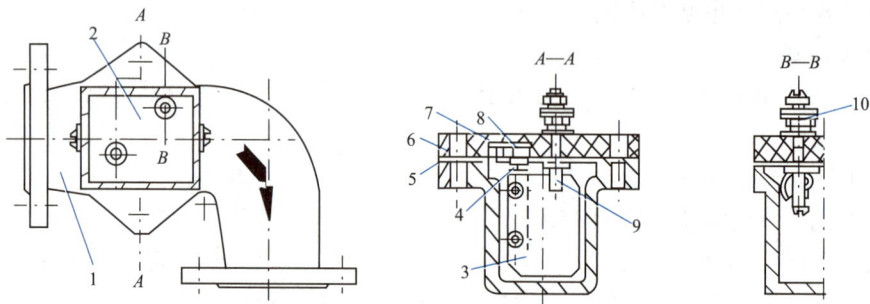

1—连管；2—外罩；3—叶片；4—扭簧；5—橡胶垫；6—底板；7—球轴承；8—转轴；9、10—接线柱。

图 5-20　TJV2 型油流继电器的结构

4. 动作原理

当油流正常时，油流推动叶片克服扭簧的扭力而转动，使常闭联锁触头（叶片和接线柱 9）断开，司机台上无电信号显示；当油流停滞时，叶片在扭簧作用下返回，同接线柱 9 接触，电信号电路经接线柱 9、叶片、扭簧和接线柱 10 而接通，司机台上显示相应的电信号，表示油流不正常。

> **提示：**该型油流继电器管体上标有油流方向箭头，分左、右两个方向，不能装错。

5.4.4　在机车电路中的应用

机械式继电器在 SS₄ 改型电力机车上的使用情况如表 5-8 所示。

表 5-8　机械式继电器在 SS₄ 改型电力机车上的使用情况

机械式继电器种类	电路代号	功　　能
TJV1-7/10 型 风速继电器	519KF 520KF	牵引风机风速继电器 1、2
	511KF 512KF	制动风机风速继电器 1、2
TJY3-1.5/11 型 风压继电器	515KF	升弓压力继电器，风压高于 150 kPa 才能升弓
	516KF	制动缸压力继电器。当司机控制器的转换手柄打到"制动"位时，经 516KF。当风压高于 150 kPa 时，风压继电器动作，电阻制动不能投入（切除电源）；而当风压为 90～110 kPa 时，电阻制动可投入
TJY3A-4.5/11 型 风压继电器	4KF	用于主断路器的欠压保护，防止在低压下分合主断路器。当风压超过 450 kPa 时，主断路器方能合闸，否则合不上，目的是避免合闸不可靠，烧坏主断路器。接通风压为 450～465 kPa
YJ-100A 型 油流继电器	518KF	油流继电器
YWK-50C 型 风压继电器	517KF	主空压机压力继电器，可承受的风压范围为 750～900 kPa。当风压低于 700 kPa 时闭合、高于 900 kPa 时断开

▶ 任务巩固

一、填空题

1. 油流继电器在电力机车上用来监视_____循环系统的工作情况，当油流停止或不正常时，向司机发出警告信号。

2. TJY5A-0.3/10 型风道继电器通过_____采集风道内的压力。

二、选择题

1. TJV1-7/10 型风速继电器风叶相当于继电器的（　　　）。

A. 测量机构　　　B. 比较机构　　　C. 执行机构

2. TJY5-0.3/10 型风道继电器采用（　　）传动形式。

A. 气缸传动　　　B. 薄膜传动　　　C. 电磁传动

3. TJY5A-0.3/10 型风道继电器是借助于（　　）来工作的。

A. 负压力　　　B. 正压力　　　C. 以上两者都可以

三、判断题

1. 机械式继电器的输入、输出量都不是电量。　　　　　　　　　　　　　（　　）

2. TJV1-7/10 型风速继电器装在通风系统风道里，用来反映通风系统的工作状态是否正常，以确保通风系统有一定的风量，保护发热设备。　　　　　　　　　（　　）

3. 油流继电器在安装时要注意安装方向，确保油流方向与要求相符。　　　（　　）

4. TJV1-7/10 型风速继电器通过检测风道内的风压来实现动作执行。　　　（　　）

育人案例

最美奋斗者——机车医生李向前

李向前是中国铁路郑州局集团有限公司洛阳机务段内燃机车钳工高级技师，2019 年荣获"最美奋斗者"称号，2020 年当选全国劳动模范，2021 年荣获"全国优秀共产党员"称号。从李向前身上，我们看到以下闪光点。

爱岗敬业 李向前从学校毕业之后，便被分配到机务段与内燃机车打交道。他利用业余时间，系统地学习了《内燃机车》《钳工基础》《金属工艺学》等书籍，通过结合书本上学到的知识，对照机车上的部件进行拆解、维修和组装，并且虚心向他人学习，从一个新人变成了职场能手。经过两年的学习，他成为了车间里"考得过""难不住"的业务能手。

勇于担当 在工作中发现东风 4 型内燃机车齿轮箱发生裂纹和漏油现象后，李向前迎难而上，勇于担当。他从齿轮箱的油封毡条开始检查，逐步排除问题，最终发现是油封孔发生变形而导致了齿轮箱发生裂纹和漏油。发现问题之后，他废寝忘食，只用一个月的时间便研究出了改进的方法，使得内燃机车齿轮箱发生裂纹和漏油的故障率大大降低。

无私奉献 李向前通过"铁路技能大师工作室"平台，对内燃机车钳工技师和高级技师提供无偿教学，经过他的教学，许多学员成功考取技师资格证。2016 年，工作室被河南省总工会授予"工人先锋号"荣誉称号。他从工作室先后培训出多位技术骨干，成功解决了内燃机车齿轮箱漏油、抱轴瓦发热、增压器故障断网等 48 项技术难题，为机务段节约成本 700 多万元。

思考：

1. 心中有梦想，脚下有理想，铁路人的工匠精神，是一种执着，也是一种坚守，我们如何在自己的岗位中发挥不一样的能量？

2. 一分耕耘一分收获，老一辈铁路人的担当品格、奋斗精神值得我们学习，在日常的工作中我们如何传承工匠精神？

项目6 韶山系列电力机车主型电器认知与应用

▶ 项目描述

交—直型电力机车中的能量传递是将接触网供给的单相工频交流电，经电力机车内部的牵引变压器降压，经整流装置将交流电转换为脉动直流电，经平波电抗器后向直流（脉流）牵引电机供电，从而产生牵引力牵引列车运行。负责将接触网提供的 25 kV 单相交流电送至车上的高压电器包括受电弓、主断路器、避雷器、高压电压互感器、高压电流互感器、接地开关等设备。本项目主要介绍 SS$_4$ 改型电力机车上用到的几种主型电器的结构、原理、应用及维护。

▶ 项目目标

1. 育人目标

① 通过对韶山系列电力机车主型电器的介绍，培养学生热爱乘务员岗位，激发学生的学习热情。

② 通过一体化教学方式，让学生理论联系实际，重视技能训练、按规范操作，培养学生多角度看待问题的能力，培养学生"提高技能，精心操作"的铁路职业规范，使学生养成勤学好问、刻苦钻研、不断攀登技术高峰的习惯。

③ 学习中融入新时代铁路榜样的先进事迹，培养学生迎难而上、敢闯敢干、勇于创新的劳模精神。

2. 知识目标

① 掌握受电弓的作用和结构，熟悉 ADD 系统的作用。

② 掌握高压连接器、主断路器、位置转换开关、司机控制器的作用、结构组成、工作原理等相关理论知识内容。

3. 技能目标

① 能叙述受电弓升降弓过程，能依照作业规程进行受电弓日常检查操作。

② 具有 TLG1-400/25 型高压连接器的使用与维护能力。

③ 具有空气主断路器、位置转换开关的检查与维护能力。

④ 具有司机控制器的正确操作、检查与维护能力。

▶ 课时建议

10 学时。

扫码获取学习资源

任务 6.1 弹簧式受电弓认知与应用

任务描述

受电弓是电力机车从接触网取得电能的电气设备，安装在机车或动车车顶上。受电弓可分为单臂弓和双臂弓两种，近年来多采用单臂弓。本任务重点学习受电弓的作用、结构、动作原理、技术参数及其在机车中的应用与维护。

任务目标

知识目标

掌握受电弓的作用和结构，熟悉 ADD 系统的作用。

能力目标

① 能叙述受电弓升降弓过程。

② 能依照作业规程，进行受电弓日常检查操作。

知识链接

6.1.1 概述

电力机车、电动车辆从接触线或导电轨受取电流的装置统称为受流器，它是电力机车、电动车辆与固定供电装置之间的连接环节。受流器性能的优劣直接影响所取电流的可靠性，也直接影响电力机车、电动车辆的工作状态。随着列车运行速度的不断提高，对受流器性能的要求也越来越高。

受电弓是受流器中的一种，属于上部受流设备，与其他受流器相比，它具有较高的受流质量。受电弓是通过与固定导线的滑动接触而受流的，滑板的质量是影响受流质量的关键因素之一，优质滑板应满足以下要求：

① 力学性能好，能承受一定的冲击载荷。

② 摩擦系数低，对接触线及滑板自身磨耗小。

③ 电阻率低，耐弧性强。

④ 重量轻。

在受电弓滑板的研究和应用方面，其材料主要经历了铜滑板、碳滑板、粉末冶金滑板、浸金属碳滑板、金属基复合材料或无机非金属基复合材料滑板的发展过程。考虑更换接触线的费用较为昂贵，以保护接触线为原则，滑板有可能以碳纤维滑板、金属纤维滑板、带有润滑功能的金属基复合材料（如 Cu–C）、具有自润滑功能的无机非金属基复合材料（如 Ti_3SiC_2/SiC）取代碳滑板、粉末冶金滑板。

为保证滑板和接触线接触可靠，其间应有一定的接触压力。滑板和接触线分别属于两个弹性系统，即受电弓系统与接触网系统，两个弹性系统相互接触提供了滑板和接触线之间的接触力。

受电弓升降弓时应不产生过分冲击，为此要求升降弓过程具有先快后慢的特点，即升弓时滑板离开底架要快，贴近接触线要慢，以防弹跳；降弓时滑板脱离接触线要快，接近底架时要慢，以防拉弧及对底架有过分的机械冲击。

运行中要求受电弓动作轻巧、平稳、动态稳定性好。为改善受电弓的动态特性，达到良好的跟随性，减少离线和拉弧，现在很多国家都在试验开发主动控制受电弓。所谓的主动控制受电弓就是在单臂受电弓模型的滑板下，加装力传感器、加速度传感器和一个响应接触线高度变化和振动的执行器，底座上安装一个用于升降弓以及适应进出站线及隧道等接触线高度变化的执行器，将测得的弓网间的接触力反馈回控制系统去驱动执行机构，以调节接触压力，加速度传感器用于校正。

受电弓按其结构型式分为单臂、双臂两种。如图 6-1（a）所示，双臂受电弓结构对称，侧向稳定性好，但结构复杂，调整复杂。如图 6-1（b）所示，单臂受电弓结构简单，尺寸小，重量轻，调整容易，具有良好的动态特性，因而广泛用于现代高速、大负荷的干线电力机车及电动车辆上。

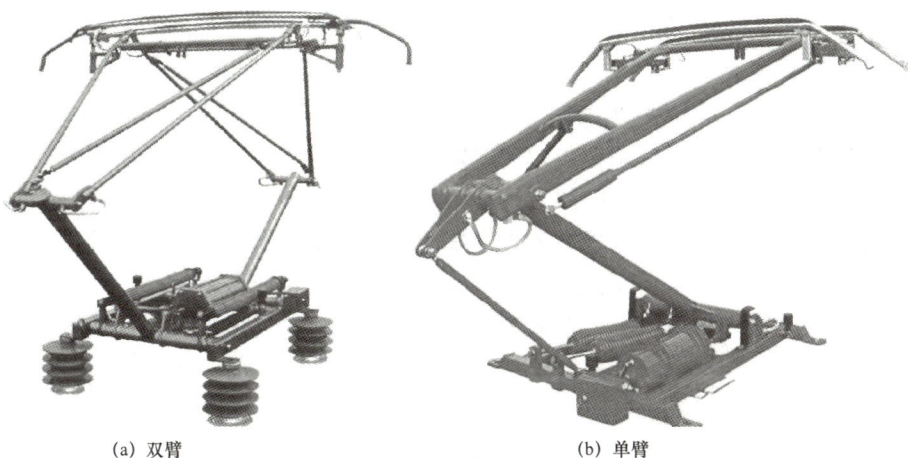

(a) 双臂　　　　　　　　　　　　　(b) 单臂

图 6-1　受电弓

目前，电力机车上有各种型号的单臂受电弓：一类属于弹簧式的，如 SS$_1$ 型、SS$_{3B}$ 型电力机车采用的 TSG1-600/25 型，SS$_4$ 改型电力机车采用的 TSG1-630/25 型和 LV260-2 型，SS$_6$ 型、SS$_8$ 型电力机车采用的 TSG3-630/25 型等；另一类属于气囊式的，如 SS$_{7E}$ 型、SS$_9$ 型电力机车上采用的 DSA200 型单臂受电弓。本任务首先学习弹簧式受电弓，气囊式受电弓将在项目 7 中详细介绍。

6.1.2　TSG1-630/25 型受电弓

1. 型号

TSG1-630/25，其中：T——铁道机车用；SG——受电弓；1——设计序号；630——额定电流，A；25——额定电压，kV。

2. 结构

TSG1-630/25 型受电弓主要由滑板机构、框架和气缸传动机构三部分组成，如图 6-2 所示。

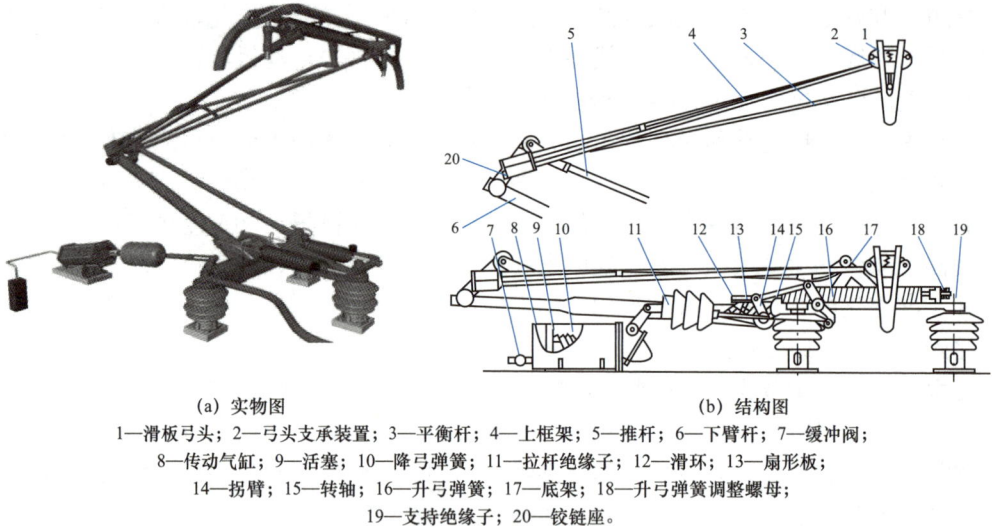

(a) 实物图　　　　　　　　　　　　(b) 结构图

1—滑板弓头；2—弓头支承装置；3—平衡杆；4—上框架；5—推杆；6—下臂杆；7—缓冲阀；
8—传动气缸；9—活塞；10—降弓弹簧；11—拉杆绝缘子；12—滑环；13—扇形板；
14—拐臂；15—转轴；16—升弓弹簧；17—底架；18—升弓弹簧调整螺母；
19—支持绝缘子；20—铰链座。

图 6-2　TSG1-630/25 型受电弓

1）滑板机构

滑板机构主要由滑板及支架组成。

滑板的主体组成由铝板压制而成，在一定的强度下用铝可减轻其重量。上面有两排宽 25 mm 的接触板，用压板固定，如图 6-3 所示。采用碳质接触板，可减少接触线的磨损，但导电性能较差，且接触板的磨损会较大；采用粉末冶金接触板，可改善导电性能，延长接触板的使用寿命。滑板的直线长度为 1 200 mm，且两端处制成弯角形，这是为了防止在接触网分叉处接触线进入滑板底而造成刮弓事故。为使接触板磨耗均匀，接触线与轨距中心线呈"之"字形布置。

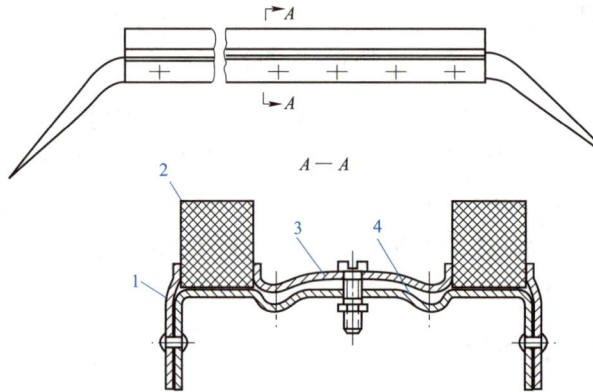

1—压板；2—接触板；3—压板；4—铝滑板。

图 6-3　滑板

滑板通过支架装在上框架上。支架的结构如图 6-4 所示。支架由薄钢板制成，内装有小型圆柱螺旋弹簧，使整个滑板在机车运行时随接触线弛度的变化而做前后、上下的摆动，以改善受流状况。

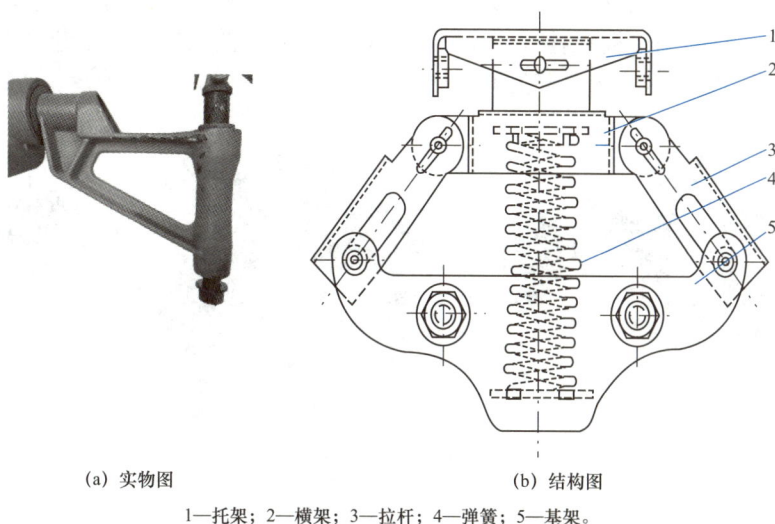

(a) 实物图　　　　　　　　　　(b) 结构图

1—托架；2—横架；3—拉杆；4—弹簧；5—基架。

图 6-4　支架

2）框架

整个框架由上框架、下臂杆、平衡杆、推杆和底架组成，如图 6-5 所示。

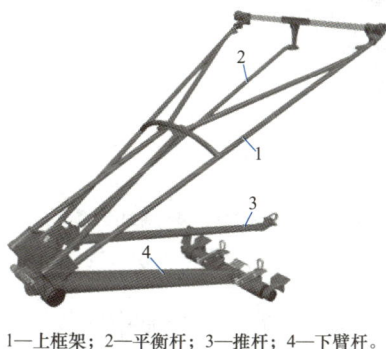

1—上框架；2—平衡杆；3—推杆；4—下臂杆。

图 6-5　框架

上框架一端与弓头支撑装置的上铰链用螺栓连接，另一端借助于压板用螺栓装在中间铰链座上。

下臂杆的转轴由无缝钢管构成，装在底架上。转轴上焊有 2 块扇形板，扇形板上各装有 4 个调整螺栓，通过调整螺栓的高度可以调整滑板在不同高度时的静态接触压力。下臂杆通过中间铰链座与上框架和推杆相连，中间铰链座为铸铁件。上框架由 ϕ32 mm×1.5 mm 的薄壁无缝钢管组焊而成。

推杆由 ϕ34 mm×4 mm 的无缝钢管构成，两端分别用正反扣螺扣与推杆铰链连接，这样可以方便地调整落弓位和最大升弓高度。推杆与弓头之间装有用 ϕ19 mm×1 mm 无缝钢管制成的平衡杆，其功能是使弓头滑板在整个工作高度范围内基本处于水平状态，这是单臂受电弓特有的部件。

底架由槽钢和球墨铸铁的支架装配而成，如图 6-6 所示，并通过三个支持绝缘子安装在机车顶盖上。受电弓的受流运动部件都装在底架上。升弓弹簧有两个，一端用螺杆固定于底架上，另一端经扇形板螺栓固定于转轴上。调整螺杆的长度，可以起改变弹簧张力的作用。

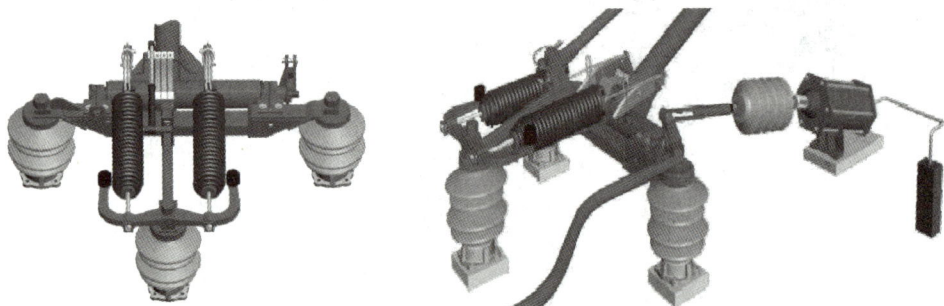

图6-6　底架

3）气缸传动机构

整个气缸传动机构由缓冲阀、传动气缸、连杆、滑环及升降弹簧组成，如图6-7所示。

(a) 实物图　　　　　　　　　　　　　　(b) 结构图

1—U 型连杆；2—传动气缸；3—进气口；　4—缓冲阀；5—连杆绝缘子；6—转臂。

图6-7　气缸传动机构

传动气缸单独安装在机车顶盖上，在传动气缸中安装了两个长度不等的降弓弹簧。

缓冲阀的结构如图6-8所示。阀体与两个阀座配合形成中心通道，在两个阀座上各开有一槽口，通道中间有一钢球。当由电空阀控制的压缩空气进入缓冲阀时，开始

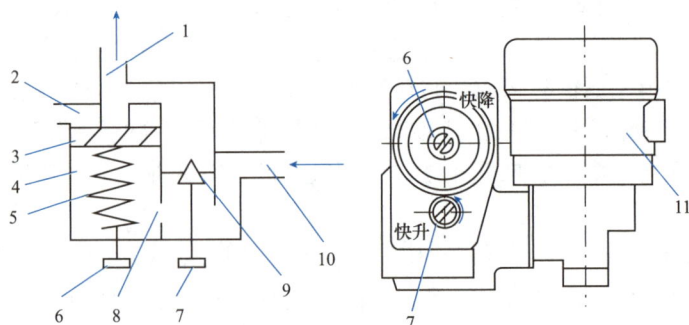

1—缓冲阀排气口；2—快排阀快排口；3—快排阀活塞；4—气室；5—快排阀反力弹簧；6—快排阀调节螺钉；7—节流阀调节螺钉；8、9—暗道；10—进气口；11—电空阀。

图6-8　缓冲阀

经中心通道直接进入传动气缸。因此，这时进入传动气缸的风既量大且快速，在此气流推动下，当钢球与对应阀座接触后，中心通道被堵塞，压缩空气只能经阀座的槽口进入传动气缸，受到了限制。排风时，由于钢球的运动，传动气缸内的压缩空气开始经由中心通道大量排出，当钢球与对应阀座接触后，压缩空气又只能经槽口缓慢排出。改变进气阀座和排气阀座的豁口尺寸，即可调整升弓和降弓的时间。

3. 动作原理

单臂受电弓的连杆机构由 2 个四连杆机构组成，如图 6-9 所示。

下部四连杆机构由下臂杆、铰链座、推杆及底架组成。其作用是当 φ 角变化时，使滑板上升和下降并保持其运动轨迹基本为一铅垂线。上部四连杆机构由固定在铰链座上的上框架与推杆铰接的平衡杆和支架组成，其作用是使滑板在整个运动高度保持水平状态。动作原理详见表 6-1。

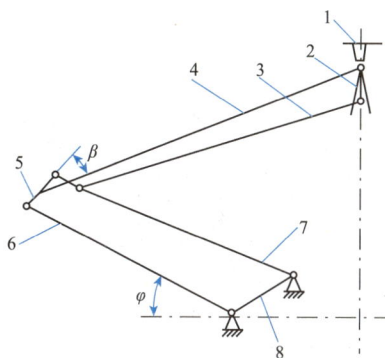

1—滑板；2—支架；3—平衡杆；4—上框架；5—铰链座；6—下臂杆；7—推杆；8—底架。

图 6-9　连杆机构

表 6-1　受电弓升降弓操作

动作	动作原理	动作示意图
升弓	司机操纵受电弓按键开关，控制受电弓的电空阀使气路导通。压缩空气通过缓冲阀进入传动气缸，活塞克服降弓弹簧的压力向右移动，通过气缸盖上的杠杆支点，使拉杆绝缘子向左移动，同样通过杠杆支点的作用，使滑环右移，此时拐臂不受滑环的约束，下臂杆便在升弓弹簧的作用下，做顺时针转动。此时，中间铰链座在推杆的推动下，做逆时针转动，即上框架做逆时针转动，整个受电弓弓头随即升起	

续表

<table>
<tr><th>动作</th><th>动作原理</th><th>动作示意图</th></tr>
<tr><td>降弓</td><td>司机操纵受电弓按键开关，使受电弓的电空阀将缓冲阀的气路与大气接通，于是传动气缸内的压缩空气经缓冲阀排向大气。活塞在降弓弹簧作用下向左移动，使滑环也向左移动，当滑环与拐臂接触后，迫使拐臂跟随着滑环继续左移，强制下臂杆做逆时针转动，最终使弓头降到落弓位</td><td>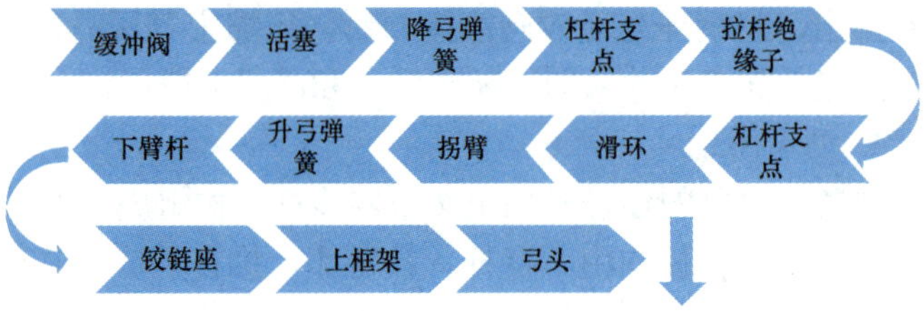
缓冲阀
活塞
降弓弹簧
杠杆支点
拉杆绝缘子
杠杆支点
滑环
拐臂
升弓弹簧
下臂杆
铰链座
上框架
弓头
受电弓升弓气路
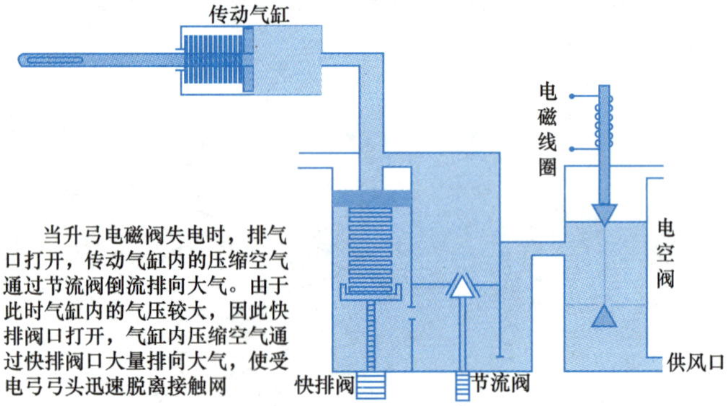
传动气缸
电磁线圈
电空阀
供风口
当升弓电磁阀失电时，排气口打开，传动气缸内的压缩空气通过节流阀倒流排向大气。由于此时气缸内的气压较大，因此快排阀口打开，气缸内压缩空气通过快排阀口大量排向大气，使受电弓弓头迅速脱离接触网
快排阀
节流阀</td></tr>
</table>

4. 主要技术参数

TSG1−630/25 型受电弓的主要技术参数如下：

额定电压	25 kV
额定电流	630 A
工作高度范围内静态接触压力	（70±10）N
升弓时间（气压为 500 kPa 时，落弓位至最大工作高度）	≤8 s
降弓时间（气压为 500 kPa 时，最大工作高度至落弓位）	≤7 s
额定工作气压	500 kPa
最小工作气压	375 kPa
最大工作高度	1 900 mm
最小工作高度	400 mm
最大升弓高度	≥2 400 mm
滑板单向运动（上升或下降）时，不同高度处静态接触压力差	≤15 N
受电弓质量（包括支持绝缘子和传动气缸）	约 256 kg
折叠高度	411 mm

5. 在机车中的应用与维护

SS_4 改型电力机车采用弹簧式单臂受电弓，在电路中代号为 1AP，如图 4−10 所示。

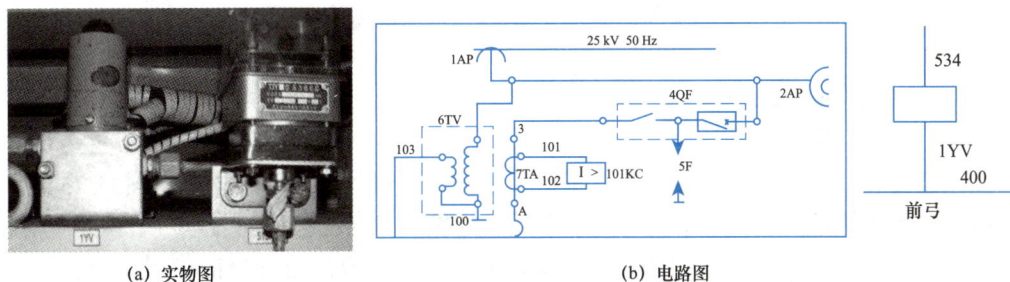

(a) 实物图　　　　　　　　　　　　(b) 电路图

图 6-10　受电弓在机车电路中的应用

受电弓电流路径如下：

1AP→高压连接器 2AP；

1AP→主断路器 4QF→高压电流互感器 7TA（原边）→主变压器 8TM（AX）→车体→车体与转向架间软连线→接地电刷 110E～140E→轮对→钢轨；

1AP→高压电压互感器 6TV。

其中，1YV 为升弓电空阀。1YV 线圈得电后，1YV 开通气路，使 1AP 能升弓。

TSG1-630/25 型受电弓的检查与维护见学习手册相应学习活动。

▶ 任务巩固

一、填空题

1. 受电弓按其结构型式可分为_____和_____两种。

2. 受电弓的升降弓过程具有_____的特点。

3. TSG1-630/25 型受电弓主要由_____、_____和_____三部分组成。

4. 在静止状态下，弓头滑板在工作高度范围内对接触线的压力称为_____。

5. 受电弓的静特性是指受电弓的静态接触压力与_____的关系。

6. 为使接触板磨耗均匀，接触线与轨距中心线呈"_____"字形布置。

二、选择题

1. 不属于上部四连杆机构的是（　　）。

A. 上臂杆　　　　B. 平衡杆　　　　　C. 推杆

2. 调整受电弓滑板在各运动高度均处于水平位置的部件是（　　）。

A. 下臂杆　　　　B. 上框架　　　　　C. 平衡杆

3. 调整 TSG1 型受电弓的升降弓时间，可采取（　　）措施。

A. 调节扇形板上的螺钉高度　　　　　B. 调整缓冲阀豁口大小

C. 调整升弓弹簧的拉伸长度

4. 受电弓的垂直高度范围内的运动轨迹为一条（　　）。

A. 直线　　　　B. 铅垂线　　　　　C. 曲线　　　　　D. 折线

任务 6.2 高压连接器认知与应用

▶ **任务描述**

高压连接器的主要功能是在两节机车进行连挂时，自动连接两节机车车顶的 25 kV 高压电路。高压连接器安装在每节车的尾部车顶，依靠机车连挂车钩的力量与车钩同时对接，分离时也随机车的车钩脱开而自动分离。本项目重点学习高压连接器的作用、结构、工作原理及其在机车中的应用维护。

▶ **任务目标**

知识目标

掌握高压连接器的作用、结构组成、工作原理等相关理论知识内容。

能力目标

具有 TLG1-400/25 型高压连接器的使用与维护能力。

▶ **知识链接**

6.2.1 概述

SS_4 改型电力机车采用的是 TLG1-400/25 型高压连接器。型号中，T——铁路机车用；LG——高压连接器；1——设计序号；400——额定电流，A；25——额定电压，kV。TLG1-400/25 型高压连接器外形如图 6-11 所示。

图 6-11 TLG1-400/25 型高压连接器外形

6.2.2 结构

TLG1-400/25 型高压连接器主要由机械传动机构和电气连接机构两部分组成，如图 6-12 所示。

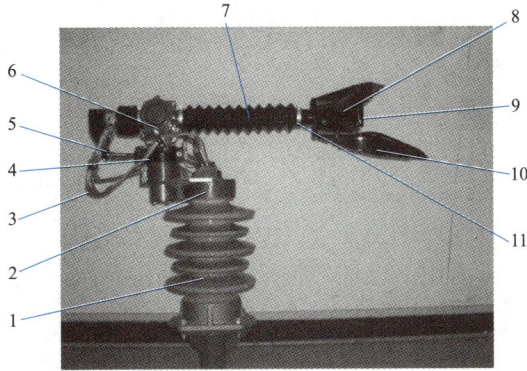

1—支持绝缘子；2—导电母排；3—软连接线；4—球面止挡；5—止动器；6—十字轴支承装置；
7—橡胶波纹管；8—喇叭形头部；9—半环；10—羊角；11—导电杆。

图 6-12　TLG1-400/25 型高压连接器结构

1. 机械传动机构

高压连接器的机械传动机构由伸张弹簧、橡胶波纹管、十字轴支承装置、止动器、球面止挡、支承缸体及支持绝缘子等组成。

支持绝缘子将高压连接器的主体固定在车顶，并与车顶电气隔离。支承缸体安装在支持绝缘子上，并由缸体定位销定位。伸张弹簧安装在橡胶波纹管内。当高压连接器头部未受压时，处于最大伸张状态，为对接做好准备。对接时，两台高压连接器互压，当压缩到一定量时，高压连接器头部的半环与叉形件动作，相互扣紧，连接过程完成。当两台高压连接器之间的距离随机车变化时，伸张弹簧保证其头部的电气连接机构一直处于扣紧状态，半环与叉形件的接触压力保持不变，因而具有优良的导电性能。TLG1 型高压连接器允许的运动距离是 160 mm。

十字轴支承体包括十字接头安装和十字轴支承装置。十字接头安装由十字接头和轴套组成，如图 6-13 所示。十字接头通过三个沉头螺钉与轴套固定连接。轴套由黄铜管加工而

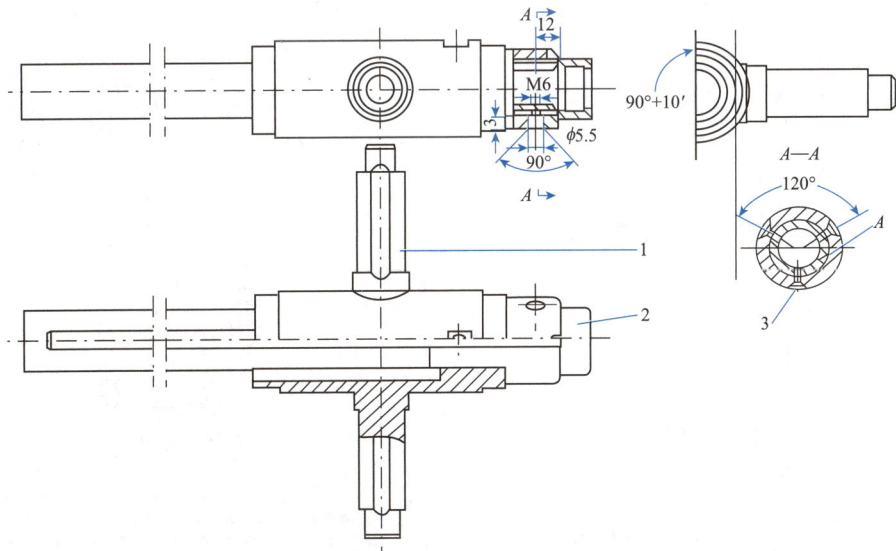

1—十字接头；2—轴套；3—沉头螺钉。

图 6-13　十字接头安装

成，开有一长方形键槽孔。导电杆轴向穿过十字接头安装孔，再通过导电杆上的键槽与十字接头轴套上的长方形键槽孔配合，组装成一个整体。这就有效地控制了高压连接器的回程范围，起到了导通电流、机械连接、滑动和限位的作用。

在单节机车运行时，单台高压连接器处于自由状态，其连接杆伸出机车端墙，处于悬臂状。为了保证在此状态下运行的稳定性，设有十字轴支承装置和止动器。十字轴支承装

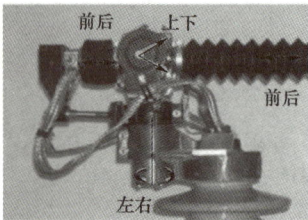

图6-14 高压连接器偏摆裕度

置用于使处于自由状态的单台高压连接器处于平衡状态，止动器用于保证伸张弹簧有一定的初始压力。止动器下部的止动杆与球面止挡形成一对自复位机构，当高压连接器头部做上下左右摆动时，自复位机构能使高压连接器回到中心位置，并保持在车顶的稳定位置。

考虑到机车在弯道、坡道和轮缘磨耗等状态下高压连接器对接和运行可靠性，要求高压连接器具有较宽的上下左右导向和偏摆裕度，如图6-14所示。

高压连接器头部的上下摆动控制由图6-15中的板簧及蜗卷簧来平衡。板簧用螺钉固定在转动板上，再将左右十字接头支承座用3个螺钉固定在转动板的内侧，起支承十字接头安装的作用。蜗卷簧由弹簧钢带绕制而成，套装在十字接头支承座内。静止时，板簧及头部重力形成的力矩与蜗卷簧的力矩相等，从而使导电杆保持水平。当因外力的作用使头部上下摆动时，蜗卷簧及板簧的作用使之回到静止平衡状态。由于蜗卷簧的张力可以由调整螺钉进行调整，因而可以容易地使高压连接器在静止时使导电杆达到水平状态。此外，在不同轮缘磨耗情况的机车对接时，可预先调整高压连接器的安装高度，使前后两台高压连接器基本处于同一水平面上。图6-15中十字轴支承装置的缸体上的刻度便是做高度调整用的。

高压连接器头部的左右摆动由支承缸体中的弹簧控制。支承缸体由缸体和转轴安装等组成，如图6-16所示。轴承安装由转轴、轴承座、上传动块、扭簧、下传动块和轴承等组

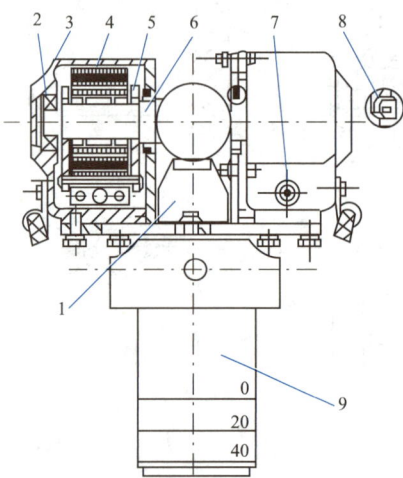

1—板簧；2—轴承；3—左右十字接头支承座；4—蜗卷簧；
5—止动板；6—十字接头安装；7—调整螺钉；
8—密封圈；9—缸体。

图6-15 十字轴支承装置

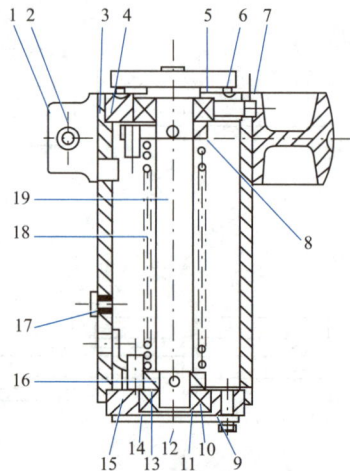

1—球面止挡；2、7、9—螺栓；3—缸体；4、15—密封圈；
5—轴承安装；6—套环；8—上传动块；10—轴承；
11—盖板；12—开口销；13—调整垫；14—垫圈；
16—下传动块；17—定位销；18—扭簧；19—转轴。

图6-16 支承缸体

成。转轴由轴与钢板焊接后加工而成，轴承套于转轴上。扭簧由弹簧钢丝右旋绕制，套于转轴上。扭簧上端用上传动块与开口销扭住，下端用下传动块与开口销扭住。转轴安装完毕后，装入缸体内，在转轴上装入轴承后，用螺栓将盖板固定在缸体上。缸体中的这对扭簧通过其定位螺钉的调整而处于对中状态。当高压连接器头部左右摆动时，可在扭簧的作用下自动复位。

2. 电气连接机构

电气连接机构既决定了喇叭形头部的摆动方向，又起导通电流的作用，其由喇叭形头部、导电杆、盖板装配等组成。

喇叭形头部的主体由轻质铸铝合金制成。在喇叭形头部上装有羊角、半环与叉形件。羊角在水平及垂直方向都具有较宽的导向范围，当两台高压连接器对接时，即使水平位置或垂直位置存在误差，也可以保证良好的自动导向对接性能。此特性可保证机车在最小曲率半径 125 m 及前后两节车轮缘磨耗（单边）差不大于 30 mm 时，高压连接器能可靠地进行摘挂。

盖板装配主要由盖板、叉形件（动触头）、半环（静触头）和拉簧等组成。盖板为薄形铸铝合金板，紧固在喇叭形头部上，喇叭形头部、双连线与顶杆紧固连接成整体，如图 6-17 所示。

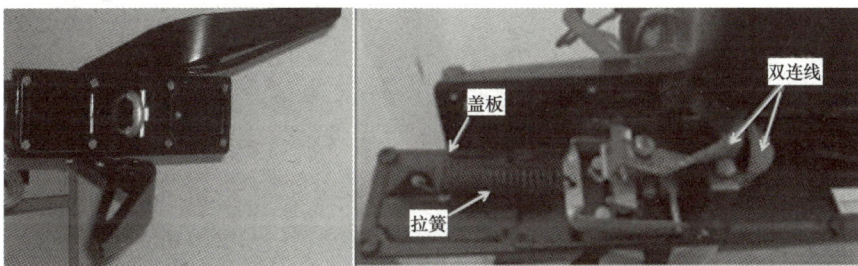

图 6-17　盖板装配

高压连接器的叉形件（动触头）和半环（静触头）为铜质镀银材料，采用线接触方式，具有工作可靠、接触电阻小和散热效果好的优点。连接动作时，两台高压连接器的叉形件插入彼此的半环中，同时由叉形件上的拉簧提供接触压力。

6.2.3　动作原理

在两节车需要连挂，进行重联运行时，依靠两节车车钩挂接时的牵引力，使两台高压连接器慢慢靠近，在羊角的导向作用下，使各自的导电半环（静触头）准确地插入对方的叉形件（动触头）中，接通两节车一次侧高压电路。同时叉形件上的拉力弹簧紧紧地把半环扣住，由于两台高压连接器的相对位移由张力弹簧、复位弹簧来调整，因而能保持叉形件与半环的接触压力恒定不变，从而能够保证较好的电气性能。

当两节车分离时，依靠两节车分离时的牵引力使高压连接器自动分离，并断开两节车的一次侧高压电路，弹簧复原。

从图 6-18 中可以看出，高压连接器接合状态下的电流路径为：从一节车的高压回路到导电极，经软连接线，到导电杆，然后通过喇叭形头部内的软连接线、半环、叉形件，到另一连接器的叉形件、半环、导电杆母线等，再到另一节车的车顶母线。

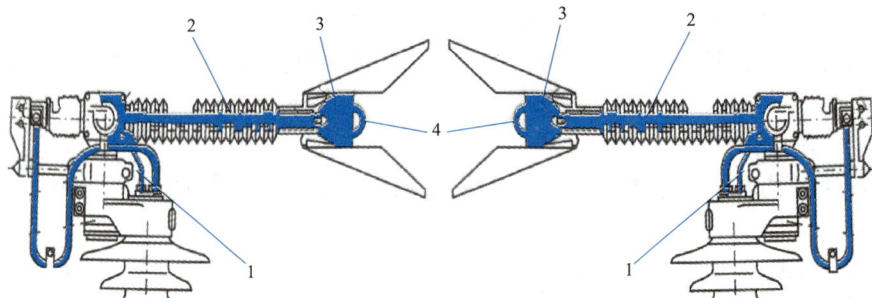

1—软连接线；2—导电杆；3—喇叭形头部；4—半环。

图 6-18　高压连接器电流路径

6.2.4　主要技术参数

高压连接器主要技术参数如下：

额定电压	25 kV
额定电流	400 A
接触电阻阻值（连接状态）	≤650 μΩ
导电杆中心线至车顶高	580 mm
导电杆上下摆动角	≥8°30′
导电杆左右摆动角	≥34°
导电杆最大回程	≥240 mm
导电杆最小回程（α=34°时）	≥210 mm

6.2.5　使用与维护

（1）保证在无电状态下进行连接或分离操作。在进行连接操作前，注意观察喇叭形头部是否清洁，头部盖板内的叉形件是否有弹回的情况。如已经弹回，则需用钩形工具将其拉开成开启状态，然后才能进行连接操作。

（2）经常观察绝缘子表面是否清洁干燥，有无裂纹或损伤，及时清扫或更换。

（3）经常检查橡胶波纹管，如有破损要及时更换，以免雨水、灰尘进入喇叭形头部和十字轴支承体内，造成零件锈蚀，影响动作性能。

（4）定期对各转动部分进行润滑处理，使其上下左右按规定摆动并复位。如果单台连接器喇叭形头部不能保持水平，可以由十字支承件上的调整螺钉进行调整，顺时针方向调高，逆时针方向调低。

（5）每台高压连接器的结构完全相同，没有前后之分，可根据需要组合。

6.2.6　在机车中的应用与维护

在 SS$_4$ 改型电力机车主电路中，高压连接器代号为 2AP，如图 6-19 所示。
高压连接器的检查与维护见学习手册相应学习活动。

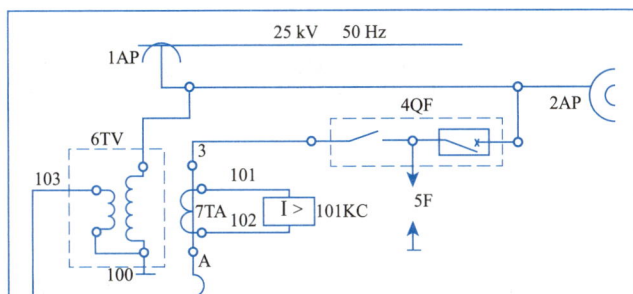

图 6-19　在机车电路中的应用

任务巩固

一、填空题

1. 高压连接器主要由＿＿＿＿＿＿＿和＿＿＿＿＿＿＿组成。

2. 考虑到机车在弯道、坡道和轮缘磨耗等状态下对接和运行可靠性，要求高压连接器具有＿＿＿＿＿＿＿和＿＿＿＿＿＿＿。

3. TLG1 型高压连接器允许的运动距离是＿＿＿＿mm。

4. TLG1 型高压连接器的电气连接部分既决定了＿＿＿＿＿＿＿，又起导通电流的作用。

二、选择题

1. TLG1 型高压连接器头部的左右摆动由（　　）控制。

A. 支承缸体中的弹簧　　　　　　　B. 板簧

C. 蜗卷簧　　　　　　　　　　　　D. 伸张弹簧

2. TLG1 型高压连接器前后摆动受（　　）控制。

A. 板簧　　　　　　　　　　　　　B. 蜗卷簧

C. 伸张弹簧　　　　　　　　　　　D. 支承缸体中的弹簧

3. 当 TLG1 型高压连接器头部未受压时，连接器处于（　　）状态，为对接做好准备。

A. 最大压缩　　　B. 一定伸张　　　C. 最大伸张

三、判断题

1. 每台高压连接器的结构完全相同，没有前后之分，可根据需要组合。　　　　（　　）

2. 高压连接器的安装高度是可预先调整的。　　　　（　　）

3. 高压连接器安装在每节车头部的车顶上。　　　　（　　）

4. 高压连接器的连接与分离随机车车钩的连接或分离同时完成。　　　　（　　）

5. 高压连接器可以在带电状态下进行连接或分离操作。　　　　（　　）

任务 6.3 空气主断路器认知与应用

任务描述

断路器是指能够关合、承载和开断正常回路条件下的电流，并能关合、在规定的时间内承载和开断异常回路条件下的电流的开关装置。断路器按其使用范围分为高压断路器与低压断路器，高、低压界限划分比较模糊，一般将 3 kV 以上的称为高压断路器。高压断路器按结构可分为多油断路器、少油断路器及无油断路器等。无油断路器按灭弧介质不同又可分为空气断路器、六氟化硫断路器及真空断路器。在电力机车上习惯把高压断路器称为主断路器。本任务首先学习空气主断路器的作用、结构、工作原理及其在机车上的应用，真空主断路器将在项目 7 中详细介绍。

任务目标

知识目标

掌握空气主断路器的作用、结构、工作原理等相关理论知识内容。

能力目标

具有空气主断路器的检查与维护能力。

知识链接

6.3.1 概述

主断路器安装于受电弓与主变压器原边绕组之间，位于机车车顶中部，是电力机车电源的总开关和总保护，具有控制和保护两种用途。机车受流后，当主断路器闭合时，机车从外部获得电源，才可投入工作。当机车发生过流、接地、过电压、欠电压等故障时，故障信号通过一定电路使主断路器自动开断，切断机车的总电源，以免使故障扩大而使其他电气设备受到损害。

6.3.2 型号

TDZ1A–10/25 型，其中：T——铁道机车用；D——断路器；Z——主断路器；1A——设计序号；10——额定分断电流，kA；25——额定电压，kV。

SS_1、SS_3、SS_{3B} 型电力机车使用的是 TDZ1–200/25 型空气断路器，SS_4、SS_4 改、SS_{7C}、SS_{7D}、SS_8 型电力机车使用的是 TDZ1A–10/25 型空气断路器，这些断路器具有机械应力小、开断能力强、防爆、适用性强等优点，下面以 TDZ1A–10/25 型空气断路器为例进行介绍。

6.3.3　结构

TDZ1A-10/25 型空气主断路器如图 6-20 所示，它以安装在机车车顶盖上铸铝制成的底板为界，分上下两大部分。露在车顶上的为高压部分，主要有灭弧室、非线性电阻、支持瓷瓶、隔离开关和转动瓷瓶等部件。装在底板下部的为低压部分，主要有储气缸、主阀、延时阀、传动气缸、启动阀、辅助开关等部件。

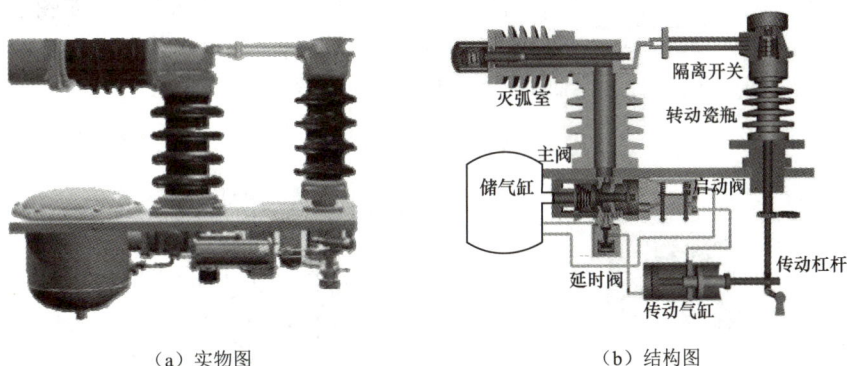

（a）实物图　　　　　　　　　（b）结构图

图 6-20　TDZ1A-10/25 型空气主断路器

1. 高压部分

1）灭弧室

灭弧室如图 6-21 所示，它是主断路器安装主触头、熄灭电弧的重要部件。主体为空心瓷瓶，一端装风道接头，通过支持瓷瓶的中心空腔与主阀的气路相连；另一端装法兰盘，以此将高压电引入主断路器。

2）非线性电阻

非线性电阻用于限制过电压，降低电压恢复速度。在非线性电阻瓷瓶内，装有 10 个串联的非线性电阻片和干燥剂等部件。为了保证非线性电阻片之间及与外部连接之间的接触压力，并减小接触电阻，在其一端装设了弹簧。

3）隔离开关

隔离开关如图 6-22 所示，由静触头、动触指、弹簧装置、隔离开关闸刀（动触杆）、法兰盘（下转动座）、铜滚珠、连接件（上转动座）及弹簧装置等组成。

隔离开关自身不带火弧装置，不具有分断大电流的能力，它与主触头协调动作，完成主断路器的分、合闸动作。

图 6-21　灭弧室　　　　　　图 6-22　隔离开关

2. 低压部分

主断路器低压部分如图 6-23 所示。

图 6-23　主断路器低压部分

1）启动阀

启动阀由左边的分闸阀和右边的合闸阀两部分组成，二者对称分布，如图 6-24 所示。两阀有各自的阀杆、弹簧和密封垫，由各自的电磁铁控制，共用阀体、密封垫和盖板。D、E、F 三个空腔分别与储气缸、主阀 C 腔、传动气缸相通。

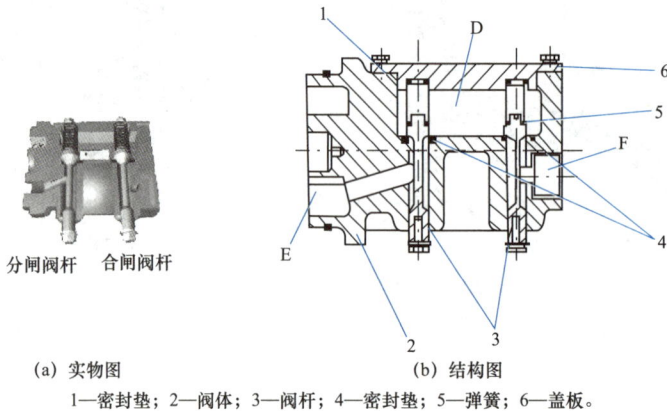

　　(a) 实物图　　　　　　　　　　　　　(b) 结构图
1—密封垫；2—阀体；3—阀杆；4—密封垫；5—弹簧；6—盖板。

图 6-24　启动阀

当分、合闸线圈失电时，D 腔充满了来自储气缸的压缩空气，分闸阀和合闸阀在弹簧和 D 腔压缩空气的共同作用下处于关闭状态。

当合闸电磁铁线圈得电时，合闸电磁铁的动铁心撞击合闸阀杆，使阀杆克服弹簧的作用力向上移动，阀门打开，D 腔压缩空气经阀门从 F 腔进入传动气缸，带动主断路器闭合。F 腔内有直径为 2 mm 的排气孔，进入 D 腔的压缩空气管径为 8 mm，所以 F 腔仍能保持相当高的气压而使传动气缸装置动作。

当分闸电磁铁线圈得电时，分闸电磁铁的动铁心撞击分闸阀杆，使阀杆克服弹簧的作用向上移动，阀门打开，D 腔压缩空气经阀门从 E 腔送往主阀 C 腔，主阀动作，带动主断路器分闸。

2）主阀

主阀采用气动差动式结构，如图 6-25 所示，由阀体、活塞、阀杆、阀盘、弹簧等部件组成。主阀共有 5 条气路：A 腔与储气缸相连；B 腔经支持瓷瓶通向灭弧室；C 腔与启动阀的 E 腔相连，下方与延时阀进气孔相通；另有一条小气路将储气缸内少量的压缩空气由通风塞门经主阀送入支持瓷瓶和灭弧室，保证灭弧室内始终有一个对外的正压力，防止外界潮湿空气进入灭弧室。

当分闸电磁铁线圈失电时，在 A 腔压缩空气和弹簧的共同作用下，主阀处于关闭状态。

当分闸电磁铁线圈得电时，分闸阀动作，启动阀 D 腔的压缩空气经阀门从 E 腔送往主阀 C 腔。虽然主阀阀盘和活塞两端都受到空气的作用，但活塞的直径大于阀盘的直径，使阀杆带动阀盘和活塞左移，主阀打开，储气缸内大量的压缩空气向上经主阀、支持瓷瓶进入灭弧室，带动主触头动作；压缩空气向下送入延时阀的进气孔。

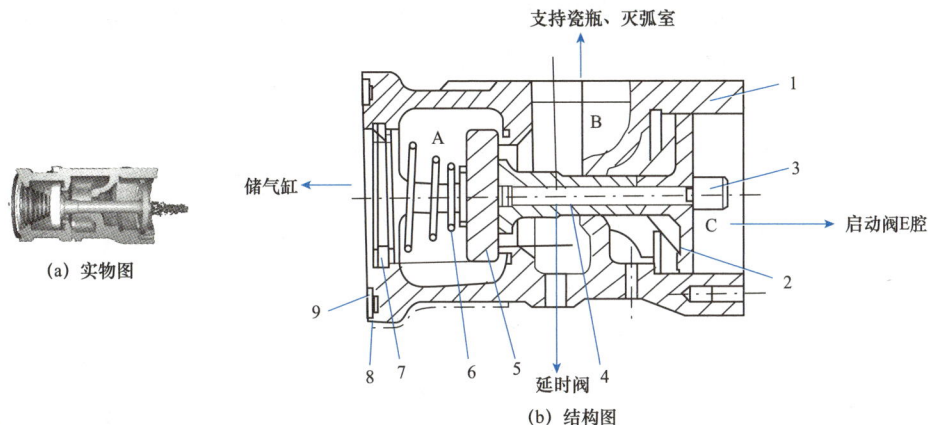

(a) 实物图

(b) 结构图

1—阀体；2—活塞；3—阀杆；4—滑块；5—阀盘；6—弹簧；7—垫圈；8—挡圈；9—密封圈。

图 6-25 主阀

3）延时阀

延时阀的作用是使传动气缸较灭弧室滞后一定时间得到储气缸的压缩空气，确保隔离开关比主触头延时动作，无电弧开断。

延时阀如图 6-26 所示，由阀座、膜片、阀杆、阀体、阀门、弹簧、阀盖、调节螺钉等部件组成。调节螺钉用于调整进入膜片下部空腔的气路大小，改变延时时间。当延时阀进气孔无压缩空气送入时，延时阀阀门在弹簧的作用下处于关闭状态。

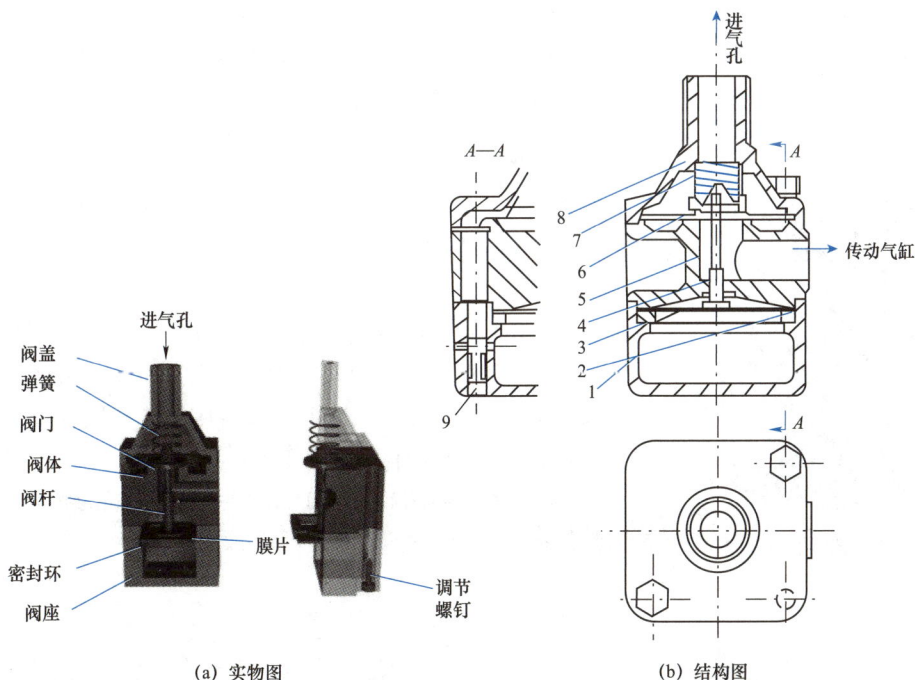

(a) 实物图

(b) 结构图

1—阀座；2—密封环；3—膜片；4—阀杆；5—阀体；6—阀门；7—弹簧；8—阀盖；9—调节螺钉。

图 6-26 延时阀

当主阀打开时，压缩空气经延时阀进气孔、阀盖上的进气管路、阀体上的通道、调节螺钉与阀座之间的间隙，进入膜片下部的空腔。因为管路截面小，膜片的面积大于阀门的面积，膜片下部的压缩空气经过一定时间延时达到一定压力后才能克服弹簧的作用，推动阀杆向上移动，阀门打开，大量的压缩空气进入传动气缸的进气孔。

4）传动气缸

传动气缸以隔板为界，分为左边的工作腔和右边的缓冲腔两大部分，如图 6-27 所示。活塞杆上装有工作活塞、缓冲活塞和套筒，连杆销与控制轴相连，使主断路器在分、合闸过程中先快后慢，起到缓冲的作用。

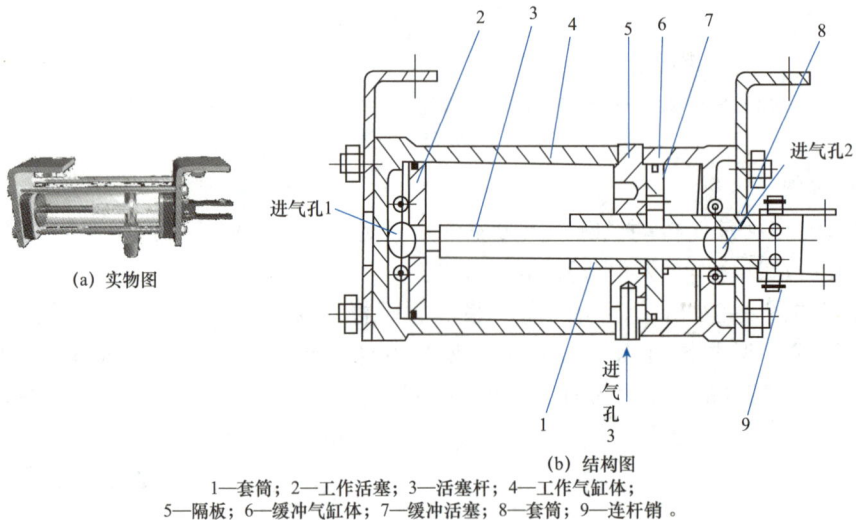

(a) 实物图

(b) 结构图

1—套筒；2—工作活塞；3—活塞杆；4—工作气缸体；
5—隔板；6—缓冲气缸体；7—缓冲活塞；8—套筒；9—连杆销。

图 6-27　传动气缸

5）辅助开关

辅助开关为万能转换开关，其引出线通过插销或插座同机车有关电路相连，如图 6-28 所示。

辅助开关的作用如下：

① 接收机车控制电路的电信号，控制分、合闸电磁铁的动作。

② 作分、合闸之间的电气联锁，即分闸完成后切断分闸线圈电路，接通合闸线圈电路，为下一步合闸动作做好准备，保证下一步只能是合闸动作而非分闸动作；反之亦然。

③ 与信号控制电路相连，显示主断路器所处的状态，分闸状态时信号灯亮，合闸状态时信号灯灭。

图 6-28　辅助开关

6.3.4　动作原理

主断路器的动作原理用表 6-2 来说明。

表 6-2　主断路器动作原理

步骤	动作原理	动作示意图
准备工作	储气缸充满压缩空气；启动阀 D 腔充满压缩空气；另有少量的压缩空气经通风塞门、主阀、支持瓷瓶进入灭弧室，使灭弧室内保持一定的正压力，防止外部潮湿空气进入	
分闸操作	司机按下主断路器分闸按键开关，分闸线圈得电，分闸阀阀杆上移，启动阀 D 腔的压缩空气经启动阀 E 腔进入主阀 C 腔，主阀左移，储气缸内大量的压缩空气经支持瓷瓶进入灭弧室，推动主动触头左移，电弧被吹入主动触头的空腔内，冷却、拉长、进而熄灭 　　进入延时阀的压缩空气经一定时间延时后，推动延时阀阀杆上移，压缩空气进入传动气缸工作活塞的左侧，推动工作活塞右移，驱动传动杠杆带动控制轴、转动瓷瓶转动，隔离开关分闸	

续表

步骤	动作原理	动作示意图
分闸操作	与控制轴同步动作的辅助开关同时完成以下 3 项工作：一是切断分闸线圈电路，分闸线圈失电，分闸阀关闭，D 腔的压缩空气不再进入 E 腔和 C 腔，主阀关闭，压缩空气停止进入灭弧室，主触头在反力弹簧的作用下重新闭合，分闸过程完成；二是接通信号控制电路，使主断路器信号灯亮，显示主断路器处于断开状态；三是接通合闸线圈电路，为下一次合闸做好准备	
合闸操作	司机按下主断路器合闸按键开关，合闸线圈得电，合闸阀杆上移，启动阀 D 腔的压缩空气经启动阀 F 腔进入传动气缸工作活塞的右侧，推动工作活塞左移，驱动传动杠杆带动控制轴、转动瓷瓶转动，隔离开关合闸	
	与控制轴同步动作的辅助开关同时完成以下 3 项工作：一是切断合闸线圈电路，合闸线圈失电，合闸阀关闭，压缩空气停止进入传动气缸，合闸过程完成；二是接通信号控制电路，使主断路器信号灯灭，显示主断路器处于闭合状态；三是接通分闸线圈电路，为下一次分闸做好准备	

6.3.5　主要技术参数

主断路器主要技术参数如下：

额定电压	25 kV
额定电流	400 A
额定频率	25 Hz
额定分断电流	10 kA
额定分断容量	250 MV·A
额定工作气压	700～900 kPa
固有分闸时间	≤30 ms
延时时间	35～55 ms
合闸时间	≤0.1 s
额定控制电压	DC 110 V
总质量	150 kg

6.3.6　使用与维护

为了使主断路器处于良好的工作状态，必须加强维护管理，主要应做到以下几点。

1. 保持气路洁净

压缩空气潮湿或不洁，管道不干净，可能造成以下后果：

（1）在电弧作用下分解成氢、氧等混合气体，破坏主触头分断后断口间的绝缘，使熄弧困难或电弧重燃，严重时还会造成灭弧室炸裂。

（2）使支持瓷瓶和灭弧室内腔绝缘强度降低，造成沿面放电。

（3）管道中的漆皮、锈渣等异物可能堵塞气口，使主断路器动作失灵，发生卡位现象。

（4）异物若进入灭弧室，可能会造成主触头接触不良，使非线性电阻长期通电而烧损，严重时会造成非线性电阻瓷瓶炸裂。

因此，在主断路器储气缸的进气管上装有油水分离器，下部有放水阀，使用或维护时应定期排水，保持气路洁净。

2. 定期更换橡胶件

主断路器是一种结构复杂的气动电器，各部件对密封性要求较高，为保证良好的密封性，应定期更换橡胶件。

3. 定期检查各主要部件

1）灭弧室

定期检测主触头超程和动触头复原弹簧的状态。动、静触头由于分、合频繁，会因相互摩擦而磨损，从而造成超程减小、接触压力减小。当超程减小到一定程度时，要更换动、静触头。当动触头复原弹簧变形超过一定限度时，必须及时更换。

2）非线性电阻

保持非线性电阻瓷瓶内腔清洁，密封良好。定期更换非线性电阻瓷瓶中的干燥剂，检测非线性电阻片的阻值。当阻值变化超过一定限度时，必须及时更换。

3）主阀

定期检查活塞与阀体间的配合尺寸，当尺寸不符合要求时应及时更换。

4）传动气缸

适当调节好传动气缸的缓冲，保证隔离开关动作良好。定期检查活塞与缸体之间的配合精度，通过修整或更换零部件，保证其动作性能良好。

5）通风塞门

必须定期更换塞门中的填料，检测塞门的通风量，将其调整至允许范围之内。

6.3.7 在机车电路中的应用

在 SS$_4$ 改型电力机车的电路中，主断路器代号为 4QF，其线圈为 4QFN 和 4QFF，如图 6-29 所示。

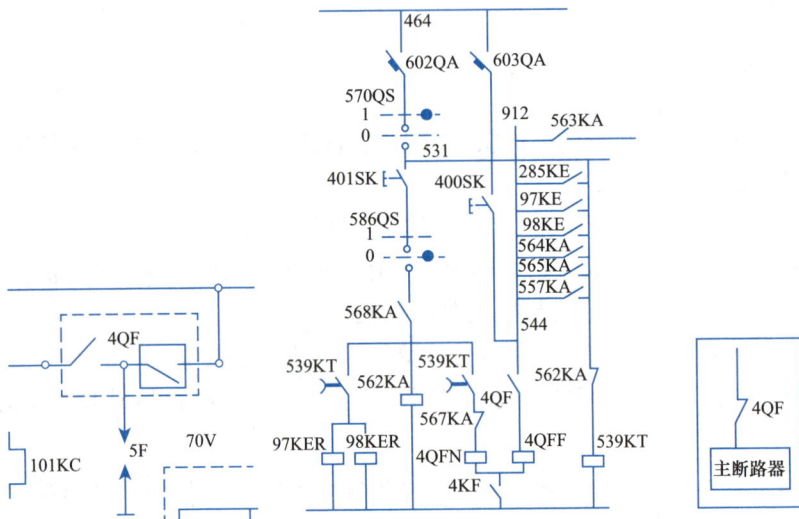

图 6-29 SS$_4$ 改型电力机车中主断路器的应用

按 401SK，4QFN 得电（主断路器合闸），同时 97KER、98KER 得电（主电路接地保护恢复），562KA 得电（各种保护恢复），539KT 失电。

539KT 失电 1 s 后→539KT 正联锁断开→97KER、98KER、4QFN 失电。

断开 401SK，562KA 失电，539KT 得电。

当按下 400SK 时，经 400SK、4QF 常开联锁（此时已闭合），使 4QFF 得电动作，主断路器分断。分断后，正联锁断开，4QFF 失电，可防止通电时间过长而烧损，同时，反联锁闭合，司机台上"主断"显示灯亮。

任务巩固

一、填空题

1. 电力机车电源的总开关和总保护电器是_____。

2. 空气主断路器的启动阀由_____和_____两部分组成。

3. 空气主断路器的隔离开关自身不带_____装置，不具有分断大电流的能力。

4. 空气主断路器的传动气缸以隔板为界,分为左边的_____和右边的_____两大部分。

二、选择题

1. 空气主断路器安装于受电弓与（　　　）原边绕组之间。

　A. 电压互感器　　B. 电流互感器　　　C. 主变压器　　　　D. 高压连接器

2. 主阀有（　　　）条气路。

　A. 1　　　　　　　B. 3　　　　　　　C. 5

3. （　　　）的作用是使传动气缸较灭弧室滞后一定时间得到储气缸的压缩空气,确保隔离开关比主触头延时动作,无电弧开断。

　A. 延时阀　　　　B. 主阀　　　　　C. 启动阀

4. 空气主断路器在 SS$_4$ 改型电力机车中的代号为（　　　）。

　A. 4QF　　　　　　B. 4QP　　　　　　C. 4F　　　　　　　D. 4QS

5. 空气主断路器分闸时,主触头和隔离开关哪个先动作？（　　　）

　A. 主触头　　　　B. 隔离开关　　　C. 同时动作

6. 空气主断路器合闸时,只需要使（　　　）合上即可。

　A. 主触头　　　　B. 隔离开关　　　C. 联锁触头

任务 6.4　位置转换开关认知与应用

扫码获取学习资源

任务描述

位置转换开关,也称二位置转换开关,简称转换开关,指机车向前、向后方向的转换开关和牵引、电制动工况的转换开关,本任务重点学习位置转换开关的作用、结构、工作原理及其在电力机车上的应用。

任务目标

知识目标

掌握位置转换开关的作用、结构、工作原理等相关理论知识内容。

能力目标

具有位置转换开关的检查与维护能力。

6.4.1 概述

位置转换开关是一种组合电器，采用电空工作方式和转鼓形式，各型转换开关的额定电流为 500～1 000 A，触头间的接触压力为 45 N，触头选用线接触方式，同时采用转鼓触片，这一方面增加了触头的传热和散热效果，另一方面滚动的接触可防止触头产生氧化膜，或者说，若触头产生了氧化膜，由于位置的转换，可以清除氧化膜，从而达到减小接触电阻的目的。

在韶山系列电力机车上，SS_1 型、SS_3 型、SS_{3B} 型电力机车采用的是 TKH3-500/1500 型转换开关，SS_4 型电力机车采用的是 THK4-840/1000 型转换开关，SS_8 型电力机车采用的是 TKH4A-970/1000 型转换开关，SS_9 型电力机车采用的是 TKH10-840/1020 型转换开关。各型转换开关的工作原理是相同的，即用来转换接通主电路：一是改变牵引电机励磁绕组中电流的方向，即改变机车的运行方向；二是实现机车牵引工况和电阻制动工况之间的转换。它们都由两个转鼓组成，即反向鼓和牵引制动鼓。每个转鼓各有两个工作位置，即"向前"和"向后"位、"牵引"位和"制动"位。

6.4.2 型号

下面以 THK4-840/1000 型转换开关为例进行介绍。

6.4.3 位置结构

TKH4-840/1000 型转换开关如图 6-30 所示。

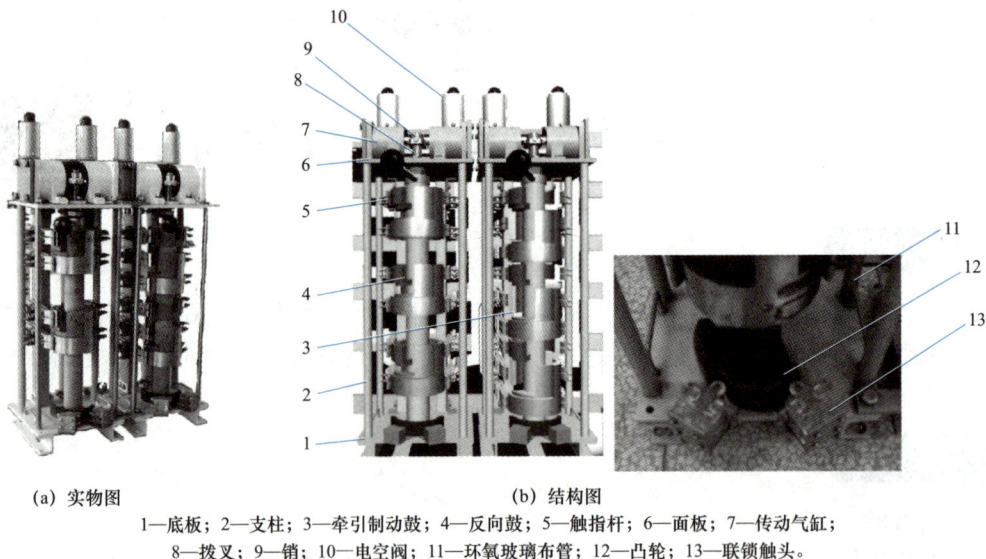

(a) 实物图   (b) 结构图

1—底板；2—支柱；3—牵引制动鼓；4—反向鼓；5—触指杆；6—面板；7—传动气缸；
8—拨叉；9—销；10—电空阀；11—环氧玻璃布管；12—凸轮；13—联锁触头。

图 6-30 TKH4-840/1000 型转换开关

1. 骨架

骨架由底板、面板、支柱及套在支柱上的环氧玻璃布管等组成。底板和面板上都焊有角钢，用来安装触指杆（静触头组），尼龙轴套用来安装反向鼓及牵引制动鼓。反向鼓及牵引制动鼓用连接板组合在一起。

2. 转鼓

转鼓又称为转换开关的动触头组，分为反向鼓和牵引制动鼓，它们的结构型式基本相同，仅在转轴上触片的安装排列位置及绝缘垫圈长度不同，如图 6-31 所示。转鼓由转轴、绝缘垫圈、触片、手柄、凸轮等组成。转轴由方钢制成，在其下端有一挡圈，通过定位销固定在转轴上。动触片、绝缘垫圈、凸轮与转轴的动作同步。

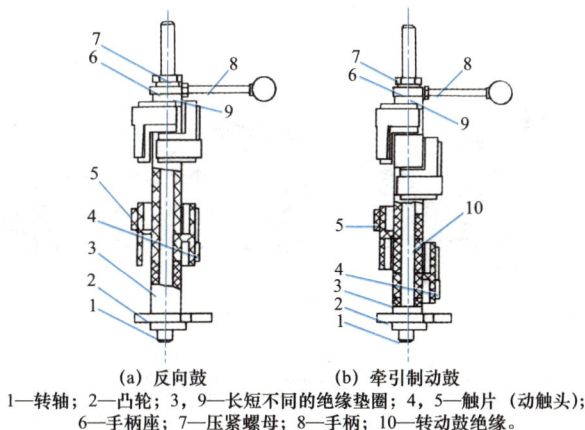

(a) 反向鼓　　　　(b) 牵引制动鼓

1—转轴；2—凸轮；3，9—长短不同的绝缘垫圈；4，5—触片（动触头）；
6—手柄座；7—压紧螺母；8—手柄；10—转动鼓绝缘。

图 6-31　反向鼓和牵引制动鼓结构

触片（动触头）形状基本相似，仅有左右之分，由 T 形钢片做成弧形，用埋头螺钉安装在与转轴固定的转鼓上，如图 6-32 所示。

动触片之间套装有长短不同的绝缘垫圈。绝缘垫圈的长度由额定电压等级所决定，其作用是使触片（动触头）之间保持有一定的绝缘距离，使开关工作安全可靠。

凸轮属于联锁触头的一部分，用于控制联锁触头的开闭。

正常情况下，由传动装置控制反向鼓和牵引制动鼓转轴的动作；当传动装置发生故障，须手动检查转换开关、调整触头之间的触头压力和接触线时，可手动操作手柄，使反向鼓或牵引制动鼓的转轴转动。

3. 触指杆

触指杆即转换开关的静触头组，由一块环氧玻璃布板和若干组触指杆装配而成，如图 6-33 所示。

图 6-32　触片（动触头）组装

1—连线板；2—软连线；3—触指弹簧；4—触指。

图 6-33　触指杆

触指杆有左右之分，安装于骨架的面板和底板的角钢上。每组静触头由两个触指并联工作，其上装有触指弹簧，借以获得一定的触头超程和终压力，保证与动触片间有良好的电接触。螺母用于调节转换开关的静触指与转轴上动触片之间的接触压力，压力调整好后，用双螺母锁紧，使压力保持不变。调整螺栓用来调节触指的超程。接线板用于对外与主电路相连接。

4. 传动装置

位置转换开关采用双活塞气缸传动装置，由电空阀、传动气缸、转轴、转鼓等组成。传动气缸如图 6-34 所示。

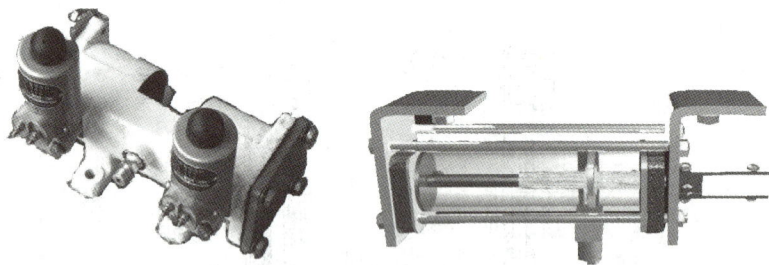

图 6-34 传动气缸

由 TFK1B 型电空阀控制的压缩空气推动传动气缸内活塞左右移动，通过在活塞杆上开有的槽和孔，使销插入活塞杆孔内，装于转轴上端的拨叉将销卡住，这样传动气缸中活塞杆的左右运动就转变为转轴、转鼓的转动，并带动动触片动作，使反向鼓得到"向前"和"向后"、牵引制动鼓得到"牵引"和"制动"两个工作位置。在开关完成转换工作的同时，装于转轴上的凸轮及装于底板上的联锁触头也进行着转换，开断和闭合控制电路中相应的联锁触点，使转换开关不会自动转换为工作状态。

双活塞气缸传动装置转轴的转角大小取决于传动气缸的活塞行程。这一系统必须进行气缸的气密性试验，试验合格后才能安装到转换开关上去。

5. 联锁触头

联锁触头安装在转换开关的底板上，用于控制有关联锁电路，如图 6-35（a）所示。TKH4A-840/1000 型转换开关采用 TKY1 型盒式联锁触头，如图 6-35（b）所示。连锁触头组成为单件式触头组成，具有联锁灵活、防污性好、接触可靠等优点。通过透明的有机玻璃外壳，可以方便地观察触头的开闭情况。

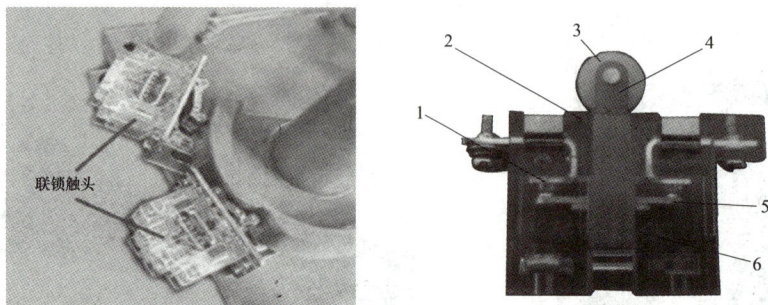

（a）联锁触头安装位置　　　　（b）TKY1型盒式联锁触头

1—动触头；2—盖板；3—滚轮；4—推杆；5—静触头；6—反力弹簧。

图 6-35 联锁触头

联锁触头的开闭由凸轮控制。当凸轮的凸出部分推动滚轮时，推杆压缩反力弹簧，使触头断开；反之，触头闭合。

6.4.4　动作原理

位置转换开关借助电空阀控制压缩空气，带动转轴、动触片动作，动触片在不同的位置与静触指构成不同的电路，实现功能切换。

1. 换向原理

机车的正、反向运行是通过改变牵引电机励磁绕组中电流的方向来实现的。在向前位时，图 6-36（b）中的静触指 1 与 2、3 与 4 分别在动触片 A、B 上，即 1 与 2、3 与 4 分别沿动触片 A、B 的垂直方向接通，图 6-36（a）中的常闭触头闭合，此时牵引电机电枢绕组与励磁绕组电流同向，机车向前运行。转轴带动动触片转动到向后位时，图 6-37（b）中的静触指 2 与 4、1 与 3 分别在动触片 A、B 上，即 2 与 4、1 与 3 分别沿动触片 A、B 的水平方向接通，图 6-37（a）中的常开触头闭合，常闭触头断开，这就在牵引电机电枢绕组电流方向不变的情况下改变了牵引电机励磁绕组中的电流方向，机车向后运行。

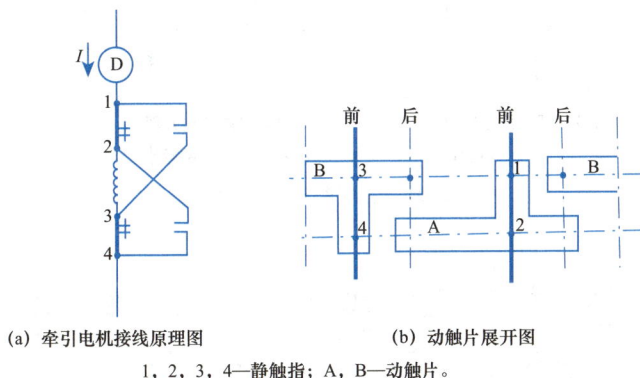

(a) 牵引电机接线原理图　(b) 动触片展开图
1，2，3，4—静触指；A，B—动触片。

图 6-36　向前换向原理示意图

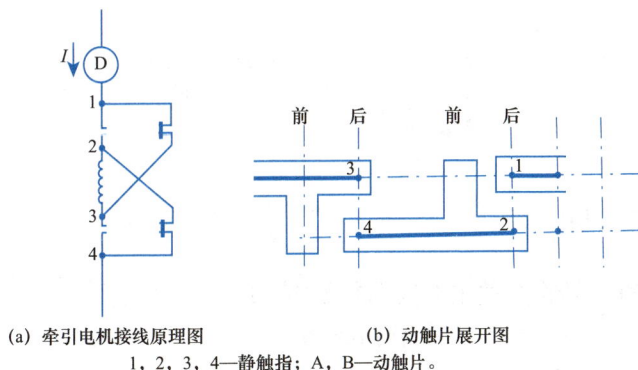

(a) 牵引电机接线原理图　(b) 动触片展开图
1，2，3，4—静触指；A，B—动触片。

图 6-37　向后换向原理示意图

2. 牵引制动转换原理

机车的牵引制动工况转换是通过改变牵引电机励磁绕组接线方式来实现的。

牵引状态时，图6-38（b）中的静触指6与1、5与4分别在动触片C、D上，即6与1、5与4分别沿动触片C、D的垂直方向接通，图6-38（a）中的常闭触头闭合，此时，牵引电机电枢绕组与励磁绕组串联，牵引电机以电动机方式运行。转轴带动动触片转动到制动位时，图6-39（b）中的静触指6与7、8与4分别在动触片C、D上，即6与7、8与4分别沿动触片C、D的水平方向接通，图6-39（a）中的常开触头闭合，常闭触头断开，此时牵引电机电枢绕组与制动电阻串联，励磁绕组与其他牵引电机的励磁绕组串联，构成独立的励磁回路，牵引电机以发电机方式运行，机车由牵引工况转换为电阻制动工况。

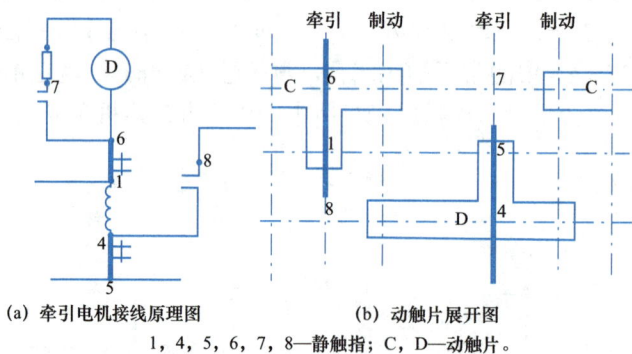

(a) 牵引电机接线原理图　　(b) 动触片展开图
1，4，5，6，7，8—静触指；C，D—动触片。

图 6-38　牵引转换原理示意图

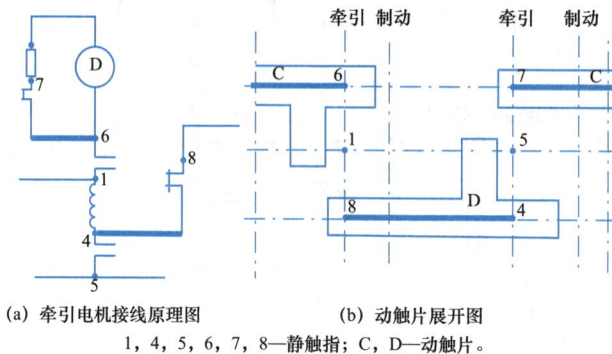

(a) 牵引电机接线原理图　　(b) 动触片展开图
1，4，5，6，7，8—静触指；C，D—动触片。

图 6-39　制动转换原理示意图

6.4.5　主要技术参数

TKH4-840/1000型转换开关主要技术参数如下：

额定电压　　　　　　　　DC 1 000 V
额定电流　　　　　　　　840 A
控制电压　　　　　　　　DC 110 V
额定气压　　　　　　　　490 kPa

主触指单个终压力	39～49 N
主触指接触线长度	≥14 mm
主触指超程	2～3 mm
气缸活塞杆行程	（44±1）mm
辅助触点	4 开 4 闭

6.4.6　使用与维护

TKH4 型转换开关接在主电路中，自身不带灭弧装置，所以只能在机车无电的状态下进行转换，否则会造成转换开关的严重烧损、牵引电机环火，严重时还会烧损牵引电机，擦伤机车轮缘。因此，换向操作时，应先将调速手柄拉回零位，待机车停稳后，再操作换向手柄，进行"前""后"位转换；牵引制动转换时，应先将调速手柄拉回零位，再操作换向手柄，进行"牵引""制动"位转换，然后再操作调速手柄进行速度的调节。

1. 转换开关转鼓及转轴保养、维护要求

① 触头表面状态良好；清除触头烧痕；动、静触头接触位置正确；触头厚度、压力、超程及接触线长度符合规定；绝缘板无烧损及过热变质。

② 编织线折损面积不得超过原形的 10%。

③ 接线正确、牢固，标记清晰。

④ 鼓形转换开关的动触片及胶木座不得松动；转鼓外径符合限度规定。

⑤ 传动气缸的活塞无裂纹、变形及拉伤；皮碗无裂损、老化及永久变形。

2. 辅助联锁保养、维护要求

① 触头无烧痕、松动，接触良好，超程符合规定。

② 安装板及绝缘件无裂损，联锁推杆动作灵活。

③ 转换开关维修、重新装配后的试验应符合例行试验要求：主触头触片厚度不小于 5 mm，主触头接触长度不小于 10 mm。

3. 转换开关维护注意事项

① 在转换开关组装试验完成后，转鼓上必须涂适量工业凡士林，以保护触片不受氧化和腐蚀。

② 转换开关若有了电弧痕，可以用细砂纸将触片和触指打磨平后继续使用。

③ 定期检查触片的压力，压力不足时可调节触指杆上的螺母，以保证转换开关的导流能力。

④ 气缸在定修时，清洗完后应换上新的润滑脂。

6.4.7　在机车电路中的应用

SS₄ 改型电力机车中共有 2 台位置转换开关（见图 6-40），即前转向架的 107QP（1 号高压电器柜）、后转向架的 108QP（2 号高压电器柜）。每台位置转换开关有两个转鼓（动触头组），分别为反向鼓和牵引制动鼓。每个转鼓有两个工作位，即"向前""向后"，或"牵引""制动"。

图 6-40　高压电器柜中的位置转换开关

转换开关的位置转换由司机操纵换向手柄来调整。换向手柄在不同位置时，转换开关上相应的电空阀得电动作，打开气路，压缩空气通过电空阀进入转换开关的气缸，推动活塞杆向左或向右运动，进而转变成转鼓的转动，使转换开关对机车主电路进行工况和方向的设置。有 4 个电空阀，分管"后""前""制""牵" 4 个位置，如图 6-41 所示。

主触头表示法：

107QPR1/107QPV1；

107QPR2/107QPV2；

108QPR3/108QPV3；

108QPR4/108QPV4。

其中，R——工况；V——方向；1、2、3、4——电机。

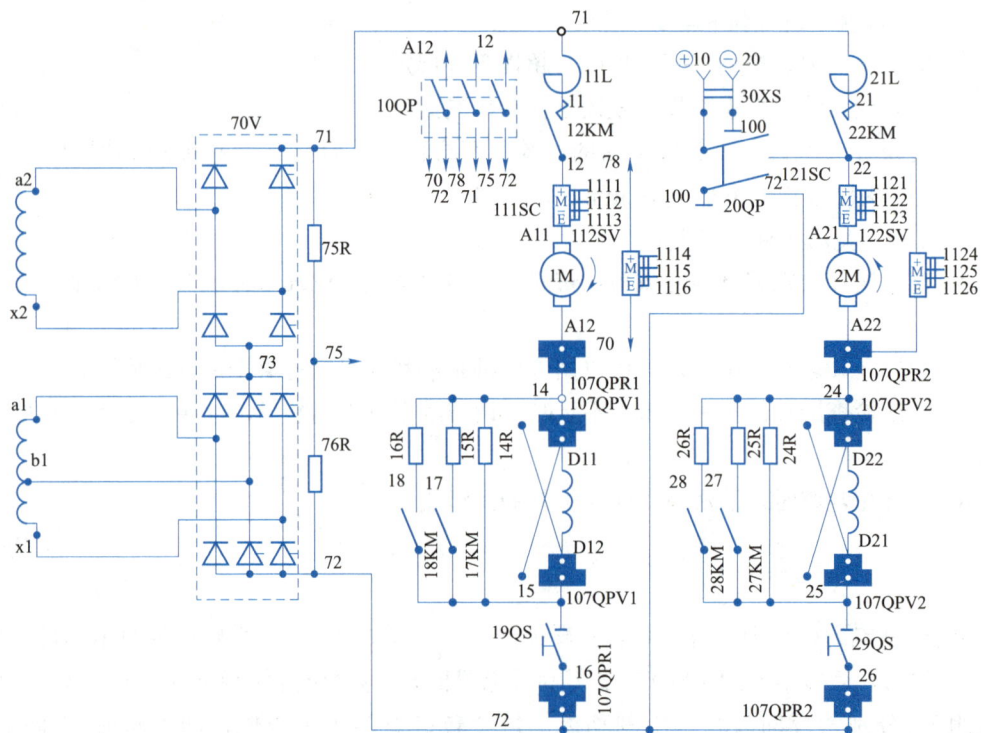

图 6-41　在机车电路中的应用

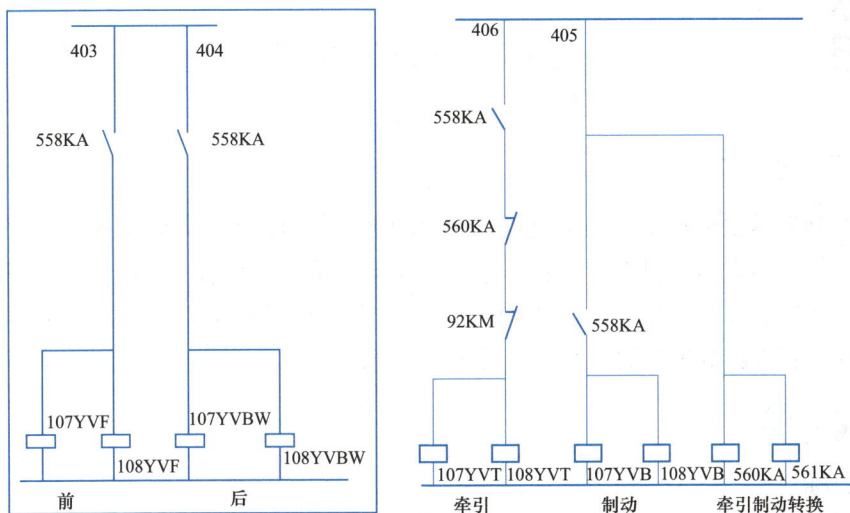

图 6-41　在机车电路中的应用（续）

任务巩固

一、填空题

1. 位置转换开关有_____和_____两个转鼓。

2. 电力机车的每台位置转换开关控制_____台牵引电机。

3. 位置转换开关的反向鼓有_____和_____两个工作位；牵引制动鼓有_____和_____两个工作位。

4. 位置转换开关采用_____装置传动。

二、选择题

1. 机车的正反向运行是通过改变牵引电机（　　　）的方向来达到的。

A. 励磁电流　　　B. 电枢电流　　　　C. 励磁和电枢电流

2. 位置转换开关采用（　　　）结构。

A. 凸轮　　　　　B. 转鼓　　　　　C. 连杆

3. 位置转换开关改变机车运行方向采用的是（　　　）的方法。

A. 改变牵引电机励磁绕组的电流方向

B. 改变牵引电机电枢绕组的电流方向

C. 同时改变牵引电机励磁绕组和电枢绕组的电流方向

D. 改变牵引绕组的电流方向

三、判断题

1. 位置转换开关允许带电转换。　　　　　　　　　　　　　　（　　　）

2. 位置转换开关的动作是靠气缸内的活塞推动的。　　　　　　（　　　）

3. 位置转换开关主触头之间的接触压力是通过压缩空气的压力来进行调整的。（　　　）

任务 6.5　司机控制器认知与应用

▶ 任务描述

司机控制器是铁道机车、动车组及工业自动化的控制设备，是机车换向、调速的主令电器。司机控制器在电力机车中与机车牵引变流器连接，给牵引变流器提供可识别的电机转向信号及转速信号。司机控制器利用控制电路的低压电器来间接控制主电路的电气设备，其动作的好坏直接影响机车的平稳操纵及各种工况的实现。

▶ 任务目标

知识目标
掌握司机控制器的作用、结构、工作原理等相关理论知识内容。

能力目标
具有司机控制器的正确操作、检查与维护能力。

▶ 知识链接

6.5.1　概述

在电力机车上，司机控制器包括主司机控制器和辅助司机控制器，二者是操纵控制电路的主令电器。通过控制机车控制电路中的电器动作，进而控制主电路和辅助电路中的电气设备，达到既方便又安全地控制机车的起动、调速、转换运行方向和电气制动的目的。

为了便于机车的双端操纵，在两端司机室的司机台各配有一台结构完全相同的主司机控制器；同时为了便于机车调车作业的操纵，在两端司机室各配有一台结构完全相同的辅助司机控制器，又名调车控制器。SS₄改型电力机车装配的主司机控制器为 TKS14A 型，外形如图 6-42 所示，辅助司机控制器为 TKS15A 型，这两种控制器都属于凸轮控制器，与鼓形控制器不同的是其凸轮是由凸轮架和凸轮块拼装而成的，因此每一个凸轮的凸凹形状可根据控制需要而改变。

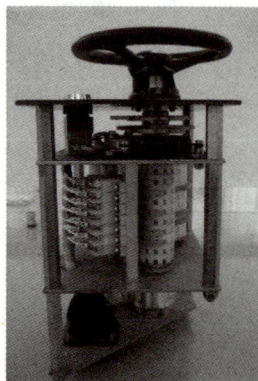

图 6-42　司机控制器外形

6.5.2　TKS14A 型主司机控制器

1. 结构

TKS14A 型主司机控制器由上、中上、中下、下共 4 层构成，各层之间由钢板隔开，并由六方支柱支撑，如图 6-43 所示。

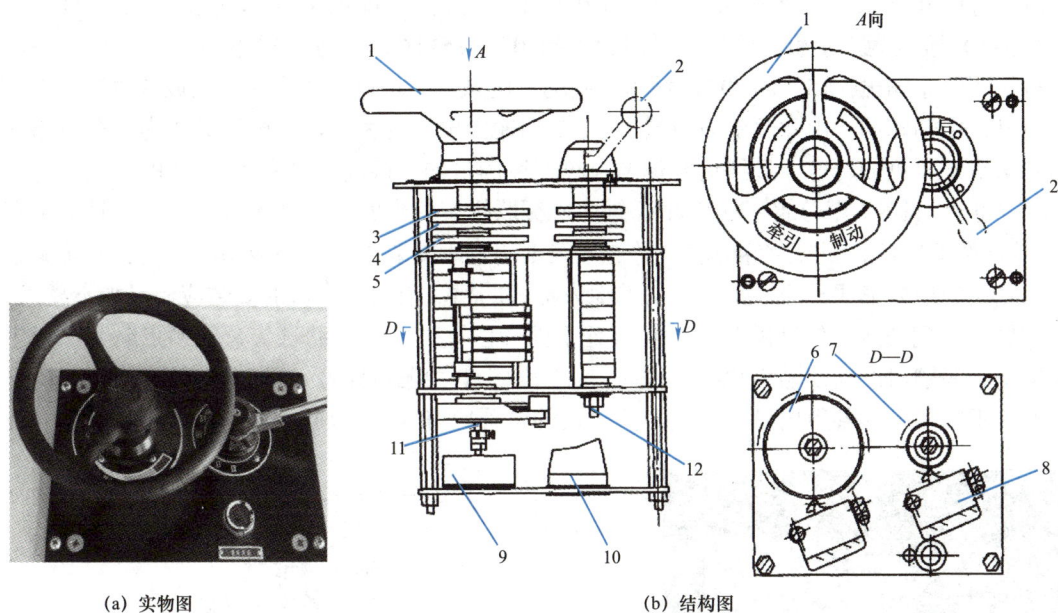

(a) 实物图　　　　　　　　　　　　　　　　(b) 结构图

1—手轮；2—手柄；3，4—凸轮；5—定位凸轮；6—凸轮架；7—凸轮块；

8—辅助触头盒；9—电位器；10—插座；11—主轴；12—转换轴。

图 6-43　TKS14A 型主司机控制器

上层（面板上）主要为手轮、手柄，如图 6-44（a）所示。

中上层主要为机械联锁装置，如图 6-44（b）所示，包括联锁用的凸轮组及定位用的凸轮组。

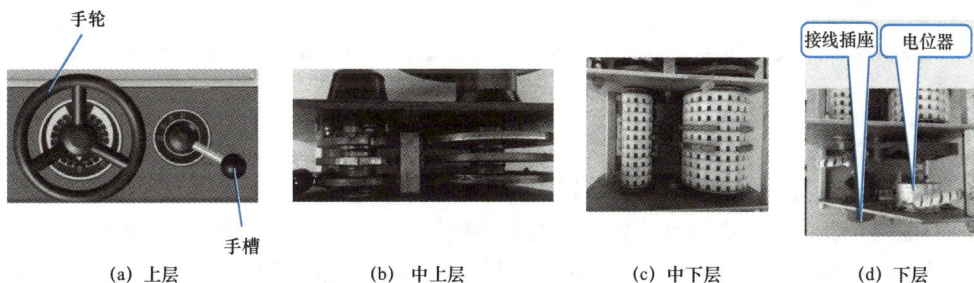

(a) 上层　　　　　　(b) 中上层　　　　　　(c) 中下层　　　　　　(d) 下层

图 6-44　司机控制器各层

中下层包括作为控制用以实现电逻辑要求的凸轮架和安装在其上的凸轮块及辅助触头盒，如图 6-44（c）所示。

下层主要有电位器及接线插座，如图 6-44（d）所示。该控制器左右两侧装有主轴和转换轴，其中主轴用于调节机车的速度，转换轴用于控制机车的运行状态及方向。电位器固定在主轴上，为塑料导电膜电位器。

辅助触头盒的接触元件采用双断点桥式常闭型结构，如图 6-45 所示，具有自润滑功能，由两根挡棍固定。

根据触头闭合表的需要,主轴自"0"位开始可顺时针方向或逆时针方向各转动150°。顺时针方向0°~15°区域为"0"位区,司机控制器无输出(即电位器1、2端电压约为0 V);15°~150°区域为"牵引"区域。逆时针方向0°~15°区域也为"0"位区,在此区域内,司机控制器无输出;15°~150°区域为"制动"区域。手轮可在"牵引"区域或"制动"区域内操纵主轴转动,由此改变电位器上1、2端输出电压的大小,该电压又作为机车电路的指令来决定电机的转速,最终达到调节机车速度的目的。换向轴共有"后""0""制""前""Ⅰ""Ⅱ""Ⅲ"7个位置。这7个位置由机械联锁装置中的定位凸轮来定位。主轴上装有10层凸轮架,其中5层为备用层,另5层根据闭合表的要求装有相应的凸轮块。凸轮架上有凸轮块的地方形成凸缘,无凸轮块的地方形成凹槽。辅助触头盒的安装应满足如下要求:当主轴转动到凸缘与辅助触头盒的杠杆处于同一位置时,该辅助触头盒的触点断开;当主轴转动到凹槽对准辅助触头盒的杠杆时,辅助触头盒的触点闭合(不动作)。转换轴上情况类似,不同的是其备用层只有3层,凸轮块的位置应符合转换轴闭合表要求。

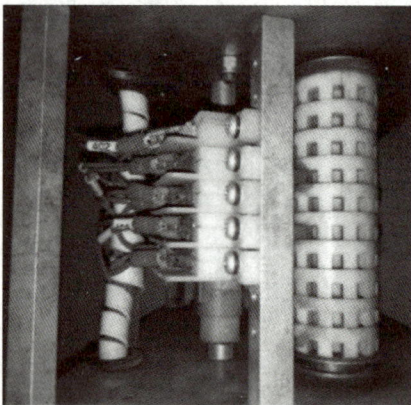

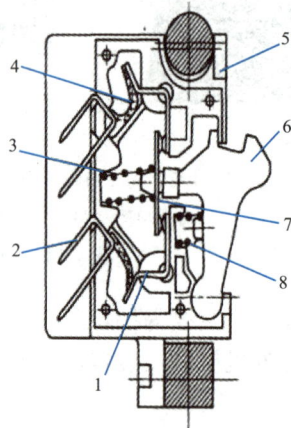

(a) 实物图　　　　　　　　　　　　　　　(b) 结构图

1—静触头;2—接线片;3—触点弹簧;4—软连线;5—触头盒体和盖;6—杠杆;7—动触头;8—恢复弹簧。

图6-45　辅助触头盒

2. 机械联锁关系

司机借助手轮及手柄来实现对控制器的操作。手轮是固定的,而手柄为可取式(钥匙式),利用面板上限位器的缺口来保证手柄只有在转换轴处于"0"位时,才能插入或取出。手柄同时又是调车控制器(TKS15A 型)的手柄。同样,利用调车控制器面板上限位器的缺口来保证只有当主轴处于"取"位时,手柄才能插入或取出。这样一来,整台机车的主司机控制器和调车控制器共用一个活动手柄,从而保证了机车在运行中,司机只能操作一台司机控制器,其余三台均被锁在"0"位或"取"位,不致引起电路指令发生混乱。

为了防止可能产生的误操作,确保机车设备及机车运行安全,司机控制器的手轮与手柄之间设有机械联锁装置。司机控制器手轮及手柄之间的联锁要求如下:

① 手柄在"0"位时,手轮被锁在"0"位。

② 手柄在"前"或"后"位时,手轮可转向"牵引"区域。

③ 手柄在"制"位时,手轮可转向"制动"区域。

④ 手轮在"0"位时,手柄只能在"0""前""后""制"各位移动。

⑤ 手轮在"牵引"区域时，手柄只能在"前""Ⅰ""Ⅱ""Ⅲ"各位移动或被锁在"后"位。

⑥ 手轮在"制动"区域时，手柄被锁在"制"位。

3. 触头闭合表的要求

电逻辑即触头闭合表的要求是由主轴、换向轴、辅助触头盒及电连接来实现的，主轴组装、换向轴组装分别如图 6-46、图 6-47 所示。

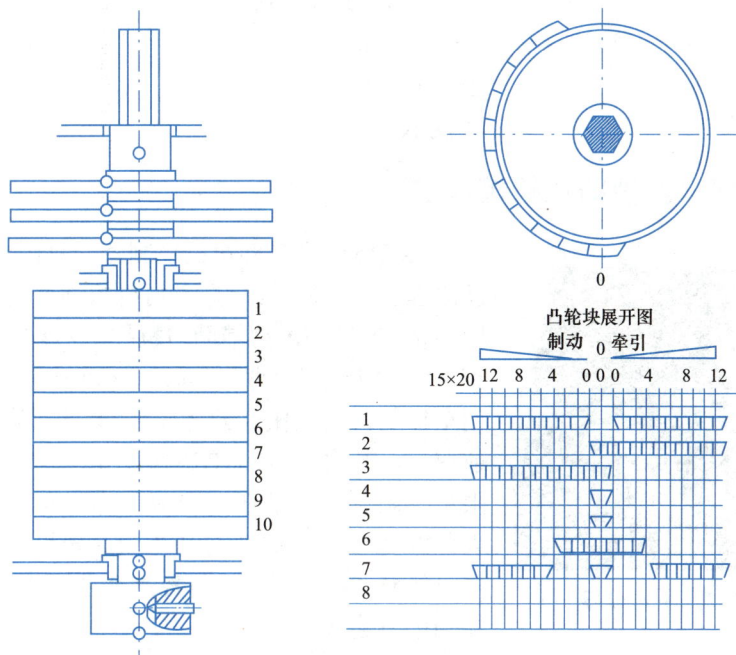

图 6-46　主轴组装

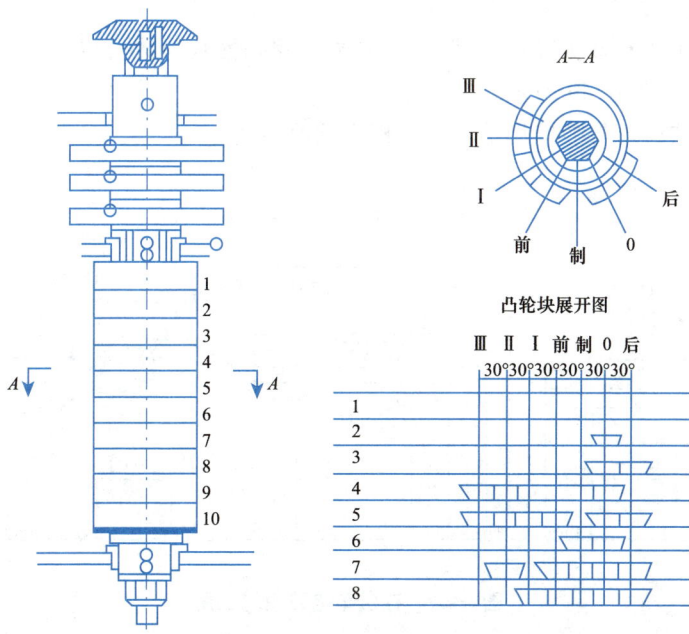

图 6-47　换向轴组装

201

4. 电位器的调节

调速手柄的调速主要通过调节电位器的电阻大小来实现。

5. 主要技术参数

额定电压	DC 110 V
额定电流	5 A
触头开距	两断点之和≥4 mm
触头超程	0.5～1 mm
触头终压力	2×1.0 N
手柄的操作力	≤50 N

6.5.3 TKS15A 型辅助司机控制器

图 6-48 辅助司机控制器

TKS15A 型辅助司机控制器（见图 6-48）在结构及原理上与 TKS14A 型主司机控制器基本相似。所不同的是，TKS15A 型辅助司机控制器只有一根轴，手柄有"取""向后""取""向前"4 个位置。"取"位即为调车控制器的机械"0"位，手柄只能从"取"位插入或取出。其电位器同 TKS14A 型主司机控制器，但其限位器限制了手柄在"向前"或"向后"位转动的最大范围为 75°，加上分压电阻，司机操作此控制器最多只能到 4 级。辅助司机控制器通过 20 芯插座与机车控制电路连接。

6.5.4 在机车中的应用与维护

在 SS$_4$ 改型电力机车的机车电路中，主司机控制器代号为 627AC，辅助司机控制器代号为 628AC，如图 6-49 所示。

司机控制器的检查与维护见学习手册相应学习活动。

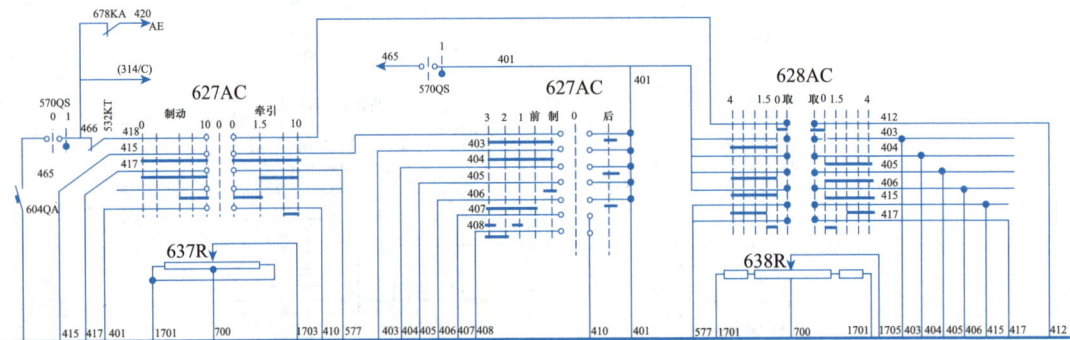

图 6-49 在机车电路中的应用

任务巩固

一、填空题

1. TKS14A 型主司机控制器的换向手柄有_____、_____、_____、_____、_____、_____、_____7 个工作位置，调速手轮有_____、_____、_____3 个工作位置。

2. TKS14A 型主司机控制器的换向手柄在_____位时，才能插入和取出。

3. TKS14A 型主司机控制器的换向手柄在_____位时，调速手轮可在"制动"区域转动。

4. TKS14A 型主司机控制器的手轮调速主要是通过调节_____来实现的。

5. _____控制器的调速手柄和主司机控制器的换向手柄共用。

6. TKS14A 型主司机控制器主轴用于_____。

二、判断题

1. TKS14A 型主司机控制器的手轮在"0"位时，手柄只能在"0""前""后""制"各位移动。 （   ）

2. TKS14A 型主辅助触头盒的安装应满足如下要求：当主轴转动到凸缘与辅助触头盒的杠杆处于同一位置时，辅助触头盒的触点闭合（不动作）。 （   ）

3. TKS14A 型主司机控制器的换向手柄在"0"位时，调速手轮可以任意动作。 （   ）

4. TKS14A 型主司机控制器的手轮在"牵引"区域时，手柄只能在"前""Ⅰ""Ⅱ""Ⅲ"各位移动或被锁在"后"位。 （   ）

5. TKS14A 型主司机控制器的调速手轮在"牵引"区域时，换向手柄被锁在"前"位或"后"位。 （   ）

育人案例

新时代铁路榜样——廖春

　　廖春，中共党员，中国铁路南宁局集团有限公司南宁电务段南宁检修车间工程师，被称为列车的信号设备——"眼睛"的守护者。他曾获全路火车头奖章、全路技术能手、南宁局集团有限公司先进工作（生产）者标兵和优秀共产党员等荣誉。从他身上我们可以看到以下闪光点。

　　迎难而上　廖春总是把现场作业当作学技练功锻炼自己的最佳课堂。在黎湛线信号设备大修改造工程铺开时，廖春在湛江站、贵港站等大型项目车站改造工程中，多次向上级请缨，要去盯控风险最高、难度最大、工期最紧张的项目。廖春所参与的 10 余次现场重点施工项目中的所有电务设备一次性验收达标。

　　敢闯敢干　伴随着高铁开通，时代的车轮滚滚向前，面对新设备、新工艺带来的挑战，廖春没有退缩。每当购进新的设备，他都会第一时间学习设备工作原理，熟练掌握检修技巧。同时，他一直坚持带领大家执行信号设备检修作业标准，不断提高设备故障应急处理能力，积极钻研和总结，形成了独具特色的"廖春工作法"，有效提升了工区检修效率和检修质量。

勇于创新　2012 年，廖春积极加入了段里的"周玲技能服务队"。刚入队不久，他就迎来了自己的第一个攻关项目。当时老旧线路的微机房使用的双熔丝转换器经常烧坏，由于这款双熔丝转换器已停产，只能从新线上淘汰下来的转换器中调配更换。但是老旧设备有好有坏，如果能研制出测试仪，就可以快速地分辨。廖春说干就干。他先把转换器拆开，研究电路走向，用回收来的一些配件进行组装并测试，一个月后终于研制出了稳定双熔丝转换测试仪，极大地提高了工作效率。

思考：

1. 铁路人对技能的精进犹如一颗璀璨之星，照亮着铁路事业不断发展。如何将这种精益求精、勤学苦练的工匠精神融入我们的学习中去呢？

2. 创新是一个民族进步的灵魂，是国家兴旺发达的不竭动力。廖春勇于创新，善于总结，我们在学习与生活中应如何培养这种能力呢？

项目 7　和谐系列电力机车主型电器认知与应用

项目描述

　　交—直—交型电力机车通过受电弓从接触网获得 25 kV 单相工频交流电，经变压器降压，传动控制单元控制四象限整流器完成从交流到直流的变换，再控制逆变器完成从直流到三相交流的 VVVF（变压变频）变换，给异步牵引电机供电，实现对异步牵引电机转矩的控制，如图 7-1 所示。牵引时，能量从电网流向牵引电机，电能转化成机械能。制动时，过程相反，机械能转化成电能回馈电网。本项目重点介绍和谐系列电力机车上用到的几种主型电器的结构、原理、应用及维护。

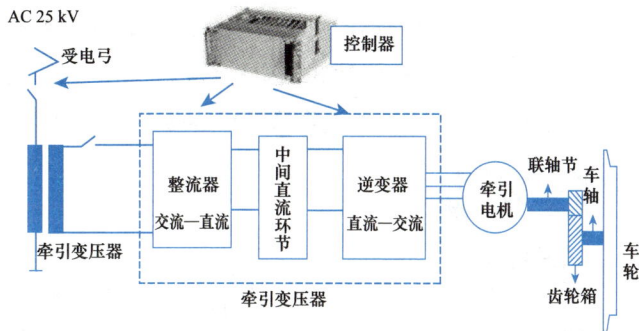

图 7-1　交—直—交型电力机车传动系统

项目目标

1. 育人目标

① 通过对和谐系列电力机车主型电器的介绍，培养学生热爱乘务员岗位，激发学生的学习热情。

② 通过一体化教学方式，让学生理论联系实际，重视技能训练、按规范操作，培养学生多角度看待问题的能力，培养学生"提高技能，精心操作"的铁路职业素养，使学生养成勤学好问、刻苦钻研，不断攀登技术高峰的习惯。

③ 学习中融入新时代铁路榜样的先进事迹，培养学生爱岗敬业、刻苦钻研、勇于创新的铁路精神。

2. 知识目标

掌握气囊式受电弓、真空主断路器、高压隔离开关、高压接地开关、司机控制器的作用、结构组成、工作原理等相关理论知识内容。

3. 技能目标

① 具有气囊式受电弓的检查与维护能力。

② 具有真空主断路器、高压隔离开关、高压接地开关、司机控制器的正确操作、检查与维护能力。

课时建议

　　10 学时。

任务 7.1　气囊式受电弓认知与应用

▶ 任务描述

随着中国高铁技术的快速发展，受电弓作为电动机车的重要组成部分，越来越受到人们的重视。在受电弓的设计和制造中，气囊式受电弓已经成为一种常见的设计方案。

气囊式受电弓是一种用气体压力驱动的受电弓，其原理类似于汽车轮胎充气。当气囊内充满气体时，气囊会扩张，从而使受电弓与电触头接触，实现电力传输。相反，当气囊内气体排放时，气囊会缩小，受电弓与电触头的接触关系也会随之解除。

相比传统的机械式受电弓，气囊式受电弓具有以下优点。

① 体积、重量小：气囊式受电弓采用气体压力驱动，不需要机械传动装置，因此体积、重量小。

② 噪声小、振动小：气囊式受电弓升降过程平稳，噪声和振动都比较小。

③ 维护成本低：气囊式受电弓结构简单，维护成本相对较低。

④ 适应性强：气囊式受电弓可以适应不同的机车和轨道环境，具有较好的通用性。

▶ 任务目标

知识目标
掌握气囊式受电弓的作用、结构、工作原理等相关理论知识内容。

能力目标
具有气囊式受电弓的检查与维护能力。

▶ 知识链接

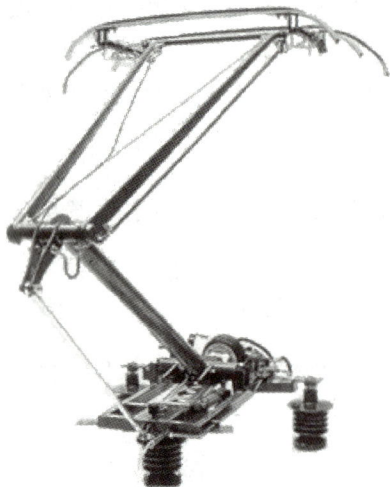

图 7-2　DSA200 型受电弓外形

HXD$_1$ 型、HXD$_2$ 型、HXD$_3$ 型等电力机车上广泛使用的受电弓是 DSA200 型受电弓或 DSA200D 型受电弓。受电弓在机车一、二端车顶盖上各安装一台，采用气囊驱动方式升弓，受电弓在电路中的代号一般为 AP1 和 AP2。由于 DSA200D 型受电弓与 DSA200 型受电弓基本相同，唯一的差别是前者在底架上多出 4 个电源接线点，所以接下来仅以 DSA200 型受电弓为例进行介绍。DSA200 型受电弓外形如图 7-2 所示。

7.1.1　DSA200 型受电弓的结构

DSA200 型受电弓的结构如图 7-3 所示。

① 底架。受电弓底架由型钢组焊而成，是整个受电弓的基座部分。受电弓通过支持绝缘子及受电弓安装座

固定在车顶上。底架上有 3 个电源引线连接点和升弓用气路，还装有自动降弓用的快速排气阀、ADD 试验阀和 ADD 停止阀。

② 下臂。下臂为钢管，支承受电弓上臂和弓头重量，传递升、降弓力矩，其长度决定了受电弓的工作高度。其一端固定在底架上，另一端通过铰链和上臂相连。其上设有钢索导轨，通过钢索与升弓装置相连，升弓装置带动下臂绕轴转动。其内有空气管路，通过管接头与软管连接，构成自动降弓装置的空气通路。

③ 上臂。上臂为铝合金框架，用于支承弓头重量，传递向上压力，保证受电弓工作高度。

④ 下导杆。下导杆位于上臂一端和底架之间，用于调整最大升弓高度和滑板运动轨迹。

⑤ 气囊升弓装置。气囊升弓装置是受电弓的动力装置，由气囊式气缸和导盘组成，如图 7-4 所示。导盘通过钢索连接在下臂钢索导轨上。进气时气囊胀大，推动导盘向前方运动，导盘通过拉紧的钢索带动下臂绕销轴转动。当受电弓升起排气时，气囊式气缸回缩，受电弓降弓。

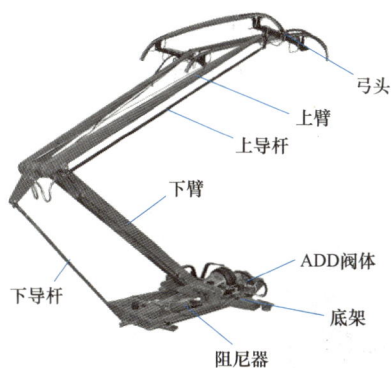

图 7-3　DSA200 型受电弓结构

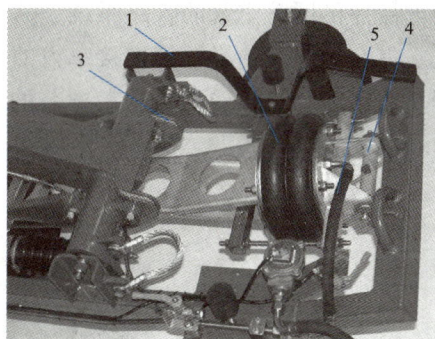

1—弓装配；2—升弓装置；3—钢索绳；4—销轴；
5—空气管路。

图 7-4　气囊升弓装置

⑥ 上导杆。上导杆一端接在下臂，另一端接在弓头支架的辐板下方，其作用是确保滑板在各运动高度均处于水平位置。

⑦ 弓头。弓头即集电头，是直接与接触线接触的受流部分，如图 7-5 所示。DSA200型受电弓的弓头由弓头支架装置、滑板组成。弓头支架装置通过两个横向弹簧与上臂相连，保证横向弹性。在弓头支架装置与上臂之间装有四个纵向弹簧，用以保证纵向弹性。滑板用螺栓与弓头支架装置相连。弓头的这种结构使滑板在机车运行方向移动灵活，而且能够吸收各方向的冲击，达到保护滑板与接触线的目的。滑板中有气腔，并通有压缩空气，属于自动降弓装置的一部分。当滑板磨损到限或断裂时，自动降弓装置启动工作保护功能，受电弓迅速自动降下。更换滑板后，自动降弓装置要重新启动。动态接触压力（随速度变化而增加或减少）可以通过安装弓头翼片来对不同速度等级的机车进行调节。

⑧ 阻尼器。阻尼器装在底架和下臂之间，如图7-6所示。它的作用是：当机车运行速度变化大时，阻碍受电弓和接触网的压力变化。阻尼器主要由防护套、防尘盖、安装座和锁紧螺母组成，安装时可通过调节锁紧螺母来调整并锁定阻尼器的长度。

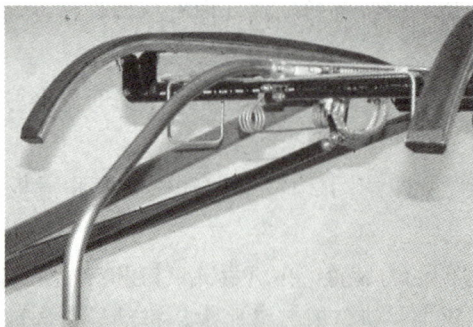

图 7-5 弓头

图 7-6 阻尼器

⑨ 气路组装。气路组装由阀板和提供压缩空气的管路组成。阀板安装于机车内，是为受电弓提供压缩空气的管路系统，其一端与升弓装置的气缸连接，为受电弓提供工作气压；另一端通过绝缘软管连接车内的供风设备，实现受电弓的升、降控制。气路阀板如图7-7所示。连接受电弓与车顶盖的绝缘软管，也起到将接触网电压与车顶盖高压绝缘的作用。

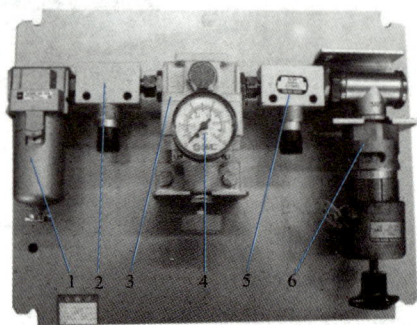

1—空气过滤器；2—单向节流阀（升弓）；3—精密调压阀（调压范围 0.01～0.8 MPa）；
4—压力表；5—单向节流阀（降弓）；6—安全阀。

图 7-7 气路阀板

⑩ 自动降弓装置。HXD₃型电力机车自动降弓保护功能由受电弓自带的自动降弓装置完成，其工作原理如图7-8所示。自动降弓装置主要由快速降弓阀、ADD试验阀、ADD停止阀组成，如图7-9所示。

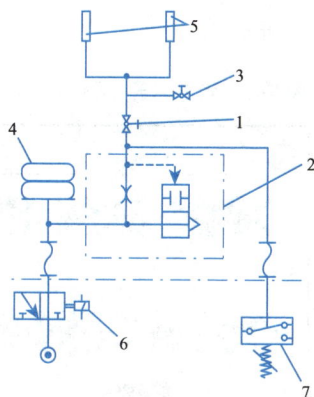

1—ADD停止阀；2—快速降弓阀；3—ADD试验阀；
4—升弓装置；5—滑板；6—电磁阀；7—压力开关。

图 7-8　自动降弓装置工作原理

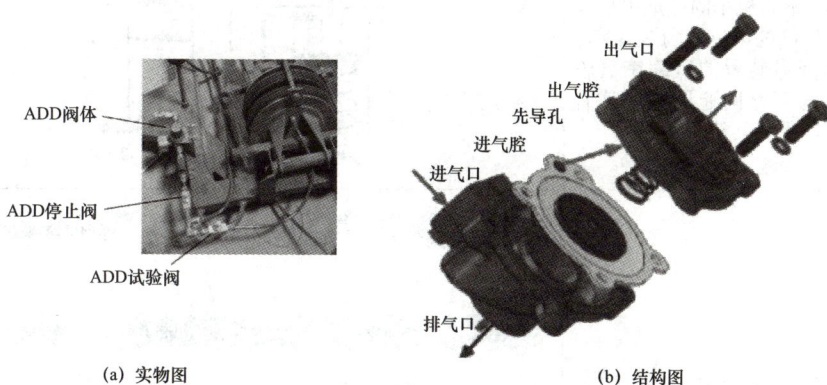

(a) 实物图　　　　　　　　　　　　　　(b) 结构图

图 7-9　自动降弓装置

7.1.2　DSA200 型受电弓的工作原理

DSA200 型受电弓的升弓气路原理如图 7-10 所示。

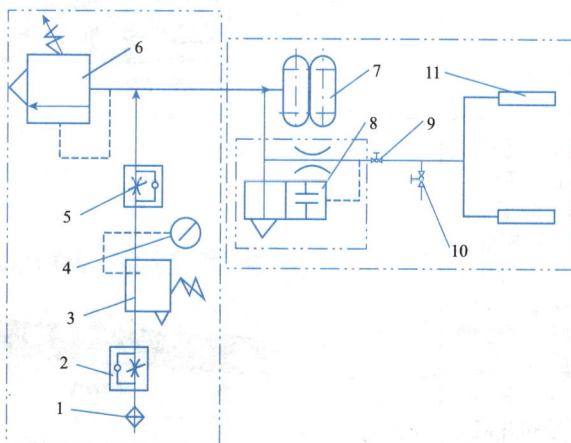

1—空气过滤器；2—单向节流阀（升弓）；3—调压阀；4—气压表；5—单向节流阀（降弓）；
6—安全阀；7—气囊；8—气控快排阀；9—ADD 截止阀；10—ADD 试验阀；11—碳滑板（2 件）。

图 7-10　DSA200 型受电弓的升弓气路原理

受电弓升、降弓操作如表 7-1 所示。

表 7-1　受电弓升、降弓操作

动作	动作原理	动作示意图
升弓	司机操纵受电弓按键开关，控制受电弓的电空阀使气路导通。压缩空气通过空气过滤器、单向节流阀（升弓）、调压阀、气压表、单向节流阀（降弓）、安全阀进入气囊，构成升弓气路。同时压缩空气通过快排阀向具有气腔的受电弓滑板供气，构成自动降弓保护气路。电力机车的接地电位与接触线间的电位差为 25 kV，自动降弓装置的压缩空气输入端与管路间通过绝缘软管连接，保证其绝缘性能	
降弓	司机操纵受电弓按键开关，升弓电磁阀失电，气路关闭，调压阀上的快排阀开启，使气路与大气相通，气囊收缩，受电弓靠自重降弓	
自动降弓	当受电弓滑板破裂、磨耗到限或管路泄漏时，控制管路的气压下降。当压力下降至气阀板压力开关设定的降压保持值〔（230±20）kPa〕时压力开关动作，主断路器断开，可避免机车带负载降弓。当控制管路压力继续下降，上下压力差达到设定值〔（180±20）kPa〕时，快速降弓阀开启，受电弓主气路和气囊中的压缩空气通过排气口迅速排向大气，受电弓靠自重快速降弓	

7.1.3 DSA200 型受电弓的技术参数

DSA200 型受电弓的技术参数如下：

额定电压	25 kV
额定电流	1 000 A
额定运行速度	200 km/h
最大运行速度	220 km/h
静态接触压力（不带阻尼器）	（70±10）N
落弓位保持力	≥120 N
输入空气压力	0.4～1 MPa
额定工作气压	0.36 MPa（可调）
升高到 2 m 的升弓时间（自绝缘子底面）	≤5.4 s（可调）
从 2 m 高度落下的降弓时间（至绝缘子底面）	≤4 s（可调）

7.1.4 DSA200 型受电弓的使用

1. 升弓控制

司机将受电弓扳键开关 SB41（SB42）置于"前受电弓"或"后受电弓"位，如果辅助气缸压力低于 480 kPa，则压力开关 KP58 处于断开状态，辅助空气压缩机自动开始打风，待风压达到 735 kPa 时，辅助空气压缩机停止打风，受电弓升起；如果压力开关 KP58 处于闭合状态，则受电弓直接升起。当受电弓升起后，操作台上的网压表 PV1（PV2）可显示当前原边网压，同时微机显示屏上也有原边网压显示和受电弓升起指示。

2. 故障运行

当受电弓升弓气路发生故障时，先让受电弓降下，再将侧墙上升弓气路板中的阀门关闭，切断该受电弓的气路。

当一组受电弓损坏或存在接地故障时，在主断路器降弓模式下将控制电器柜中的转换开关 SA96 打至相应隔离位（受电弓 I 隔离/受电弓 II 隔离），高压电器柜内相应受电弓的高压隔离开关 QS1 或 QS2 将断开，故障受电弓被隔离并接地。机车需要升起另一组受电弓，维持运行，回段后再做处理。

7.1.5 DSA200 型受电弓在机车中的应用与维护

在 HXD$_3$ 型电力机车主电路中，受电弓代号为 AP1、AP2，如图 7-11 所示。

当受电弓扳键开关 SB41 置于"前受电弓"或"后受电弓"位时，受电弓电空阀 YV41 或 YV42 线圈得电，在空气管路压力正常的前提下，受电弓 AP1 或 AP2 升起；当 SB41 置于"0"位时，受电弓降下。DSA200 型受电弓的检查与维护见学习手册相应学习活动。

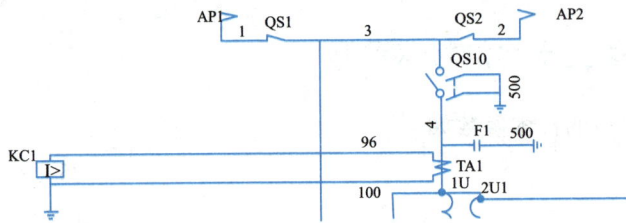

(a) 受电弓在主电路中的位置

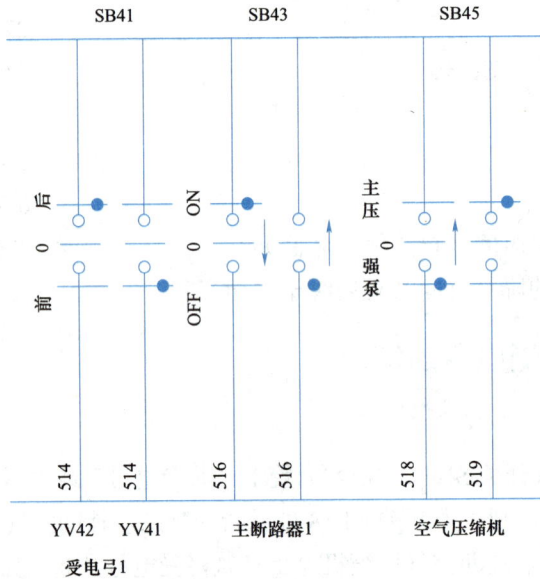

(b) 受电弓控制电路

图 7-11　在机车电路中的应用

任务巩固

一、填空题

1. DSA200 型受电弓中的自动降弓装置简称_____装置。

2. DSA200 型受电弓静态接触压力一般为_____N。

二、选择题

1. 决定 DSA200 型受电弓升、降弓时间的是（　　　　）。

A. 调压阀　　　　　　　　　　　B. 快速节流阀

C. 安全阀　　　　　　　　　　　D. 电空阀

2. （　　　）用于有效地吸收机车高速运行时产生的冲击和振动，保证滑板和接触线接触可靠。

A. 阻尼器　　　　　　　　　　　B. 调压阀

C. ADD 气路保护装置

任务 7.2　真空主断路器认知与应用

扫码获取学习资源

▶ 任务描述

真空主断路器用于开断、接通电力机车 25 kV 主电路，同时用于电力机车的过载、短路和接地保护。真空主断路器是利用压缩空气进行操作并利用真空进行灭弧的高压电器。

▶ 任务目标

知识目标

掌握真空主断路器的作用、结构组成、工作原理等相关理论知识内容。

能力目标

具有真空主断路器正确操作、检查与维护能力。

▶ 知识链接

7.2.1　BVACN99 型真空主断路器

HXD$_3$ 型电力机车采用 BVACN99 型真空主断路器，其外形如图 7-12 所示。该电器设备是单断点交流断路器，采用真空管及电空控制，具有以下特点：① 绝缘性高；② 采用真空灭弧，环境稳定性好；③ 结构简单；④ 开断容量大；⑤ 机械寿命长；⑥ 维护保养简单；⑦ 与空气断路器有互换性。

图 7-12　BVACN99 型真空主断路器外形

1. 结构

BVACN99 型真空主断路器结构如图 7-13 所示，有三个主要的组成部分：上面是高压部分，中间是与地隔离的绝缘部分，下面是电空传动装置部分。

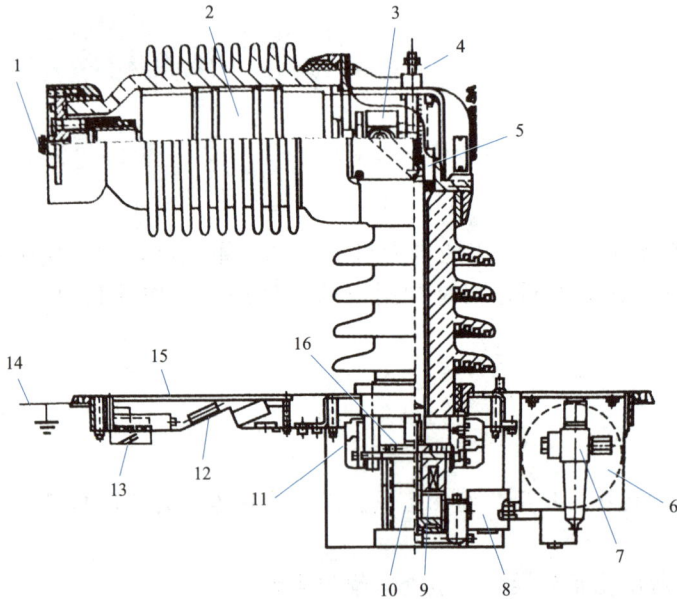

1—高压接线端子（HV2）；2—真空开关管（VST）；3—操纵机械装置（BR）；4—高压接线端子（HV1）；5—恢复弹簧（TR）；6—储气缸（RE）；7—压力调整阀（L）；8—电磁阀（EV）；9—保持线圈（Mm）；10—气缸（K）；11—辅助触头（Caux）；12—控制单元（CMDE）；13—低压连接器（LV）；14—接地点；15—底板；16—肘节机构。

图 7-13　BVACN99 型真空主断路器结构

1）高压部分

高压部分结构如图 7-14 所示，包括水平绝缘子、真空包组装和传动轴头组装等。真空包组装安装于水平绝缘子内部，构成机车顶上的高压回路。真空包通过密封与大气隔离，真空包结构如图 7-15 所示，包括动触头、静触头、瓷质外罩和波纹管等。波纹管的作用是：既可保持密封，又可使动触头在一定范围内移动，保证动、静触头在一定的真空度下断开。真空度是真空包最重要的参数之一，和真空包的开断能力有一定关系。

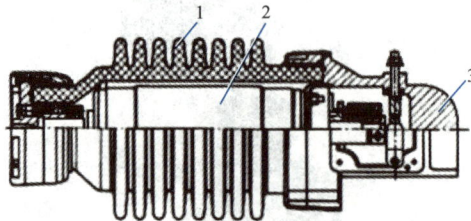

1—水平绝缘子；2—真空包组装；3—传动轴头组装。

图 7-14　高压部分结构

真空包的分、合闸操作体现了整个主断路器的分、合闸状况，具体表现为对动触头的操作。动触头的操作是由电空传动装置和合闸过程中的装置共同完成的，这样就可以保证动触头的轴向运动。

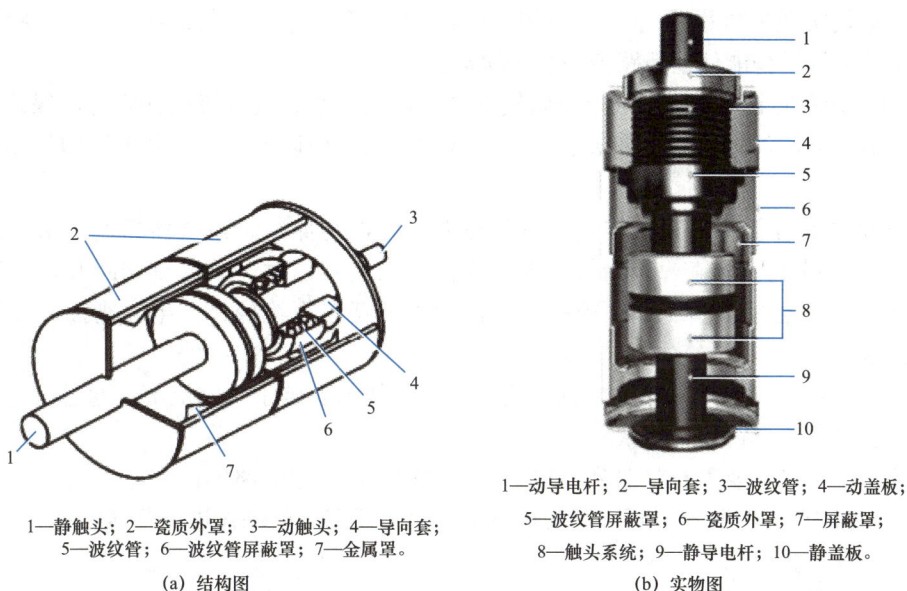

1—静触头；2—瓷质外罩；3—动触头；4—导向套；
5—波纹管；6—波纹管屏蔽罩；7—金属罩。

(a) 结构图

1—动导电杆；2—导向套；3—波纹管；4—动盖板；
5—波纹管屏蔽罩；6—瓷质外罩；7—屏蔽罩；
8—触头系统；9—静导电杆；10—静盖板。

(b) 实物图

图 7-15　真空包结构

2）绝缘部分

中间绝缘部分包括垂直绝缘子和底板，以及安装于车顶与主断路器之间的 O 形密封圈。

垂直绝缘子安装在底板上，用以提供 30 kV 的绝缘电压，同时绝缘操纵杆通过垂直绝缘子的轴向中心孔，连接电空传动装置和真空包的动触头。底板安装于车顶，O 形密封圈用以保证主断路器与车顶之间的密封。

3）电空传动装置部分

电空传动装置安装在机车内部的底板上，用于操作动触头。该装置包括储气缸、调压阀、压力开关、电磁阀、传动气缸、保持线圈、肘节机构、110 V 控制单元等操纵控制部件，如图 7-16 所示。

1—储气缸；2—调压阀；3—传动气缸；4—联锁触头；5—保持线圈；6—肘节机构。

图 7-16　电空传动装置

（1）合闸装置。

电空传动装置带有空气管路，在动触头快速合闸过程中提供必需的压力。

储气缸是实现主断路器气动控制的气压源，要求在机车对主断路器不供气的状态下，其残存压缩空气至少能使主断路器完成一次动作。

调压阀安装在主断路器进气口与储气缸之间，通过对其气压值进行整定，保证储气缸内的气压值。同时，调压阀上安装有一个空气过滤阀，用以保证进入储气缸的气体的清洁与干燥。

压力开关安装于储气缸上与调压阀相对的一侧，与储气缸内气体相连，用以监控主断路器合闸的最小气压值。当储气缸内气压低于其整定值时，就会自动断开，并通过低压控制线路将信息反馈给 110 V 控制单元，使主断路器拒绝操作。电磁阀控制储气缸内气流的通断。

传动气缸将空气压力转化为机械作用力；保持线圈安装于气缸上部，通过对气缸活塞的吸合，实现对主断路器合闸状态的保持。

肘节机构用以实现主断路器分闸时的快速脱扣，保证主断路器快速分断。

110 V 控制单元安装在主断路器底板下部，对主断路器的动作进行整体控制。

（2）分闸装置。

当保持线圈电流切断（控制电源失电）主断路器时，主断路器分闸，快速脱扣可通过恢复弹簧的接触压力来实现，在失电和停气时可保证主断路器的开断。

为了限制脱扣装置的振动，可通过冲程结束时空气的压缩来实现缓冲。

2. 动作原理

BVACN99 型真空主断路器操作包括分闸与合闸，如图 7-17 所示。

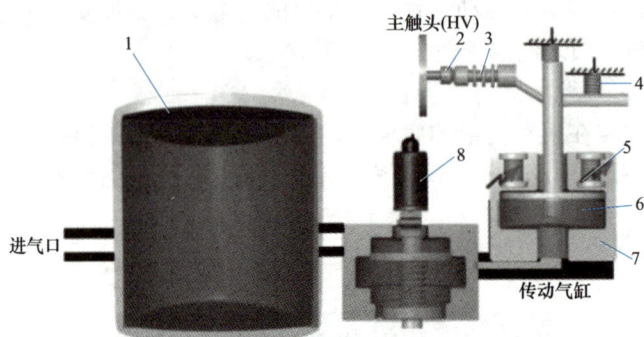

1—储气缸；2—高压主触头；3—恢复弹簧；4—肘节机构；5—保持线圈；6—活塞；7—传动气缸；8—电磁阀。

图 7-17　BVACN99 型真空主断路器分、合闸示意简图

主断路器分、合闸操作如表 7-2 所示。

表 7-2　主断路器分、合闸操作

动作	动作原理	动作示意图
准备工作	① 主断路器必须是断开的； ② 必须有充足的气压	

续表

动作	动作原理	动作示意图
合闸	① 按主断路器"开/关"键； ② 电磁阀得电，气路打开； ③ 压缩空气由储气缸通过电磁阀流入传动气缸，推动活塞向上运动； ④ 主触头随着活塞的移动而运动； ⑤ 恢复弹簧压缩； ⑥ 主触头闭合； ⑦ 触头压力弹簧压缩； ⑧ 活塞到达行程末端； ⑨ 保持线圈在保持位置得电； ⑩ 电磁阀失电； ⑪ 传动气缸内的空气排出	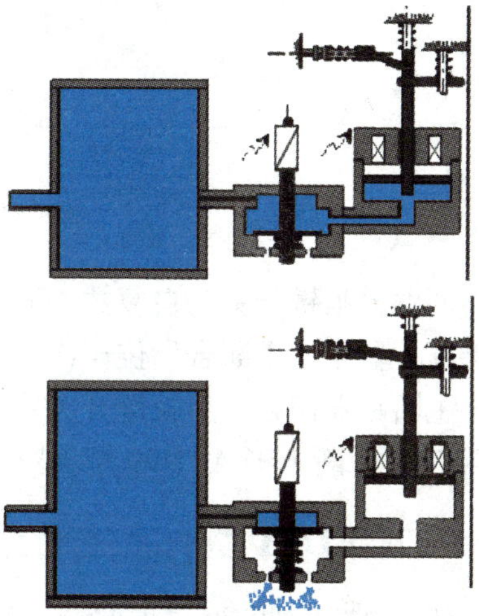
分闸	① 按主断路器"开/关"键； ② 保持线圈失电； ③ 活塞在弹簧力作用下（恢复弹簧、肘节机构等）移动； ④ 主触头打开，真空开关管灭弧； ⑤ 行程结束，活塞缓冲	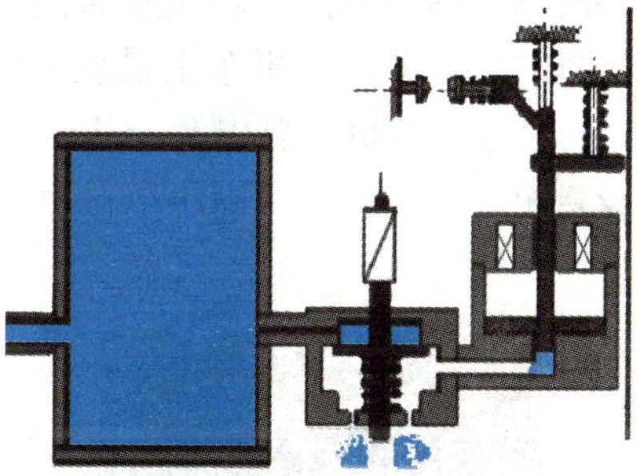

3. 主要技术参数

BVACN99 型真空主断路器的主要技术参数如下：

额定电压	30 kV
额定电流	750 A
额定频率	50～60 Hz
额定分断容量	600 MV·A
额定分断电流	20 kA
固有分闸时间	25～60 ms
合闸时间	≤60 ms
额定工作气压	450～1 000 kPa
额定控制电压	DC 110 V
机械寿命	25 万次

4. 在机车中的应用与维护

在 HXD$_3$ 型电力机车主电路中，主断路器代号为 QF1，如图 7-18 所示。

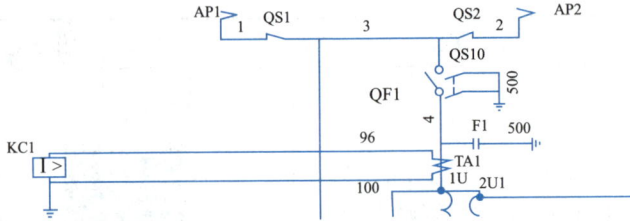

图 7-18　在机车电路中的应用

主断路器扳键开关为自复式，正常位置是"0"位。如果主断路器闭合的相关逻辑正常，当扳键开关置于"主断合"位一次时，主断路器 QF1 线圈得电，在空气管路压力正常的前提下，主断路器闭合；当扳键开关置于"主断分"位一次时，主断路器 QF1 线圈失电，主断路器 QF1 分断。BVACN99 型真空主断路器的检查与维护见学习手册相应学习活动。

7.2.2　22CBDP1 型真空主断路器

HXD$_{3C}$ 型电力机车目前采用 22CBDP1 型真空主断路器，其外形如图 7-19 所示。22CBDP1 型真空主断路器是电力机车的一个重要电气部件，它是整车与接触网之间电气连通、分断的总开关，是机车上最重要的保护设备，当机车发生各种严重故障时它能迅速、可靠、安全地切断机车总电源，从而保护机车设备。该主断路器与 35KSDP1 型高压接地开关直接装配，安装在车内高压电器柜中，如图 7-20 所示。

图 7-19　22CBDP1 型真空主断路器外形

图 7-20　真空主断路器（22CBDP1）和高压接地开关（35KSDP1）组件

1. 结构

22CBDP1 型真空主断路器结构如图 7-21 所示。它的两个绝缘子为陶瓷绝缘子，二者垂直安装，一个安装在另一个上面，二者通过铸铝基座安装在固定框架上。进气接头和下接线端子安装在基座侧面，由主开关触头和外壳装置组成的真空开关管与该主断路器上的绝缘子用硅橡胶浇注成一体，将上、下铜铬铸造法兰浇注在上绝缘子上，它们不仅用作主

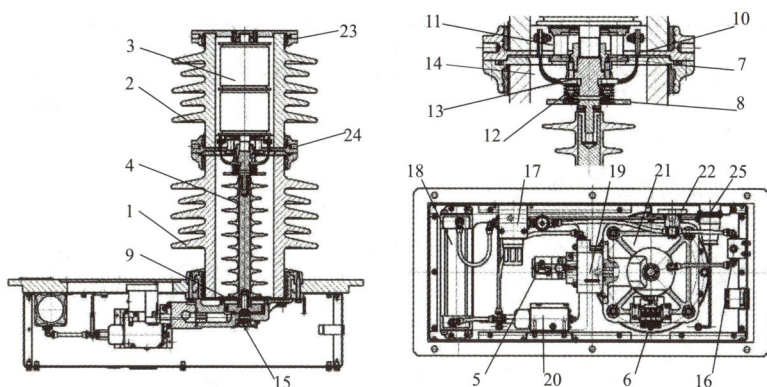

1—下绝缘子；2—上绝缘子；3—真空开关管；4—传动杆；5—电磁阀；6—辅助触头；7—压紧环；
8—传动盘；9—活塞限位环；10—弹簧座；11—主弹簧；12—恢复弹簧；13—连接块；14—软连线；
15—活塞；16—节流阀；17—调压阀；18—储气缸；19—转换阀；20—压力开关；21—气缸；
22—进气接头；23—上接线端；24—下接线端；25—电连接器。

图 7-21　22CBDP1 型真空主断路器结构

电流接线端子，而且支撑着接地开关（35KSDP1）的接地触头。上接线端子用于 25 kV 高压电输入连接，下接线端子连接主变压器原边的输入高压电缆。真空开关管的操作装置通过传动杆与活塞连接。真空开关管动触头与压紧环连接，电流通过软连线从动触头连接到下接线端子。真空开关管内部是真空的，所以压紧环会向上移动。弹簧座借助弹簧的反弹力使真空开关管动触头保持断开状态。主断路器的控制和监测设备（控制阀、压力开关、辅助触头等）安装在基座中。

压力开关与电磁阀在电气上串联，当压缩空气压力下降至低于 350_{-5}^{+8} kPa 时，压力开关打开，电磁阀线圈失电，主断路器自动断开。要想重新闭合主断路器，压缩空气压力必须超过 400_{-10}^{+20} kPa。

为了确保主断路器主触头闭合，电磁阀必须一直处于得电状态。

2. 工作原理

22CBDP1 型真空主断路器工作原理如图 7-22 所示。干燥的压缩空气通过进气接头进入主断路器后分为两路：一路通过调压阀进入储气缸；另一路经过电磁阀进入下绝缘子内腔中起到吹扫作用，保证下绝缘子内腔的干燥及清洁，确保主断路器安全工作（主断路器正常工作时，在主断路器基座中始终会听到压缩空气排出的声音，属于正常现象）。压缩空气经过调压阀后，将气压调节到（490±7）kPa。

主断路器分、合闸操作如表 7-3 所示。

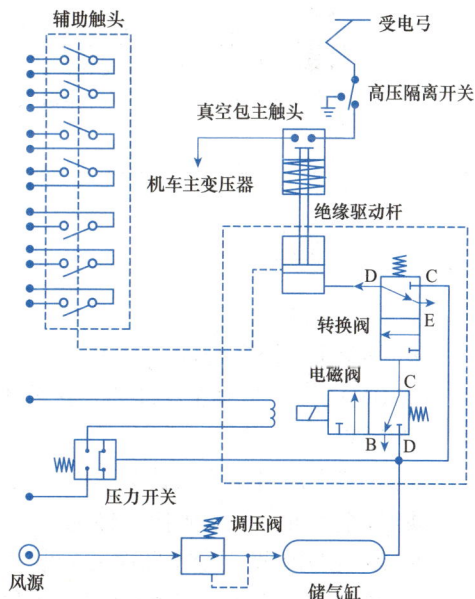

图 7-22　22CBDP1 型真空主断路器工作原理

219

表 7–3　主断路器分、合闸操作

动作	动作原理	动作示意图
准备工作	① 主断路器必须是断开的； ② 必须有充足的气压	
合闸	① 将主断路器扳键开关置于"合"位，电磁阀线圈得电，打开电磁阀； ② 储气缸中的压缩空气一路经电磁阀进入转换阀的控制腔，打开转换阀；另一路通过调压阀送入储气缸，驱动活塞、传动杆和主断路器的动触头上移，压缩主弹簧，闭合主触头	
分闸	① 将主断路器扳键开关置于"分"位，电磁阀线圈失电； ② 电磁阀和转换阀均在弹簧的作用下复位，将储气缸内的压缩空气排放掉； ③ 传动杆和主断路器的动触点在机械装置弹力作用下向下移动，在小于 40 ms 的时间内将打开主触头	

▶ 任务巩固

一、填空题

1. 真空主断路器是以＿＿＿＿＿＿作为绝缘介质和灭弧介质进行灭弧的。

2. BVACN99 型真空主断路器主要由＿＿＿＿＿＿、＿＿＿＿＿＿和＿＿＿＿＿＿三部分组成。

3. 真空主断路器的动触头、静触头被瓷质外罩封闭于＿＿＿＿＿＿中。

4. 真空包的分、合闸操作体现了＿＿＿＿＿＿＿＿＿＿＿＿＿＿＿＿。

5. 22CBDP1 型真空主断路器安装在 HXD_{3C} 型电力机车的＿＿＿＿＿＿。

6. 22CBDP1 型真空主断路器通常与＿＿＿＿＿＿组装在一起。

二、选择题

1. BVACN99 型真空主断路器气缸上部安装的是（　　）线圈。

A. 合闸　　　　　 B. 分闸　　　　　　 C. 恢复　　　　　　 D. 保持

2. 22CBDP1 型真空主断路器的高压部分为（　　　）结构。

A. 直立　　　　　 B. T 形　　　　　　 C. E 形　　　　　　 D. U 形

3. 22CBDP1 型真空主断路器工作时，压缩空气经过进气接头进入主断路器后，经（　　　）进入储气缸。

A. 节流阀　　　　 B. 调压阀　　　　　 C. 电磁阀　　　　　 D. 转换阀

任务 7.3　高压隔离开关认知与应用

扫码获取学习资源

任务描述

高压隔离开关是发电厂和变电站电气系统中重要的开关电器，需与高压断路器配套使用。隔离开关适用于三相交流 50 Hz、额定电压 12 kV 的户内装置。其主要功能是：保证高压电器及装置在检修工作时的安全，起隔离电压的作用，不能用于切断、投入负荷电流和开断短路电流，仅可用于不产生强大电弧的某些切换操作，即其不具有灭弧功能。

任务目标

知识目标

掌握高压隔离开关的作用、结构组成、工作原理等相关理论知识内容。

能力目标

具有高压隔离开关正确操作、检查与维护能力。

知识链接

7.3.1　BT25.04 型高压隔离开关

HXD₃ 型电力机车采用 2 台 BT25.04 型高压隔离开关，该开关是采用电空控制方式进行转换的。机车运行时，高压隔离开关 1、2 均处于闭合位，接通机车两台受电弓的车顶高压线路，从而可用机车上的任意一台受电弓、主断路器控制机车。如果机车的某一台受电弓发生故障，可以通过转换开关断开相应的高压隔离开关，切除故障受电弓，减少机破，提高机车运用可靠性。

高压隔离开关属于保护装置，它的作用主要体现在以下 2 个方面：

① 机车重联运行时，机车的高压隔离开关都闭合，接通机车的车顶高压线路，从而可用机车任一端的受电弓、主断路器控制机车或重联机车的受流。

② 如果某一端机车的车顶高压部分发生故障，可以通过断开故障侧的高压隔离开关，切断故障机车，维持运行。

1. 结构

BT25.04 型高压隔离开关外形如图 7-23 所示，结构如图 7-24 所示。

图 7-23　BT25.04 型高压隔离开关外形

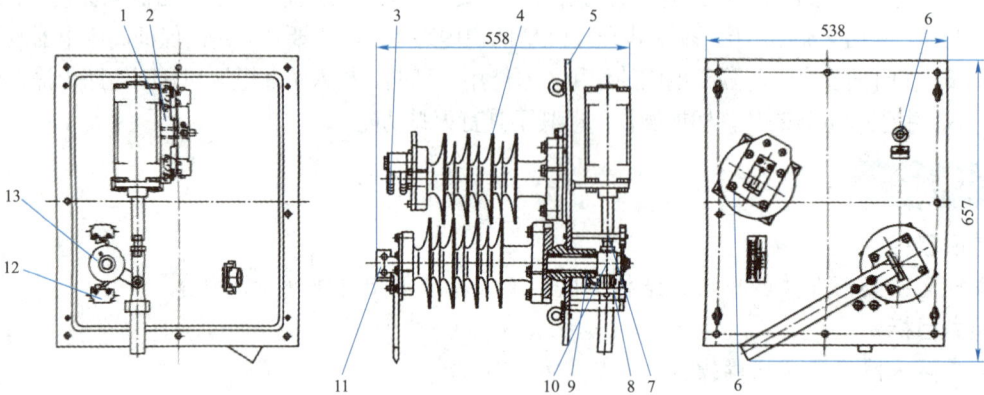

1—压力气缸；2—控制单元板；3—簧片；4—绝缘子；5—底板；6—螺钉；7，8—支撑板；
9—转轴；10—操纵杆机构；11—闸刀；12—辅助触头开关；13—凸轮。

图 7-24　BT25.04 型高压隔离开关结构

　　BT25.04 型高压隔离开关安装在机车车顶盖上，以底板为界，分为上下两部分。底板上端主要有绝缘子、闸刀和簧片，压力气缸和控制单元板安装在底板下面。控制单元板用于电磁阀和连接凸轮开关的电源输入，底板上用一个 M8 螺钉连接到机车的接地系统。

2. 控制方法

1）工作条件

　　① 高压隔离开关的动作频率要尽可能低。

　　② 不需要和主断控制器联动。

　　③ 受电弓发生故障时，司机控制打开对应高压隔离开关，从而断开故障的受电弓。

　　④ 必须在真空断路器断开时，才能开闭高压隔离开关。

　　⑤ 在没有电源和气源的情况下，高压隔离开关维持原状态（原来开则保持开的状态，原来闭则保持闭的状态）。

2）控制电路

① 机械室电器柜内设置一个控制高压隔离开关的转换开关 SA96，如图 7-25 所示。

② 受电弓均正常时，转换开关 SA96 置于"正常"位。

③ 若想切断高压隔离开关，除了将 SA96 转至对应的隔离位置，送出相应的控制信号外，还需提供响应的气源。

④ 受电弓 1 异常时，转换开关 SA96 置于"1隔离"位，同时对应高压隔离开关的断开电磁阀得电，高压隔离开关打开后，该电磁阀失电。

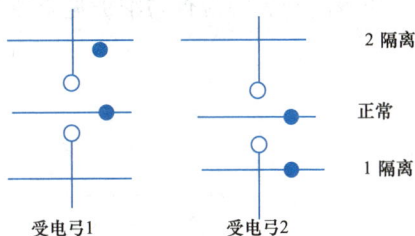

图 7-25　控制高压隔离开关的转换开关 SA96

⑤ 受电弓 1 复位时，转换开关 SA96 返回到"正常"位，同时对应高压隔离开关的闭合电磁阀得电，高压隔离开关闭合后，该电磁阀失电。

⑥ 受电弓 2 异常时，转换开关 SA96 置于"2 隔离"位，同时对应高压隔离开关的断开电磁阀得电，高压隔离开关打开后，该电磁阀失电。

⑦ 受电弓 2 复位时，转换开关 SA96 返回到"正常"位，同时对应高压隔离开关的闭合电磁阀得电，高压隔离开关闭合后，该电磁阀失电。

提示：无论哪种情况，闭合或断开高压隔离开关时，真空断路器均会自动打开，需要通过手动操作再将其接通。因为高压隔离开关不带灭弧装置，不具有开断电流的能力，因此，它的所有动作都必须在主断路器处于分断状态时进行。

3. 主要技术参数

BT25.04 型高压隔离开关的主要技术参数如下：

结构	单极隔离开关
安装位置	车顶
动作方式	空气操作式（机车内设置 4 个电磁阀）
标称电压	25 kV
额定电压	29 kV
额定电流	400 A
标称电流	400 A
额定频率	50 Hz
冲击电压（1.2/50 μs）	170 kV
控制电压	DC 110 V
最小动作电压	DC 77 V
额定工作气压	400～1 000 kPa
最小动作气压	350 kPa
耐受电流试验（1 s）	20 kA/8 kA
工频耐压（50 Hz，1 min）	5 kV
机械寿命	2 万次
硅橡胶外表面爬距	≥1 000 mm

4. 在机车中的应用与维护

在 HXD₃ 型电力机车主电路中,高压隔离开关代号为QS1、QS2,如图7-26所示。BT25.04型高压隔离开关的检查与维护见学习手册相应学习活动。

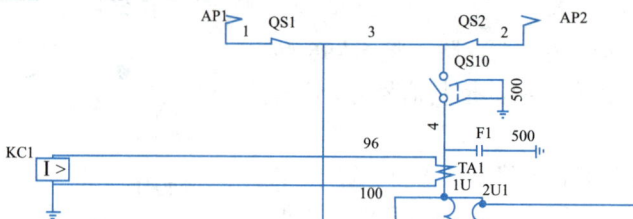

图 7-26 在机车电路中的应用

7.3.2 2PIS 型高压隔离开关

HXD₃C 型电力机车采用 2PIS 型高压隔离开关,采用电空控制方式,当开关打至"隔离"位时,动触头端自动接地,确保故障端受电弓可靠接地,保证高压电器柜内部安全可靠。一台受电弓发生故障时,可通过微机显示屏上的受电弓预选软开关将其隔离。通过 TCMS 发出指令来控制相应的电空阀,实现高压隔离开关的开闭操作,以切除故障的受电弓,同时使用另一台受电弓维持机车正常运行,减少机破,提高机车运用可靠性。

1. 技术参数

2PIS 型高压隔离开关技术参数如下:

标称电压	25 kV
额定电压	30 kV
最大工作电压	31.5 kV
额定电流	500 A
额定频率	50 Hz
冲击电压（1.2/50 μs）	170 kV
控制电压	DC 110 V
最小动作电压	DC 77 V
额定工作气压	400～1 000 kPa
机械寿命	2 万次
工作环境温度	−40～70 ℃

2. 结构

2PIS 型高压隔离开关通过高隔底架安装在机车车内高压电器柜中,装有两个刀闸板,刀闸板一端固定在固定座上,另一端延伸到触头上,如图7-27所示。刀闸板通过拉杆与下面的传动机构相连,传动机构采用长槽滑块机构,采用电控、气动的控制方式。在高隔底架两侧,分别固定安装电磁阀和传动气缸、传动轴,保证了刀闸板与传动机构的转动。高隔底架上装有接地座,当高压隔离开关处于分闸状态时,刀闸板转到接地位与接地座连接。转轴末端上的凸轮用来控制安装在高隔底架上的两个辅助触头开关,两个辅助触头开关用于高压隔离开关状态信号的输出。

1—刀闸板；2—触头；3—传动气缸；4—电磁阀；
5—联锁触头；6—空气过滤器；7—锁紧螺母；8—传动气缸活塞杆。

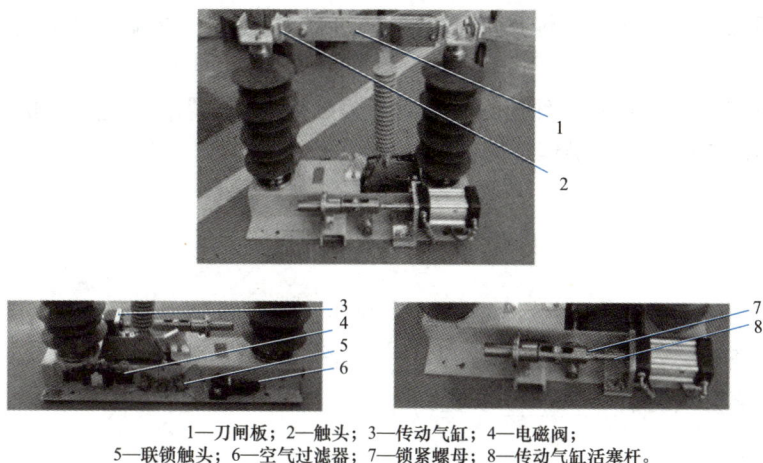

图 7-27　高压隔离开关

3. 动作原理

高压隔离开关分、合闸原理如表 7-4 所示。

表 7-4　高压隔离开关分、合闸原理

动作	动作过程	动作示意图
分闸	当高压隔离开关处于合闸状态时，一旦电磁阀得到分闸信号，电磁阀使得电动作，打开气路，压缩空气经电磁阀进入传动气缸，推动操纵杆，使转轴旋转 60°，隔离开关分断，刀闸板转到接地位与接地座连接。转轴转动的同时，固定在转轴上的凸轮驱动低压联锁改变为分闸状态，并将信号传到司机室	45° 倾斜为接地位
合闸	当高压隔离开关处于分闸状态时，一旦电磁阀得到合闸信号，电磁阀使得电动作，打开气路，压缩空气经电磁阀进入传动气缸，推动操纵杆，使转轴旋转 60°，隔离开关闭合，刀闸板与触头连接。转轴转动的同时，固定在主轴上的凸轮驱动低压联锁改变为合闸状态，并将信号传到司机室	II 端　　I 端

4. 安装

2PIS 型高压隔离开关安装在 HXD$_{3C}$ 型电力机车车内高压电器柜中（通过 8 个 M12 螺栓固定）。完成了供电电缆的布线和连接后，再检查隔离开关动作性能，要确保刀闸板能够在合闸位与分闸位之间正常转动，并且接触面积满足技术条件要求。

① 降弓之前，禁止执行隔离开关在机车上的任何安装及导线连接。

② 仔细检查输气管路和进气螺旋管件的密封性，确保连接时压缩气源干净和无泄漏。

③ 为了保证安全和正确接地，应对隔离开关底板上的接地终端和机车接地系统进行正确的电缆连接。

④ 在机车检查、维护和修理期间，隔离开关必须处在"隔离受电弓"的位置，一直到所有的检查、维护和/或修理操作都完成。

▶ 任务巩固

一、填空题

1. HXD$_3$ 型电力机车上有____台高压隔离开关，型号为_____。

2. 高压隔离开关安装在机车的_____位置。

3. 高压隔离开关属于_____装置。

二、选择题

1. 高压隔离开关采用（   ）控制方式进行转换。

A. 电空　　　　　B. 电磁　　　　　　　C. 液压

2. 机车重联运行时，机车上的高压隔离开关（   ）。

A. 都是断开的　　B. 闭合任意一个　　　C. 都是闭合的

3. 高压隔离开关在机车中的作用是用来切除故障的（   ）。

A. 受电弓　　　B. 主断路器　　　　C. 高压接地开关　　　D. 主变压器

4. 在真空断路器（   ）情况下，高压隔离开关能进行开闭动作。

A. 断开　　　　　B. 闭合　　　　　　C. 任意

5. 在没有电源和气源的情况下，高压隔离开关应（   ）。

A. 立即断开　　　B. 立即闭合　　　　C. 保持原状

三、综合题

画出控制高压隔离开关的转换开关 SA96 示意图。

扫码获取学习资源

任务 7.4　高压接地开关认知与应用

▶ 任务描述

接地开关是用于电路接地部分的机械式开关，属于隔离开关类别。它能在一定时间内承载非正常条件下的电流（例如短路电流），因而高压接地开关主要用于：设备检修，防止检修过程中突然来电；代替携带型地线，在高压设备和线路检修时将设备接地，保护人身安全；造成人为接地，满足保护要求。在电力机车上，高压接地开关配置在断路器两侧、隔离开关旁边，起到断路器检修时两侧接地的作用。

▶ 任务目标

知识目标

掌握高压接地开关的作用、结构组成、工作原理等相关理论知识内容。

能力目标

具有高压接地开关正确操作、检查与维护能力。

7.4.1　BTE25040L1A2B02 型高压接地开关

高压接地开关的主要功能是在受电弓降下、主断路器断开状态下，将主断路器两侧的车顶高压设备回路和主变压器原边接地，与主断路器配套使用。高压接地开关保证了机车的安全操作，当工作人员进行机车检查或维护，消除故障或进行修理时，保证工作人员的人身安全。

1. 结构

HXD$_3$ 型电力机车采用 1 台 BTE25040L1A2B02 型高压接地开关，其结构如图 7–28 所示。

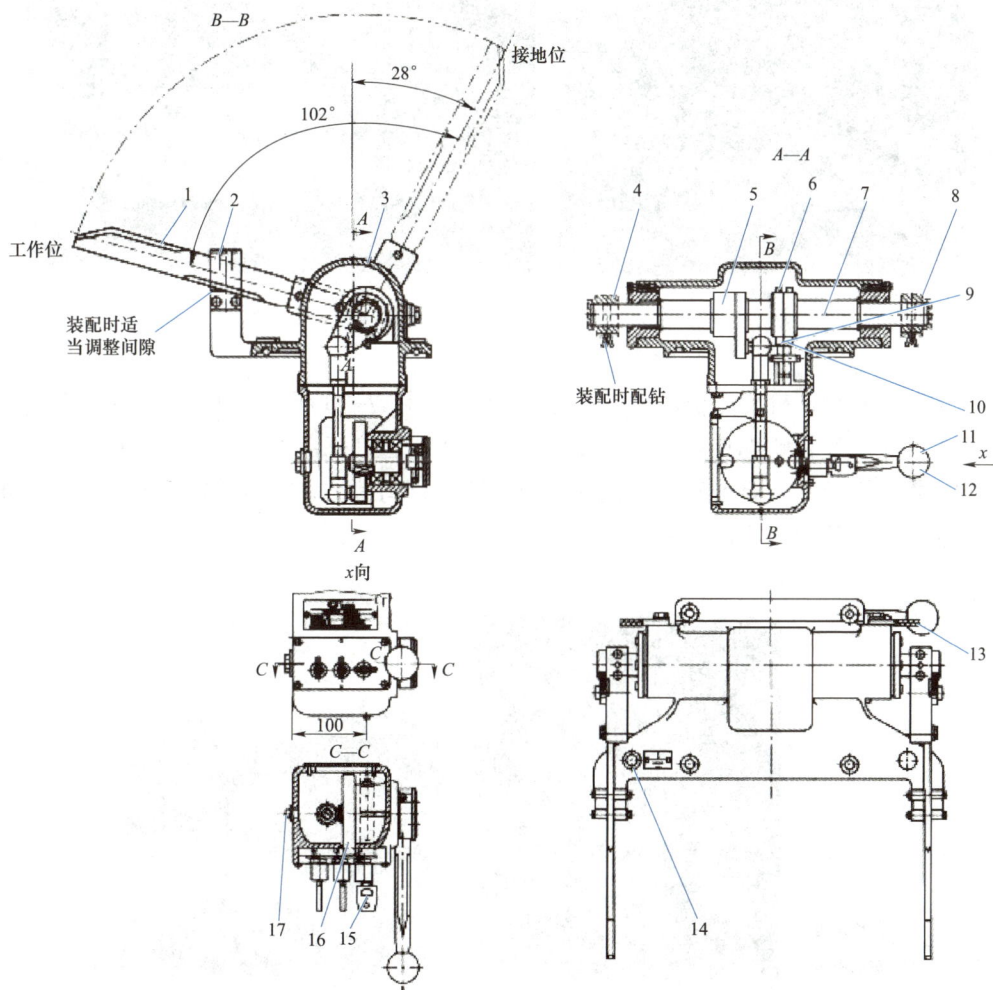

1—闸刀；2—触头弹簧片；3—上罩；4—左支架；5—曲柄组装；6—凸轮块；7—轴；8—右支架；9—连接杆组装；
10—辅助联锁；11—下罩；12—操纵杆组装；13—软连线；14—接地螺栓；15—锁组装（1A＋2B）；16—转盘组装；17—插座。

图 7–28　BTE25040L1A2B02 型高压接地开关结构

高压接地开关主要分车外部分和车内部分。车外部分主要包括：上罩、闸刀、触头弹簧片，以及在上罩内的传动机构。车内部分主要包括：下罩、操纵杆组装、锁组装，以及在下罩内的传动机构。

2. 动作原理

闸刀通过支架安装在轴上，轴、曲柄组装、连接杆组装及操纵杆组装则组成一个传动机构。转动操纵杆，使整个传动机构进行传动，进而使得轴带动闸刀旋转一定角度。在操纵杆从一端旋转 180°到另一端时，闸刀也相应从"操作"位旋转 102°到"接地"位，或者从"接地"位旋转 102°到"工作"位，如图 7-29 所示。

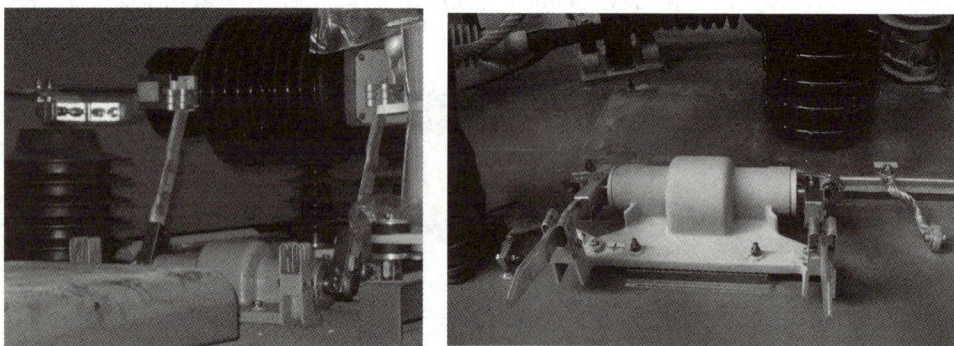

图 7-29　高压接地开关动作原理

锁组装控制传动机构能否转动，共设 3 个锁，如图 7-30 所示，其中一个供蓝色钥匙使用，另外两个供黄色钥匙使用。仅在蓝色锁被蓝色钥匙打开后，操纵杆才能从"操作"位旋转到"接地"位。一旦旋转到"接地"位，联锁机构就被带有黄色钥匙的锁锁定在此位置，然后可将黄色钥匙从锁中拔下。

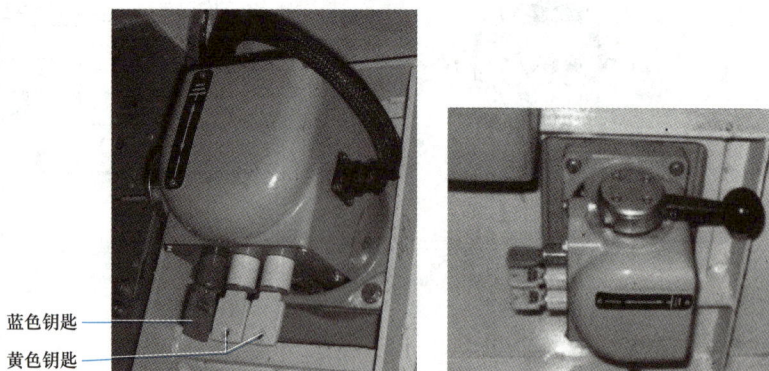

蓝色钥匙
黄色钥匙

图 7-30　高压接地开关锁组装

3. 主要技术参数

BTE25040L1A2B02 型高压接地开关的主要技术参数如下：

标称电压	25 kV
额定电压	30 kV
额定电流	400 A
峰值耐受电流	20 kA
短时耐受电流（1 s）	8 kA
闸刀转换角度	102°±2°
触头弹簧片距离	6～7 mm（偏差 1～1.5 mm）
闸刀与触头弹簧片接触长度	≥20 mm
操纵力	≤105 N
机械寿命	2 万次
质量	22 kg

4. 安装

高压接地开关应安装在牵引机车车顶上（用 4 个 M10 螺栓安装），邻近于主断路器。安装时，闸刀应刚好滑入主断路器触头弹簧片内。当高压接地开关处于"接地"位时，在未完成检查和维护之前，任何情况下都不能将闸刀从触头弹簧片内拉出来。在高压接地开关和车顶之间安装 O 形圈，以避免水渗入机车内部。为保证可靠接地，应在高压接地开关上罩接地线端与牵引机车骨架之间进行适当的电气连接。

5. 操作

高压接地开关有三个锁，其中的两个用于黄色钥匙，一个用于蓝色钥匙。

1）接地

① 旋转用于受电弓锁闭的蓝色钥匙至"受电弓降下"位，拔出钥匙并插入高压接地开关的蓝色锁内。

② 旋转蓝色钥匙，拉出操纵杆并旋转至"接地"位。

③ 旋转并拔出黄色钥匙后，可以打开高压室的门锁或车顶天窗。

2）操作

① 旋转并拔出黄色钥匙（在已使用的地方），并插入高压接地开关的黄色锁内。

② 旋转黄色钥匙，拉出高压接地开关操纵杆并旋转至"操作"位。

③ 旋转并拔出蓝色钥匙，插入受电弓开关锁内，并旋转到"受电弓上升"位。

6. 在机车中的应用与维护

在 HXD$_3$ 型电力机车的电路中，高压接地开关代号为 QS10，并联在主断路器两端，如图 7-31 所示。该型高压接地开关的检查与维护见学习手册相应学习活动。

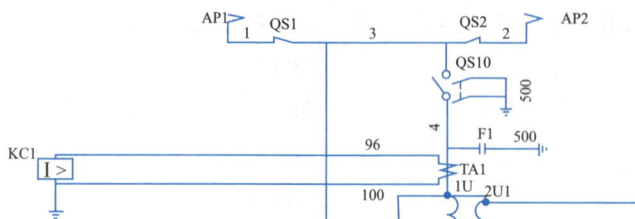

图 7-31　在机车电路中的应用

7.4.2　35KSDP1 型高压接地开关

HXD$_{3C}$ 型电力机车采用的是与 22CBDP1 型真空断路器配套的 35KSDP1 型高压接地开关。35KSDP1 型高压接地开关外形如图 7-32 所示。

图 7-32　35KSDP1 型高压接地开关外形

1. 主要技术参数

35KSDP1 型高压接地开关主要技术参数如下：

标称电压	25 kV
额定电压	30 kV
额定电流	400 A
峰值耐受电流	20 kA
短时耐受电流（1 s）	8 kA
机械寿命	2 万次
辅助触点	2 常开/2 常闭
操作方式	手动
工作温度	−40～70 ℃
质量	26 kg

2. 结构

35KSDP1 型高压接地开关的结构如图 7-33 所示，主要部件有接地夹、接地臂、箱体、转轴、锁组装、手柄组装、转盘、连接杆组成、转套、微动开关、AMP 连接器、凸轮等。

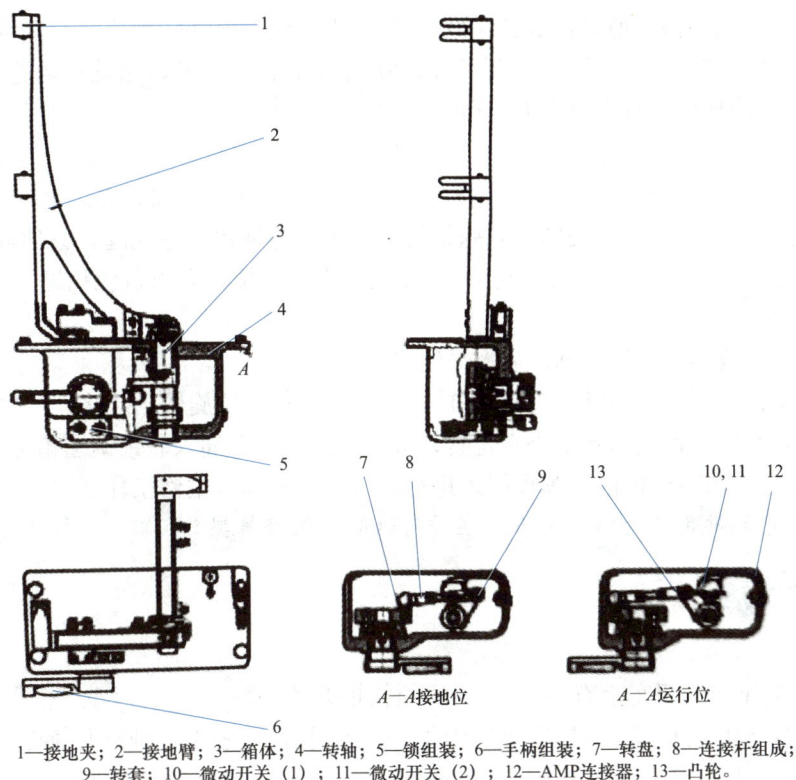

1—接地夹；2—接地臂；3—箱体；4—转轴；5—锁组装；6—手柄组装；7—转盘；8—连接杆组成；
9—转套；10—微动开关（1）；11—微动开关（2）；12—AMP连接器；13—凸轮。

图 7-33　35KSDP1 型高压接地开关结构

3. 工作原理

转动手柄，可以带动由转盘、连接杆组成、转套、转轴组成的传动机构动作，从而带动转臂转动，最后实现接地夹与真空断路器的接地触头的连接与分断。手柄组装从一端旋转 180°到另一端时，转臂也相应地从"运行"位旋转 90°到"接地"位，或者从"接地"位旋转 90°到"运行"位。

控制手柄组装是否能够转动的是锁组装。锁组装共有 2 个锁，一个供蓝色钥匙使用，另一个供黄色钥匙使用。仅在蓝色钥匙插入蓝色锁后，手柄组装才能从"运行"位旋转到"接地"位，旋转到"接地"位后，就可将黄色钥匙从黄色锁中取出，同时联锁机构就被黄色锁锁在"接地"位。

手柄组装位于"接地"位时，凸轮将微动开关（1）的滑轮压下，微动开关（2）的滑轮松开，AMP 连接器 1、2 点导通，3、4 点不导通；手柄组装位于"运行"位时，凸轮将微动开关（1）的滑轮松开，微动开关（2）的滑轮压下，AMP 连接器 1、2 点不导通，3、4 点导通。

4. 操作说明

1）"运行"位操作

在机车运行之前，应将高压接地开关置于"运行"位，而后取下蓝色钥匙，开通机车升弓气路。具体操作如下：

① 确认机车联锁钥匙箱上所有绿色钥匙收集完毕。

② 从联锁钥匙箱上旋转取出黄色钥匙，插入到接地开关黄色锁内，逆时针旋转 90°至水平位置。

③ 拉出操纵手柄，逆时针旋转180°（即由"接地"位旋转到"运行"位）。

④ 逆时针旋转高压接地开关蓝色钥匙90°至垂直位置，并拔出蓝色钥匙，插入受电弓开关锁内，并旋转到"受电弓上升"位。

2）"接地"位操作

当机车库内试验或入库检修时，操作人员需要接触高压电器设备，此时应将接地开关置于"接地"位，拔下黄色钥匙插入联锁钥匙箱上，并取出绿色钥匙。具体操作如下：

① 将受电弓开关锁蓝色钥匙旋至 "受电弓降下"位，取出蓝色钥匙，并插入高压接地开关蓝色锁内。

② 顺时针旋转蓝色钥匙90°至水平位置。

③ 拉出操纵手柄，顺时针旋转180°（即由"运行"位旋转到"接地"位）。

④ 顺时针旋转黄色钥匙至垂直位置，拔出黄色钥匙并插入联锁钥匙箱上，而后取出绿色钥匙，打开高压电器柜门或车顶门，进行高压设备试验及维修工作。

注：绿色钥匙用于警示是否有人在进行试验，维修等操作。

任务巩固

一、填题空

1. HXD$_3$型电力机车上有_____台高压接地开关，与_____配合使用。

2. HXD$_3$型电力机车高压接地开关上的_____色钥匙用于打开机械室天窗或高压电器柜门。

3. 高压接地开关闸刀从"操作"位旋转_____到"接地"位。

二、选择题

1. HXD$_3$型电力机车上高压接地开关有（　　）把蓝色钥匙，有（　　）把黄色钥匙。

A. 1，2　　　　B. 2，1　　　　C. 2，3

2. 高压接地开关面板上需要的蓝色钥匙，当机车正常运行时在（　　）内。

A. 高压电器柜　　B. 低压电器柜　　C. 空气管路柜　　D. 司机室

3. 高压接地开关手柄旋转到"接地"位后，取出（　　）色钥匙，联锁结构被锁定在"接地"位。

A. 绿　　　　　B. 蓝　　　　　C. 黄　　　　　D. 红

任务 7.5　司机控制器认知与应用

扫码获取学习资源

任务描述

司机控制器是司机用来操纵机车的手动电器，是机车换向、调速的主令电器。本任务重点学习和谐系列电力机车中使用的司机控制器的作用、结构、工作原理，以及检查、维护、操作等方面的内容。

任务目标

知识目标

掌握司机控制器的作用、结构、工作原理等相关理论知识内容。

能力目标

具有司机控制器正确操作、检查与维护能力。

知识链接

7.5.1　司机控制器概述

S640U–B CC.005 型司机控制器是 HXD₃ 型电力机车司机用来操纵机车运行的主令电器，是利用控制电路的低压电器间接控制主电路的电器设备，其外形如图 7–34 所示。

图 7–34　司机控制器外形

该司机控制器的特点是：结构紧凑、体积小、重量轻、可靠性高、寿命长、维修少或免维修。触头采用德国沙尔特宝公司先进的触头模块，主手柄上设置有机械联锁装置，还具有夜间档位显示功能。

7.5.2　司机控制器主要技术参数

1）触头 S847W2A2b 额定参数

额定电压 U_e　　　　　DC 110 V

约定发热电流 I_{th}　　　DC 10 A

额定电流 I_e　　　　　DC 1.0 A

2）触头特点

接点为速动型，密封式结构；接点具有自净功能，可提高用作计算机信号时的可靠性。

3）电位器特性

输出电位器采用德国 FSG 公司原装进口电位器 PW70，主要技术参数如下：

电阻值　　　　　　　2×1 043 Ω

独立线性度　　　　　1.0%

额定功耗　　　　　　6 W

使用环境温度　　　　−40～70 ℃

绝缘电压　　　　　　AC 550 V/50 Hz

电位器输入电压　　　DC 24 V

电位器输出电压　　　主手柄在"0"位到"*"位时，输出电压不超过 DC 0.1 V

　　　　　　　　　　主手柄在"牵引 13"位和"制动 12"位时，输出电压不低于

　　　　　　　　　　DC 23.6 V，对称误差≤0.3 V

4）手柄操作力

主手柄操作力　　　　　≤49 N

换向手柄操作力　　　　≤49 N

5）防护等级（污染等级3）

整机　　　　　　　　　IP00

触头 S847W2A2b　　　IP00（接线部分）

　　　　　　　　　　　IP60（触点部分）

电位器 PW70　　　　　IP60

6）寿命

机械寿命　　　　　　　＞100 万次

电气寿命　　　　　　　＞10 万次

7）质量

约 10 kg

8）接线方式

触头（司机控制器内部）　　M3 螺钉

司机控制器对外连接　　　　司机控制器内部（20 芯插座）为 JL16-20ZY-Ⅲ型

　　　　　　　　　　　　　操作台（20 芯插头）为 JL16-20TY-Ⅲ型

7.5.3　结构

S640U-B CC.005 型司机控制器结构如图 7-35 所示。

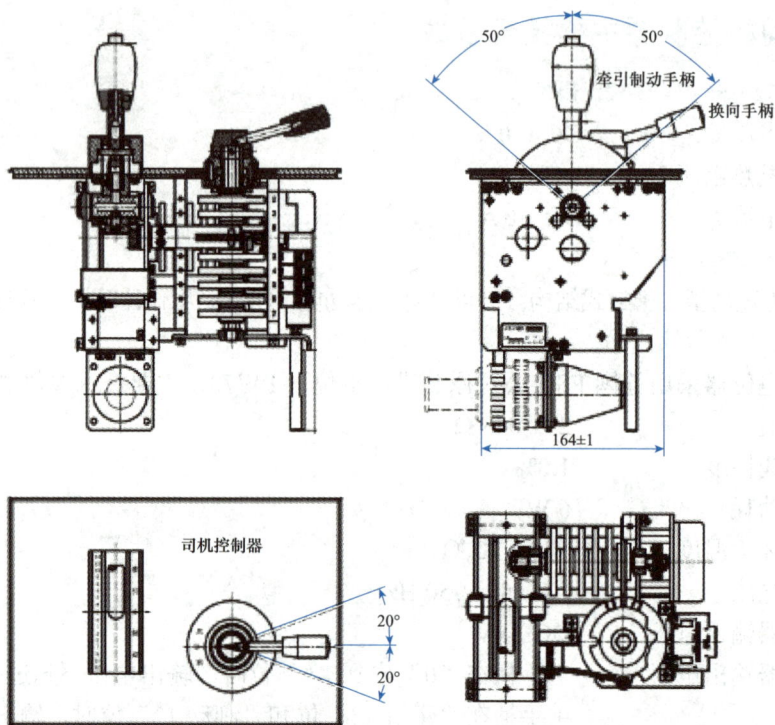

图 7-35　S640U-B CC.005 型司机控制器结构

　　司机控制器的面板上有主手柄、换向手柄两种操作机构。主手柄有"0"位、牵引指示档位"*–2–4–6–8–10–12–13"和制动指示档位"*–1–3–5–7–9–11–12";换向手柄有"后""0""前"三个档位。司机控制器的主手柄在牵引指示的"0""*"位有定位,在其他档位之间为无级调节。在牵引工况下主手柄向前推,在制动工况下主手柄向后拉,通过齿轮传动带动驱动电位器调节输入到电子柜的电压指令,从而达到调节机车牵引力和再生制动的目的。换向手柄在每个档位均定位,换向手柄稳定在相应的档位中。

　　主手柄是固定式;换向手柄是可取式(钥匙式),且只能在"0"位插入或取出。整台机车的司机控制器合用一只活动手柄(钥匙手柄),从而保证了机车在运行中,司机只能操作一台司机控制器,另外一台被锁在"0"位,不致引起电路指令发生混乱。

　　在使用时,先由换向手柄选定机车的运行方向和工况,再操作主手柄来控制机车的速度。主手柄从"0"位往牵引区转动时必须按下手柄头部的联锁按钮。在行车过程中,如果需要改变机车的工况,必须在将主手柄置于"0"位后,才可进行换向手柄的操作。如果司机需要进行异端操作,必须将本端司机控制器的主手柄置于"0"位,且换向手柄置于"0"位后取出,方可进行异端操作。

　　司机控制器档位的夜间显示用"仪表照明"扳钮开关控制。夜间行车时,打开"仪表照明"扳钮开关,司机控制器的档位和机车仪表同时发光。

　　速动开关采用 S847 型,如图 7–36 所示,具有安装方便、速动、自净、强制断开、模块化、防护等级高(可达 IP67)等特点。

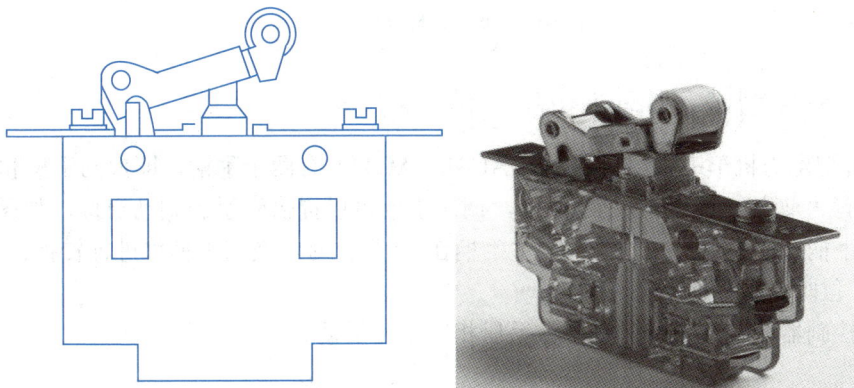

图 7–36　速动开关

7.5.4　机械联锁关系

　　为了防止可能产生的误操作,司机控制器的主手柄与换向手柄之间设有联锁装置,具体联锁如下:

　　① 换向手柄在"0"位时,主手柄被锁在"0"位;

　　② 换向手柄在"前""后"位时,主手柄可离开"0"位,转动至牵引区其他位,主手柄一旦离开"0"位,换向手柄就被锁住;

　　③ 换向手柄、主手柄及联锁按钮应动作灵活,无卡阻;

　　④ 主手柄从"0"位往牵引区转动时,必须按下手柄头部的联锁按钮;手柄从"0"位

向制动区转动时不存在此联锁关系。机械联锁功能是通过内置在手柄座内的限位销来完成的。

7.5.5　触头闭合表

司机控制器触头闭合表如图 7-37 所示。

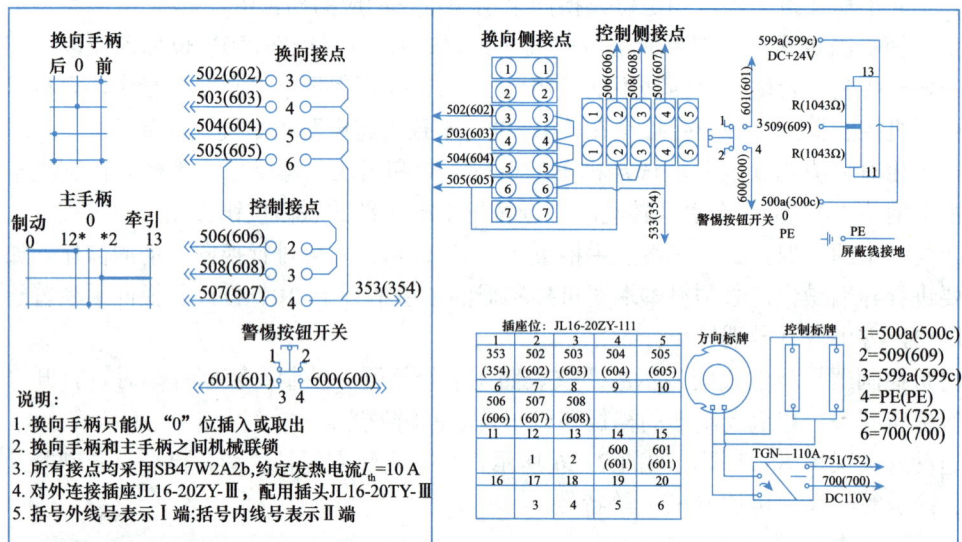

图 7-37　司机控制器触头闭合表

7.5.6　司机控制器在机车中的应用与维护

HXD$_3$ 型电力机车中主司机控制器 AC41（AC42）有两个手柄，即换向手柄和主手柄。换向手柄有"前""后""0"三个档位，调速手柄可以提供牵引和制动级位，如图 7-38 所示。两个手柄之间设有机械联锁，当主手柄在"0"位时，换向手柄可进行转换；当换向手柄在"0"位时，主手柄不能移动。

司机控制器的检查与维护见学习手册相应学习活动。

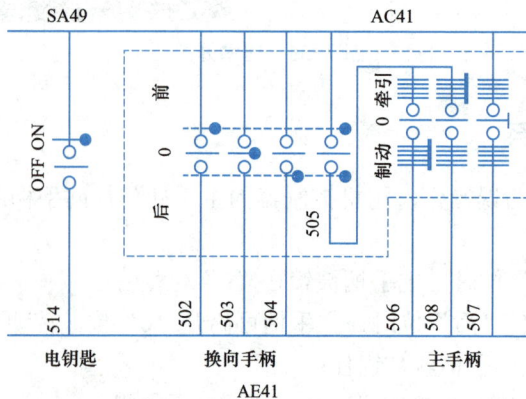

图 7-38　在机车电路中的应用

一、填空题

1. S640 型司机控制器主手柄上设置有_____按钮，而且该司机控制器还具有夜间_____功能。

2. S640 型司机控制器主手柄分为_____区域、_____区域、_____区域。换向手柄有_____、_____、_____3 个档位。

3. S640 型司机控制器的主手柄在牵引指示的"_____""_____"位有定位；在其他档位之间为无级调节。

4. S640 型司机控制器的主手柄是固定式；换向手柄是_____（钥匙式）。

二、简答题

1. S640 型司机控制器有什么特点？

2. S640 型司机控制器在机车电路中的代号是什么？

育人案例

高寒高铁动车组守护人——王涛

　　王涛，中共党员，中国铁路哈尔滨局集团有限公司哈尔滨动车段动车检修车间副主任，曾获火车头奖章、全路技术能手、龙江工匠等荣誉，主持完成 32 项攻关课题，并获得国家专利 6 项。从王涛身上我们看到了以下闪光点。

　　敬业钻研　2012 年冬，哈大高铁开通运营。黑龙江的冬天极度寒冷，动车组在这片冰天雪地中飞速行驶。设备舱进雪会致使列车牵引力下降，这对列车的运营安全产生了严重威胁。为解决这一问题，王涛来到动车组底部设备舱旁，半蹲着身子开始现场钻研。不一会儿，他的腿就因为寒冷而抖得厉害。但他的思维没有被寒冷冻结。他决定在设备舱里安装摄像头来精准定位进雪点，并加装改良后的防雪板。经过多次论证，他的方法得到了厂家的认可，一直被沿用至今。

　　临危解难　2017 年，王涛刚成为动车检修车间助理工程师，便遇到了一个难题。一列动车组在进行动态调试时，故障警报连连响起，辅助电源装置突然停止运作，这直接导致一个单元的动力丧失，技术人员排查了 2 个多小时都没有找到故障原因。王涛得知情况后，迅速赶往动车组司机室。他一边仔细地分析故障代码，一边下载相关运行数据。待查看完电压、频率等的检测波形之后，他判定问题出在电压互感器上。当电压互感器被更换后，故障果然消除了。刹那间，司机室之前的紧张与阴霾都被欢呼声驱散。

　　授业育人　王涛注重因材施教，他先后与多名青年机械师签订了师徒合同。例如青年机械师冯垚，在王涛的教导下，从便捷与安全的角度切入，参考用乐高搭建模具结构的方式，主导完成了工装设计，并且成功申请到国家技术专利。如今，其设计的成品已经在生产现场得到广泛应用。冯垚也摇身一变，成为了段里的"小发明家"。冯垚对王涛称赞道："他如同我们的老师与榜样一般，跟着他一起工作，内心满是踏实之感。不管是现场的沟通协调，还是遭遇技术方面的难题，他都能帮我们冲破难关。"

思考：

1. 在那长长的铁轨之上，铁路人以无畏的姿态书写着坚韧与奉献的华章。当下我们该如何锻炼自己，才能在将来的工作岗位上勇往直前？

2. 面对不断变化的铁路运行环境和技术挑战，我们应如何磨练自己去适应将来的工作环境？

参 考 文 献

[1] 张龙，陈湘. 电力机车电机 [M]. 2 版. 北京：中国铁道出版社有限公司，2024.

[2] 华平. 电力机车控制 [M]. 北京：中国铁道出版社，2008.

[3] 李联福，于彦良，李辰佑. 电力机车控制 [M]. 北京：北京交通大学出版社，2017.

[4] 付娟，林辉. 电力机车电机 [M]. 成都：西南交通大学出版社，2016.

[5] 王生，徐强. 电机与变压器 [M]. 6 版. 北京：高等教育出版社，2024.

[6] 谢家的，祁冠峰. 电力机车电器 [M]. 北京：中国铁道出版社，2008.

[7] 王跃庆，杨晓慧. 铁路职业道德 [M]. 3 版. 北京：中国铁道出版社有限公司，2021.

[8] 杨兆昆. 韶山$_4$改型电力机车乘务员 [M]. 北京：中国铁道出版社，2001.

[9] 莫坚. 电力机车检修 [M]. 北京：中国铁道出版社有限公司，2022.

[10] 刘玮，王丽娜，于彦良. 电力机车电器 [M]. 北京：北京交通大学出版社，2022.

[11] 《和谐型交流传动机车技术丛书》编委会. HXD$_{3C}$型电力机车 [M]. 北京：中国铁道
    出版社，2019.